L

DE L'ÉTAT ANCIEN

ET

DE L'ÉTAT ACTUEL

DE LA

BAIE DU MONT-SAINT-MICHEL

ET DE CANCALE, ETC.

Paris. — ÉVERAT, Imprimeur, rue du Cadran, nᵒ 16.

Lith. de Engelmann.

F. G. P. B. MANET,

Prêtre, ancien chef de l'Institution de St Malo,

Né à Pont-Orson, le 15 Janvier 1764.

DE L'ÉTAT ANCIEN

ET

DE L'ÉTAT ACTUEL

DE LA

BAIE DU MONT-SAINT-MICHEL

ET DE CANCALE,

DES MARAIS DE DOL ET DE CHATEAUNEUF,

ET EN GÉNÉRAL DE TOUS LES ENVIRONS DE SAINT-MALO ET DE SAINT-SERVAN,
DEPUIS LE CAP FRÉHEL JUSQU'A GRANDVILLE;

AVEC DEUX NOTICES SUPPLÉMENTAIRES,

LA 1re SUR JERSEY ET LES AUTRES ILES ANGLAISES ADJACENTES;
LA 2e SUR TOUTE LA COTE DE NORMANDIE QUI ASPECTE CE PETIT ARCHIPEL;

PAR M. F.-G.-P.-B. MANET,

Prêtre, ancien chef de l'Institution de Saint-Malo.

Ouvrage qui a été couronné et honoré d'une médaille d'or de 400 francs, par la
Société Royale et Géographique de France, dans son assemblée
solennelle du 28 mars 1828.

*Vidi ego, quod fuerat quondàm solidissima tellus
Esse fretum;
Quodque fuit campus, vallem decursus aquarum
Fecit; et eluvie mons est deductus in æquor.*

J'ai vu passer sous le domaine de l'océan des lieux
qui étaient autrefois un terrain très-solide; j'ai vu les
flots en fureur changer, par l'impétuosité de leur cours,
des plaines en vallées, et transporter en quelque sorte,
par ces nouveaux déluges, des montagnes au milieu
des mers.   (OVIDE, *Métam.*, liv. 15, n° 5.)

A SAINT-MALO,

CHEZ L'AUTEUR, RUE DE LA CROSSE, N° 5,

ET CHEZ M. CARUEL, LIBRAIRE.

A PARIS, CHEZ ÉVERAT, IMP.-LIB., RUE DU CADRAN, N° 16.

1829.

A Monsieur le Président de la Société Royale & Géographique de France.

MONSIEUR LE PRÉSIDENT,

En vous consacrant ce faible fruit de mes veilles, c'est tout à la fois un hommage public que je m'estime heureux de rendre à votre mérite personnel, et un éternel témoignage de ma profonde gratitude envers l'illustre Corps qui se glorifie de vous avoir pour chef.

J'avais cru d'abord devoir à ma patrie adoptive la préférence pour cette dédicace; mais je n'ai pas tardé à m'apercevoir que, si elle m'a en partie fourni la matière de mon travail, c'est vous et vos savans associés, Monsieur le Président, qui m'avez excité à l'entreprendre.

Daignez donc accueillir avec indulgence cet opuscule, auquel mon zèle seul peut donner quelque prix, et croire au respect tout particulier avec lequel j'ai l'honneur d'être très-parfaitement,

MONSIEUR LE PRÉSIDENT,

Votre très-humble et très-obéissant serviteur,

MANET, prêtre.

Saint-Malo, le 18 juillet 1829.

PRÉFACE.

Si l'on s'expose d'ordinaire à de grands désagrémens quand on se charge d'écrire l'histoire contemporaine, par le danger où l'on se met de choquer l'amour-propre de certaines gens qui ont leurs raisons pour qu'on se taise sur leur compte, on hasarde peut-être encore plus son repos et sa tranquillité, lorsqu'on se décide à défricher les landes des anciens temps. — Peu d'hommes savent apprécier à sa valeur réelle ce travail ingrat; moins encore en conçoivent quelque reconnaissance, et pour surcroît de déplaisir, l'on est comme assuré d'avoir bientôt sur les bras cette nuée de faux critiques, qui semblent n'avoir été créés que pour empêcher les fumées de la vanité de monter à la tête des auteurs.

En vain, pour vous prémunir contre les sarcasmes de ces censeurs presque toujours aussi aveugles qu'injustes, vous réfugieriez-vous derrière les autorités les plus graves et les plus nombreuses; la prévention, l'ignorance, l'envie, passions viles et basses, n'écoutent rien, ne respectent rien; *architectes, maçons, manœuvres, goujats, vous les verrez tous,* selon l'expression triviale de Montaigne, *accourir s'entr'échauder à qui donnera le mieux*

sur votre nez une croquignole à Hérodote, à Diodore,
ou à Tite-Live.

Malgré cette petite guerre, à laquelle doit s'attendre, pour le moins autant que ses autres confrères, l'écrivain qui s'aventure à soulever le voile des siècles, nous ne balancerons point à publier ce volume, qu'ont déjà accueilli des suffrages bien flatteurs ; et nous nous sentons le courage d'affronter l'aiguillon des maringouins de la littérature, si nous pouvons achever d'avoir pour nous les vrais savans et les amis de notre belle patrie, dans l'intérêt desquels, plutôt que dans le nôtre, nous avons entrepris l'ouvrage qu'on va lire.

DE L'ÉTAT ANCIEN

ET

DE L'ÉTAT ACTUEL

DE LA

BAIE DU MONT-SAINT-MICHEL

ET DE CANCALE, ETC.

PROLOGUE.

Pour peu qu'on interroge le grand livre de la nature et les monumens de l'histoire, il n'est pas possible de douter que diverses
causes physiques, telles que les volcans, les tremblemens, les af-
faissemens de mines et de canaux souterrains, n'aient produit sur
notre globe une infinité de bouleversemens qui en ont plus ou
moins altéré la surface, et que la mer en particulier, par son poids
immense et son balancement destructeur, n'ait pris, en plusieurs
endroits, la place de la terre.—Ainsi est-il aujourd'hui à peu près
démontré qu'il fut un temps où la Grande – Bretagne tenait à la
Gaule (1), l'Espagne à l'Afrique, l'Italie à la Sicile, et peut-être le
Nouveau-Monde à l'Asie. — Ainsi est-il encore mieux constaté
que, par l'effet d'autres envahissemens lents ou subits, mais beaucoup moins considérables que les précédens, Jersey, Guernesey,
Aurigny, Batz, Ouëssant, le Texel, Yerland, et une multitude
d'autres lieux dans l'Angleterre, la Bretagne, l'Aunis, la Saintonge,

1

la Flandre, la Zélande, la Frise, la Poméranie, etc., ont subi d'étranges métamorphoses (2). — Ainsi enfin, pour en venir à notre sujet, est-il prouvé, par des témoins irrécusables, que, de nos jours, rien, autour de la ville de Saint-Malo, en passant de l'est à l'ouest par le nord, depuis les rivages du Cotentin jusqu'au cap Fréhel, ne se rapproche de l'aspect que cette vaste étendue présentait autrefois. Tout y a tellement changé de face, par l'empiétement des flots sur cette plage, que ces nombreuses têtes de rochers qu'on n'y aperçoit plus que quand les eaux se retirent, étaient originairement les parties les plus hautes d'un terrain qui en a disparu à plusieurs lieues de distance.

TOPOGRAPHIE ANCIENNE, DEPUIS LE COTENTIN JUSQU'AU CAP FRÉHEL.

Afin de se former une idée juste de l'ancienne topographie de cette contrée, devenue si célèbre, il faut se figurer, avant tout, que ce golfe, dont la ville précitée occupe un des fonds, n'existait point encore en l'année de J. C. 708. — La côte alors filait, depuis la Normandie, tout le long de ces îles, îlots, et autres écueils actuels, que nous avons nommés Chausey (3), le Banc du Haguet (4), le Banc de Dragé, les Filles et Fillettes, la Pierre, Herpin, et l'île des Landes, voisine de la Pointe du Groin, en la paroisse de Cancale, pointe abrupte qui a tiré sa dénomination de sa forme alongée en museau de porc, et qui fut connue dans le moyen-âge sous le nom de *Grunium promontorium.* — Elle reprenait dans l'anse actuelle du Verger, située en la même commune de Cancale, et avait pour bases les rochers au large appelés maintenant les Minguis (5), les Quintias ou Cantias, Rochefort, le grand et le petit Pointu, la Plate, la Conchée, la Ronfleuse, la petite Conchée, Césambre, les Pierres de la Porte, les Cheminées, Nerput, l'île Agot ou Agol, les Ébihens ou Ébiens, enfin les Bourdinots, à la pointe de Saint-Cast. — De ce dernier point, elle allait chercher les basses de notre château de la Latte (6), la Tandrée, et finalement ledit cap Fréhel (7), au-delà duquel il n'est plus de notre dessein de la suivre. — Tout l'espace en-deçà des lieux que nous venons de nommer, faisait alors partie du continent.

La rivière de Couësnon ou Coësnon (8), qui passe à Pont-Orson, loin de garder le cours qu'elle a aujourd'hui vers la digue et la côte de Bretagne, se coudait vers Moidray, Beauvoir, Ardevon, Huynes, Courtils, et autres paroisses de la côte de l'Avranchin ; recevait la Selune et l'Ardée (9), conjointement avec la Sée (10), à son passage entre Avranches et le mont Saint-Michel, et allait, par différentes sinuosités, se décharger dans la mer entre les bancs de Dragé et du Haguet; d'où est venu dans la suite ce vieux distique :

> *Si Coësnon a fait folie,*
> *Si est le Mont en Normandie.*

Le Guyou ou Guyoul (11), qui coule à Dol et s'embouche main-tenant au Bec à l'Ane (12), dans la commune du Vivier, grossi du ruisseau de la Banche (13), et de quelques autres qui proviennent des marais adjacens, traversait le territoire actuel des paroisses du Vivier même, de la Fresnaye, et de Saint-Benoît-des-Ondes. — Il se chargeait en ce dernier endroit des eaux du Bied-Goyon et du Bied-Jean (14), qui dégorgent présentement par un canal com-mun au pont de Blanc-Essai situé sur la Digue; venait raser en dehors le rocher de Tommen ou Thoumen, proche le village de la Houle; passait entre les îles des Rimains et la côte de Cancale ; allait de là, en serpentant, baigner la petite ville ou gros bourg de Porz-Pican ou Pors-Pican (15), qui était à peu de distance de ces hameaux actuels qu'on appelle la Basse-Cancale et le Haut-Bout, et se précipitait enfin dans les flots entre la Pointe du Groin et l'île des Landes, quoi qu'en ait pensé M. Deric, qui, après être convenu avec nous (*Hist. Eccl. de Bret.*, t. II, p. 134, *note*) que cette petite rivière se perdait dans l'Océan sur les confins de Cancaven ou Cancale, la fait (t. III, p. 119 et 120), contre toute vraisemblance géographique, et plus encore contre toute vérité historique, venir se joindre au second bras de la Rance, près les collines de la Savat.

Le ruisseau actuel du Lupin (16), sur les limites des paroisses de Saint-Coulomb et de Paramé, traversait, comme il le fait encore, tout le terrain bas qui a formé depuis le havre de Roteneuf, passait au-delà du rocher que nous appelons Bénétin, et se courbait ensuite vers la Bine et la Pointe de la Varde; d'où il se portait, presque en droite ligne, au-dessous des basses du Petit-Pointu et de celles de la Plate, et de là proche la Conchée, où finissait son cours. — C'est par erreur que quelques-uns ont cru qu'il se débouchait aussi dans la Rance, entre les Pierres du Jardin et les Pierres de la Porte.

La Rance (17) elle-même, dont les eaux étaient encore douces jusqu'à l'antique cité d'Aleth (18), se partageait en deux bras (*Deric.* t. Ier, p. 96, 99, etc.) devant Bizeul ou Bizeu, ce rocher élevé qu'on voit entre la pointe de la Vicomté et les Corbières. — L'un de ces bras se dirigeait à l'ouest vers la pointe de Dinard, fluait entre cette pointe et le banc des Pourceaux, puis entre la Mouillée et le Poëlon; suivait la direction actuelle du Décolé, jusqu'au-dessous de Nerput, où il recevait les ruisseaux qui baignent aujourd'hui les communes de Saint-Briac, Ploubalay et Lan-Sieu, comme il avait déjà reçu celui de Saint-Lunaire, et s'engouffrait là dans la mer, à peu de distance de l'île Agot. — L'autre bras, qui était le plus large, le plus profond, et le seul pratiqué, longeait les Corbières, Solidor et le promontoire d'Aleth. Là, il se chargeait des eaux que le ruisseau de Routouan (19) lui apportait, en serpentant, comme il le fait encore, entre la côte de Saint-Servan d'une part, et le Grand-Talard de l'autre. De cet endroit, il s'avançait presque en droite ligne vers l'île Harbour (20), après s'être grossi des égoûts du Grand et du Petit-Bé (21), et des autres hauteurs circonvoisines; passait entre le Buron et les Louvras; et continuant toujours sa route dans la même direction jusqu'entre les Pierres du Jardin et la Savatte, il faisait là un grand coude à gauche, pour aller se perdre dans l'Océan entre les Pierres de la Porte et les Banquiers, lieux semés de rochers qui ne laissent entre eux qu'un passage étroit.

La rivière d'Ar-guen-Aoûn ou d'Argoësne, aujourd'hui d'Arguenon (22) (en latin *Flumen Argenus* ou *Argellus*), qui arrose Plancoët et le Guildo, recevait tous les petits ruisseaux environnans, et n'a presque rien perdu de son premier état. — Elle terminait son cours entre l'île actuelle des Ébihens, et la Pointe aussi actuelle de Saint-Cast.

Enfin le Fremur, vulgairement dit *la rivière du Port-Aladuc* (23), traversait tout le terrain qui a formé depuis la baie de la Fresnaye, et allait se dégorger près du château de la Latte, en face du Vieux-Banc.....

Par l'effet de la direction que suivaient le second bras de la Rance, le ruisseau de Routouan, ceux des deux Bés, etc., le rocher où est présentement assise la ville de Saint-Malo (24), était une sorte de Chersonèse ou de presqu'île, à qui, dans le lointain, la mer servait de perspective ; et comme il était au milieu d'un marais presque toujours inondé des eaux qu'y laissaient couler les hauteurs adjacentes, on n'y pouvait guère arriver à pied sec que du côté de Paramé, où le sol avait plus d'élévation. — Tout l'enclos qu'arrosaient les ruisseaux que nous venons de dire, et le reste du terrain à droite du second bras de la rivière jusqu'aux Pierres de la Porte (*Pilæ* ou *Portæ*), s'appelaient alors d'un nom équivalent à celui de *Hogue d'Aleth*, c'est-à-dire entrée du port d'Aleth. Sur quoi nous remarquerons que cette dénomination, dont les modernes ont fait le diminutif Hoguette, n'est restée, depuis l'invasion de la mer sur toute cette surface, qu'à ce petit morne ou monticule de trente et quelques pieds d'élévation au-dessus du flot des plus grandes marées, qu'on voit sur les dunes vulgairement appelées *Mielles* ou *Nielles*, presque à mi-chemin de Paramé à Saint-Malo, et dont le sommet, avant la révolution, était couronné par quatre gros piliers patibulaires, indicules de la haute-justice du Plessis-Bertrand (25).

Par suite encore de cette situation, les vaisseaux ne pouvaient alors arriver à Aleth par aucune de ces passes ou entrées qui sont à l'orient de Césambre, puisque tout était terre dans cette partie-là. — Ils ne pouvaient même s'y rendre par celle du Décolé, qui, comme nous l'avons déjà dit, n'offrait pas assez de sûreté, vu son peu de profondeur.—On ne pouvait donc absolument y aborder que par la passe actuelle de la Grande-Porte, puisque celle de la Petite-Porte n'existait pas encore, ou du moins n'était pas suffisamment ouverte ; et l'on sait qu'encore aujourd'hui même, ce sont là les deux plus fréquentées.

Nous n'ajouterons plus qu'un mot avec M. *Deric* (t. III, p. 118), c'est que les Malouins semblent n'avoir pas encore perdu tout-à-fait la mémoire de cette topographie antique ; car lorsque leurs navires arrivant du large, ou allant achever leur chargement en rade, mouillent dans tout ce parage qui s'étend depuis la pointe de la Cité jusqu'au Buron, ils disent que ces navires *mettent en rance*, ce qui équivaut à dire qu'ils sont alors ou auprès, ou dans les anciens canaux de cette partie de la rivière que la mer a fait disparaître depuis des siècles.

SUITE DE L'ANCIENNE TOPOGRAPHIE.

On n'aurait encore que des notions fort imparfaites de ce pays, presqu'entièrement submergé de nos jours., si l'on ne se représentait en outre tout ce vaste bassin que nous offrent les grèves du mont Saint-Michel et les marais de Dol et de Châteauneuf, couvert d'une forêt épaisse et sombre (26), qui s'étendait jusqu'à la chaîne des rochers de Chausey inclusivement, lesquels, selon que nous l'avons raconté plus haut, servaient de digue naturelle à la mer. — Cette forêt, chez les anciens auteurs latins qui en ont parlé, portait les noms de *Sciaciacum, Scesciacum, Scescyacum, Siciacum* ou *Setiacum nemus*, qu'on a traduit d'abord en français par ceux de *Sciscy, Sicy, Setiac* ou *Scessiac*, et qui ont dégénéré en ceux de *Calsoi, Chezé, Chausé,* etc., et maintenant *Chausey* ou *Chosey*. — Deux grandes routes militaires, dont une partait de Condate ou Rennes actuelle, et l'autre de Corseul (27), venaient se réunir aux Hayes de Dol (28), entre Saint-Léonard et Carfantin. Là, elles n'en formaient plus qu'une seule, qui, se dirigeant par la Mancelière en Baguer-Pican, traversait dans toute sa longueur

cette affreuse solitude, et allait aboutir à Crociatonum (29), capitale des Unelles, située, selon toute apparence, en la paroisse
d'Alcaume, à un quart de lieue de Valognes, dans le Cotentin. —
Du reste, ce désert, rempli de bêtes fauves, comme l'histoire s'ex-
plique (30) (*præbens altissima latibula ferarum*), n'était guère peuplé
originairement par d'autres créatures humaines, que par quelques
païens à demi sauvages, auxquels, dans les siècles chrétiens, succé-
dèrent une foule d'anachorètes, qui s'y retiraient pour servir Dieu
plus librement, loin du tumulte du monde (31).....

A cette forêt profonde confinait une autre qui n'en était, à vrai
dire, qu'un prolongement et une continuation. — Son nom propre,
si jamais elle en a eu un, nous est inconnu ; mais il est certain
par l'histoire, et par les restes qu'on en trouve encore de notre
temps (32), qu'elle s'étendait, à quelques faibles interruptions près,
depuis l'anse du Verger citée ci-dessus, jusqu'au cap Fréhel, d'où
il nous faut, pour la troisième fois, revenir sur nos pas, afin de
ne rien laisser à désirer à nos lecteurs.

CONTINUATION DU MÊME SUJET.

Ce rocher si curieux, que l'on nomme aujourd'hui *le mont Saint-
Michel* (33), était, malgré ce qu'en a écrit M. Blondel, p. 87 de sa
Notice historique sur le mont Saint-Michel, presque au fond du premier de ces bois. — Sur son sommet était, dans le principe, un
collége de neuf druidesses, ou femmes druides, dont la plus ancienne
rendait des oracles à la manière de celles de l'île de Sein, adjacente
à notre Basse-Cornouaille. — Quand cette montagne passa sous la
domination romaine, Jupiter, quoi qu'en ait pensé M. *Deric*, t. 1er,
p. 86 et 312, y eut un temple. Elle fut alors connue sous le nom de
Mont-Jou ou *Mont-Joo*, en latin *mons Jovis* ou *Tumba Jovis;* dénomination qu'elle porta jusqu'au commencement du huitième siècle,
qu'ayant été consacrée par le christianisme au chef de la milice céleste, et gagnée peu à peu par l'Océan, elle prit le titre de *mont
Saint-Michel au péril de la mer*, en latin *mons Sancti Michaelis in*

periculo maris, tant à cause des approches du furieux élément qui la menaçait de plus en plus, qu'à raison des dangers qu'eurent bientôt eux-mêmes à courir ceux qui s'aventuraient à s'y rendre sans bien connaître les gués et le temps des marées. On l'appela aussi *Sanctus Michael in monte Tumbâ* (Saint-Michel du mont de Tombe), ou *Sanctus Michael ad duas Tumbas* (Saint-Michel des deux Monts), à cause de cet autre rocher nommé *Tombelène* (*Tumba Beleni*), qui en est à une forte demi-lieue vers le nord, et sur lequel l'idolâtrie rendit jadis les honneurs divins à Belin, Belen ou Belenus, autrement Apollon ou le Soleil (34).

Cet autre monticule isolé, d'environ une demi-lieue au plus de circuit par en bas, et que l'on appelle *le mont Dol* (35), parce qu'il n'est distant au nord-quart-nord-ouest de la ville de Dol que de onze à douze cents toises, était aussi enclos dans cette première forêt.—On croit que, du temps des Romains, Diane-la-Chasseresse (36), ou selon d'autres, la Lune, sous le nom de Diane-Porte-Lumière, y était spécialement invoquée.

La plaine nommée *La Bruyère*, située entre l'Isle-Mer, Saint-Guinou et Châteauneuf (37), et dans laquelle se trouve ce petit lac qu'on nomme *mare Saint-Coulman* (38), appartenait également à ce désert de Sciscy, de même que tout le terrain bas qui vient chercher Château-Richeux.

Enfin *Tommen*, qu'on ne connaît plus que par l'écueil de ce nom qui forme vers l'est-sud-ouest la pointe du triangle dont la ville (39) ou bourg de Cancale et le village de la Houle font la base, était un des débornemens de cette immense forêt dans cette partie-là, et était assez peuplé.—M. *Deric*, t. 1er, p. 86, d'après le livre rouge du ci-devant chapitre de Dol, dit même que jusqu'au quinzième siècle, ce lieu fut une paroisse de ce diocèse.

Tout le reste du plat-pays jusqu'à l'île des Landes et au Groin, si l'on en excepte les alentours de la petite villette de Portz-Pican, n'offrait guère à la vue qu'un ample pâturage.....

Dans cette autre forêt que nous ne pouvons nous empêcher de regarder comme faisant suite à la précédente (*Observat. sur le désert de Sciscy*), et qui, selon que nous l'avons déjà dit, s'étendait presque sans discontinuation depuis l'anse du Verger jusqu'au cap Fréhel, voici les principaux points qu'il nous est le plus intéressant de connaître.

L'anse actuelle du Guesclin (40), que le rivage de la mer forme en la paroisse de Saint-Coulomb, sur les confins de celle de Cancale, a, vers le milieu de son enceinte, un rocher qu'on appelle *l'Evêque.* — Ce roc, que les flots couvrent maintenant tout entier, et où l'on ne passe à pied sec que dans les grandes marées, était autrefois un lieu très-fort. — Possible est absolument que ce soit là qu'il faille placer ce petit port de Winiau, dont on n'a jamais bien connu la position précise sur cette côte, si mieux l'on n'aime, suivant que la chose nous paraît plus probable, l'avancer vers orient, près l'embouchure ou dans l'ancien canal même que nous avons précédemment assigné au Guyoul. — D'autres, plus habiles ou plus téméraires, sanctionneront ou improuveront cette conjecture. Ce qu'il y a de certain, c'est que tous les vieux titres, jusqu'à l'an 1032, qu'on n'en parle plus, s'accordent à dire que ce port n'était pas éloigné de Cancaven, qui, nous le répétons, était notre Cancale d'aujourd'hui.

Les alentours de l'île Chévret, au nord du havre de Roteneuf, étaient aussi assez peuplés, de même que les basses actuelles du Petit-Pointu.

La Conchée (41) et Césambre (42) ne manquaient pas non plus d'habitans ; mais l'île Harbour (43) surtout en avait un grand nombre, ainsi que les Louvras, qui en sont proche (*Deric*, t. Ier, p. 95, 96, 98, etc.; t. III, p. 113, etc.). C'était au premier de ces deux derniers lieux, où presque aussitôt que le pays fut chrétien, l'on bâtit une chapelle à Saint-Antoine, qu'était le *navale* ou principal port d'Aleth. C'était là que s'arrêtaient les navires qui tiraient trop d'eau pour arriver, à l'aide de la marée, jusqu'au havre de cette ville, comme aujourd'hui les vaisseaux au-dessus de cent tonneaux, chargés pour Nantes, s'arrêtent à Paimbeuf, qui en est à dix lieues, ou même à Mindin, qui est encore deux lieues et demie plus bas.

Ce havre d'Aleth, maintenant dit de *Solidor* et de *Saint-Père*, l'un des plus beaux et des plus commodes de la Bretagne, n'était presque rien dans ces temps reculés. — On y passait à gué de la côte actuelle de Dinard, lorsque la mer était basse; et dans le lointain, il n'offrait guère à la perspective qu'un humble vallon couvert de bois, qui sans doute servait de promenade et d'élysée aux oisifs d'alors (44). Ces bois se prolongeaient, d'une part, jusque dans la plaine actuelle de Saint-Suliac (45), et de l'autre, tout le long des rivages de Saint-Enogat, Saint-Lunaire, Saint-Briac, etc., où l'on en trouve encore de nombreux restes, lorsque quelques violentes tempêtes bouleversent le sable que les flots ont amoncelé dans ces parages.

Toutes les grèves actuelles de Saint-Jacut (46) et de Saint-Cast n'étaient pareillement qu'arbres et marais; mais les hauteurs de la Garde-Guérin étaient un peu moins couvertes. — On tient que les Romains, devenus maîtres de la contrée vers l'an 56 avant notre Seigneur, élevèrent en ce dernier lieu un petit temple à la Lune, sous le nom d'*Hécate* ou *Gardienne des enfers*, et qu'ils consacrèrent à la Terre (47) les environs de Saint-Jacut.

Enfin le surplus du plat-pays, jusqu'au cap Fréhel, était fort boisé; mais nous n'avons trouvé nulle part qu'il offrît à la curiosité rien de digne de remarque.

RÉCIT HISTORIQUE DE L'INVASION DE LA MER SUR TOUTE CETTE CÔTE EN L'AN 709, ET DEPUIS.

Prétendre savoir par les menus tous les détails de la submersion de cette double forêt et de ses enclaves, c'est demander l'impossible. — Tout ce que l'histoire nous en a appris, c'est que cette épouvantable catastrophe ne s'effectua que par degrés, de proche en proche, aux époques et à peu près en la manière que nous allons le raconter.....

La mer, *cette perturbatrice des royaumes, dont les îles sont les filles*, selon l'énergique expression de la sainte Écriture, et qui n'est presque en aucun parage plus fougueuse que sur les côtes de Bretagne, par l'effet de la compression et du refoulement qu'éprouvent ses eaux extrêmement resserrées entre les rochers d'Angleterre et ceux de France (48); la mer, dis-je, assaillait et minait sourdement depuis long-temps les digues que lui avait opposées la nature, lorsque, dans les sixième et septième siècles, elle parvint enfin à les entamer en quelques endroits sur la côte de Normandie, où elle emporta dès-lors quelques parties de la forêt de Sciscy. — Mais ces premières dévastations, toutes funestes qu'elles furent, n'étaient rien en comparaison de celle qu'opéra la fatale marée de mars de l'an 709, l'une des plus considérables qu'on eût jamais vues, et qui, par malheur, fut soutenue d'un vent de nord des plus terribles.

Les environs de Chausey cédèrent encore les premiers à ses coups, et les tempêtes continuant d'unir leurs fureurs aux efforts des marées suivantes, achevèrent de produire les plus affreux changemens. — Tout disparut sous les eaux, à l'exception des montagnes qui formèrent des îles, et d'une portion de la forêt entremêlée de prairies, qui fut encore épargnée pour un temps le long des côtes de l'Avranchin (49). *Mare, quod longè distabat*, dit l'anonyme cité par Mabillon, *paulatim assurgens, omnem sylvæ magnitudinem suâ virtute complanavit, et in arenæ formam cuncta subegit:* « La mer, qui en était à une grande distance, ayant enflé graduellement ses vagues, abattit avec impétuosité ces bois dans toute leur étendue, qu'elle réduisit à l'état d'une vaste grève... »

Tandis que l'ouragan changeait ainsi le cours du Couësnon, et faisait passer sous le domaine de l'Océan presque toute cette portion de la Baie qui dépend actuellement de la Normandie, la mer agitée n'entra pas avec moins de brusquerie dans les canaux du Guyoul, et fut exercer sur le reste de la plaine qui appartient aujourd'hui à la Bretagne, tous les ravages dont elle est capable dans sa violence. — Elle gagna, par les paroisses actuelles de St.-Benoît-des-Ondes et de la Fresnaye, jusque dans les marais de Dol, qu'elle acheva de bouleverser complètement en 811, aux approches de l'automne (50); délaya et rongea ceux de Cherueix, de Saint-Broladre, de Saint-Marcan, de Ros-sur-Couësnon, et de Saint-Georges-des-Gréhaigne. — Cependant elle respecta encore à ces deux époques diverses portions de terrain qu'elle a englouties depuis, et que nous citerons en note (51)....

De son côté, tout le pays plat qui était en vue de la ville d'Aleth, n'éprouva pas moins que la baie du mont St.-Michel les tristes effets de la marée de 709. — On peut même assurer que le désastre y fut considérablement plus grand, parce que ce territoire était proportionnellement beaucoup plus peuplé que l'autre.

Sa dislocation commença par les environs du cap Fréhel, qui disparurent en un moment. — L'assaut des vagues emporta aussi presque au même instant tout cet espace qu'occupent actuellement les grèves de Saint-Jacut. — Cette longue chaîne de rochers qui règne depuis la partie orientale de Césambre jusqu'à la pointe du Mingar en Saint-Coulomb, se troua ensuite en cinq ou six endroits, et donna passage à l'abîme. — Enfin les terres qui accolaient les deux bras de la Rance, s'enfoncèrent à leur tour. Le nouveau déluge, à ce moyen, gagna rapidement l'entrée de cette espèce de bassin qui forme maintenant le port de Saint-Malo, et dont la ville de ce nom, ainsi que celle de St.-Servan, font les deux flancs, l'une au nord, l'autre au sud. Il y opéra une séparation d'environ 300 toises dans sa moindre largeur, c'est-à-dire, depuis la partie méridionale du Rocher-d'Aaron, jusqu'à ce nez ou bec opposé, qu'on s'est accoutumé à écrire Nais ou Naye (52). Il se porta ensuite, d'une part, dans ces prairies dites de la Hoguette et des Joncs, qui bordent le grand chemin actuel conduisant de la première des deux villes précitées à Paramé, et de l'autre, dans toute cette étendue que nous connaissons sous les distinctifs de Marais-Rabot, de Petit et Grand-Marais, etc., c'est-à-dire jusque sous les hauteurs du bourg actuel de Paramé, du Tertre-au-Merle ou montagne Saint-Joseph, de la Grande-

Rivière, et même de Frotu et du Vallion (53), en tirant vers Château-Malo et Saint-Meloir.

La Rance, qui n'était presque qu'un gros ruisseau depuis Aleth jusqu'à Dinan, acquit, en cette même circonstance, une largeur et une profondeur considérables jusqu'au-delà de Saint-Suliac, bourg presqu'à mi-chemin de ces deux places.

Le flot surmonta de 45 pieds perpendiculaires, dans les marées d'équinoxe, le niveau de la plus basse mer : ce qui rend St.-Malo l'endroit à peu près de tout le globe où l'Océan marne davantage.

En un mot, le Rocher-d'Aaron dont nous venons de parler, et dont le sommet n'était alors couvert que d'un simple monastère entouré de quelques pauvres cabanes de pêcheurs et de pâtres, demeura presque comme une île au milieu de ces vastes débris, et n'eut plus, de mer haute, de communication avec le continent qu'au moyen d'une langue de terre encore assez large à cette époque (54), sur les restes de laquelle repose maintenant la chaussée principale, dite communément le Sillon.

Dans l'intervalle des quatre-vingts quelques années suivantes, tous les lieux dont nous venons de faire mention furent à peu près réduits à l'état où nous les voyons de notre temps, à l'exception de ce qu'on a regagné à diverses reprises sur l'élément dévastateur.

La seule partie qui tint bon, en 709, contre les insultes de l'Océan, fut celle comprise entre Césambre, les deux Bés et la Hoguette. — Les prairies qu'elle renfermait, long-temps connues sous le nom de *prairies de Césambre*, parce que Césambre en formait la pointe, avaient pour base les rochers actuels dits des *Bons-Hommes*, les Herbières, les Rats, la Pierre-aux-Anglais, Dodehal, les Coquières, les Hongréaux et la Roche-aux-Dogues. — Malgré les coups redoublés des flots qui les attaquaient à droite et à gauche, elles n'éprouvèrent, pendant des siècles, que des brèches plus ou moins notables ; mais à la fin, après bien des résistances inutiles, il leur fallut céder en entier, comme les autres, aux brigandages des tempêtes et des marées, qui les avaient déjà couvertes

momentanément en 1163. — On croit que le fameux tremblement
de terre qui, en 1427, renversa une partie de la ville de Nantes,
engloutit cinquante-cinq villages en Hollande, et treize autres dans
les environs de Dol, prépara leur ruine totale. Ce qu'il y a de sûr,
c'est que, depuis l'an 1438, on n'en aperçoit plus que de faibles vestiges, dans ce long banc de sable et de pierres que le reflux laisse à
découvert à la queue du Grand-Bé, lors des équinoxes (55), et
qu'on appelle le *Banc des Normands* ou des *Bés.*

ÉTAT ACTUEL DE CET ESPACE SUBMERGÉ. — PASSES POUR ENTRER AU PORT DE SAINT-MALO.

Malgré la prodigieuse nappe d'eau qui couvre maintenant, deux
fois en vingt-quatre heures, tant de lieux habités par nos pères, il
ne faut pas s'imaginer qu'il soit loisible aux navigateurs qui fré-
quentent ces plages, d'y aborder à volonté (56). — Il ne faut pas
croire surtout qu'ils puissent entrer dans le port de Saint-Malo
quand ils le désirent, ni par le chemin qu'il leur plairait de choisir.
Lors même que les vents et la mer leur sont favorables, ils font nécessité de suivre fort exactement certaines directions déterminées,
dont ils ne pourraient s'écarter sans courir tous les risques d'aller
se briser sur quelques-uns des écueils extrêmement nombreux qui
tapissent les approches de cette ville (57), et qui sont d'autant plus
dangereux, que la plupart restent toujours à fleur d'eau, ou couvrent
même tout-à-fait de mer haute, mais à des heures différentes, à
cause de leur inégale élévation.

Ces directions ou canaux sont connus sous le nom d'*entrées*, de
passes ou *passages*, et leur pratique est entre les mains d'une classe
d'hommes fort précieux, que l'on appelle *lamaneurs*, *locmans*, ou
pilotes-côtiers, à la différence des *pilotes-hauturiers*, qui font métier de
conduire les vaisseaux en pleine mer. Ces braves gens savent, autant
par routine que par théorie, quelle est la position précise des divers
rochers et bas-fonds qui sont à craindre, quelle est la hauteur d'eau
qui surmonte ces rocs aux différentes heures de la marée, quelles
sont la divergence et la violence des courans ; en un mot, quel est

le droit fil qu'il faut tenir pour sortir de ce labyrinthe. — Quand un de ces *conducteurs de nef*, comme on les appelait encore autrefois, arrive sur le pont du vaisseau où son assistance est requise, il s'empare aussitôt du gouvernail, et, semblable à un dictateur romain, il y exerce son office avec une autorité absolue. — Les bateliers et pêcheurs, sous dix lieues de distance de ce port, ont eux-mêmes la liberté générale de *piloter*, lorsque leur expérience est reconnue, et leur réputation établie. — L'ordonnance de la marine de 1681 (liv. 4, tit. 3, etc.) a traité des fonctions de ces *pilotes*, de l'examen qu'ils doivent subir avant d'être reçus, de leurs salaires, de leurs privilèges, et des peines auxquelles ils sont assujétis, si, par ignorance ou par méchanceté, ils causaient la perte d'un bâtiment qu'ils se seraient chargés de conduire. La condamnation au fouet, et à être pour jamais privés du *pilotage*, y est réservée à leur ignorance, en cas d'accident; mais à l'égard de ceux qui malicieusement auraient jeté un navire à la côte ou sur un écueil, la loi porte que leur tête doit en répondre, et leurs corps être attaché, pour l'exemple, à un mât planté près le lieu du naufrage.

Parmi ces *entrées*, on en compte cinq principales : celle de la Grande-Porte et celle de la Petite-Porte, qui peuvent être pratiquées de la plus basse mer, aussitôt le commencement du flot, par les vaisseaux de ligne même, parce qu'alors il reste encore dans le chenal 35 à 40 pieds d'eau; celle de la Conchée, et celle du Petit-Pointu, qui exigent au moins demi-flot, pour que les frégates puissent passer sans accident sur le *Banc des Bés;* enfin celle du Décolé, qui demande deux tiers de flot, pour qu'une frégate puisse franchir le *Banc des Pourceaux*

Ces cinq *passes* sont en général les seules fréquentées; cependant il en est encore sept autres, dont on peut faire usage au besoin : savoir, celle des Normands, entre la Bine et la Pointe de la Varde, pour les bâtimens qui viennent du côté de Cancale; celle entre le Grand et le Petit-Pointu; celle d'entre la Conchée et la Ronfleuse, quand les vents d'est et de nord-est empêchent de doubler la Conchée; celle d'entre la Ronfleuse et la Rousse; celle

entre la Rousse et la Petite-Conchée; celle entre Dos-de-cheval
et la partie orientale de Césambre; enfin, celle d'entre le Mourier, à l'ouest de Césambre, et la Pierre-à-Tison, qui, quoique
fort étroite, est une des plus saines. — Ces sept dernières *entrées*
ne sont praticables pour les frégates qu'aux deux tiers de flot : dans
tout autre temps, le danger du naufrage serait pour elles inévitable.
— Pour ce qui est des vaisseaux de ligne, ils ne peuvent jamais
passer que par celles des Portes, et toujours en courant des risques, si le vent ne les favorise (58). — Vingt-deux airs de vent,
au surplus, servent tant à l'entrée qu'à la sortie de cette rade, où,
nous le répétons, lors des équinoxes, la mer, indépendamment
des tempêtes qui peuvent la porter plus haut (59), monte de 45
pieds perpendiculaires (60); et son établissement, c'est-à-dire
l'heure à laquelle la mer y est haute aux jours de la nouvelle et pleine
lune, est à six heures; ce qui en général a lieu également pour toute
la côte, depuis le cap Fréhel jusqu'à Cancale, à quelques minutes
près. — Lorsque la mer y est arrivée à sa plus grande hauteur,
elle stationne pendant environ 12 minutes; après quoi elle commence à descendre : même chose quand elle est rendue au point où
elle doit baisser davantage ce jour-là. C'est le spectacle alternatif
et imposant qu'elle donne exactement deux fois par 24 heures,
mais en retardant chaque jour d'environ 48 minutes, à moins que
les tempêtes n'accélèrent ou ne reculent un peu ce phénomène,
que les étrangers surtout ne voient jamais sans une vive admiration.

Quand on suit fidèlement quelqu'une des directions précitées, et
que les vents et la mer sont propices, on arrive, soit à l'échouage,
dans le port de Saint-Malo même (61), qui n'est qu'un port de
marée, c'est-à-dire un port que la mer, dans son reflux, laisse
entièrement à sec; soit au mouillage dans le port de Solidor, qui
est un port d'entrée, c'est-à-dire un port où les navires, s'ils ne
veulent pas s'échouer, ce qu'ils peuvent aussi faire dans sa plus
grande partie (car il a ce double avantage), ont la faculté de rester
en tout temps à flot.

Si l'on ne veut, ou qu'on ne puisse gagner aucun de ces deux ports, on a la ressource de jeter l'ancre, ou dans la grande rade, qui s'étend depuis la basse de Broutar jusqu'à la Pierre-de-Rance, et où cette ancre laboure peu ou point; ou dans la petite rade, entre ladite Pierre-de-Rance et la Mercière sous la Cité; ou dans la rade de Dinard, entre la pointe de Dinard même et celle de la Vicomté; ou encore dans la rade de Belle-Grève, en rivière, entre la pointe de la Brebis et celle de Cancaval, en face de l'anse de Troquetin; ou enfin dans la rade de Cancaval même, autrement dite du Mont-Marin, vis-à-vis le joli château de ce nom, qu'on trouve sur la gauche de la Rance, au-dessous du passage de Jouvante.

Lorsque les vents ou le mauvais temps empêchent de venir chercher aucun des précédens mouillages, on n'a d'autre parti à prendre que de tenir le large, ou d'aller s'abriter, soit dans la baie de Cancale, dont le fond est à peu près partout excellent; soit dans la baie de la Fresnaye, dont l'anse, de même nom, présente un *échouage* facile à tout bâtiment qui serait menacé de naufrager.

ARRIVÉES AU MÊME LIEU, DU CÔTÉ DE LA TERRE.

Quant aux arrivées à Saint-Malo de l'intérieur du pays, elles peuvent, comme chacun sait, dans l'état où sont aujourd'hui les choses, s'opérer par terre ou par eau.

Dans tous les temps, si l'on vient d'au-delà de la Rance, et qu'on ne veuille pas aller chercher à cinq lieues le pont de Dinan, qui forme le premier barrage de la rivière, on est dans la nécessité de traverser cette rivière, soit à Jouvante, soit à Dinard, où il y a toujours des bateaux prêts à servir, pour une modique somme, les voyageurs; soit enfin, plus dans l'intérieur, au port Saint-Hubert, et vis-à-vis de Livet, où le service est moins réglé.

Si l'on aborde par Saint-Servan, on a également, de mer haute, la ressource des bateaux (62), et de mer basse, celle des voitures, si mieux l'on n'aime couper à pied à travers le Port, ou le circuiter par-dessus les chaussées, ce qu'on appelle en langage du pays *faire le grand tour*.

Du côté de Paramé, au contraire, l'accès est toujours libre pour les gens et pour les bêtes, à l'aide de cette levée artificielle dite le

2

Sillon, qui, comme nous l'avons déjà rapporté plus haut, a remplacé en partie, dans les temps modernes, cette langue naturelle de terre que l'inondation de 709 avait épargnée.

VILLES QUI BORDENT LE BASSIN PRÉCITÉ. — COUP-D'OEIL GÉNÉRAL SUR LES HABITANS DES DEUX BORDS DU COUESNON.

Après ces divers éclaircissemens, dont il nous a été impossible d'élaguer quelques répétitions, il nous reste à jeter pour la dernière fois quelques regards d'une louable curiosité sur tout cet espace envahi, où, comme parle Horace, *des poissons de toute espèce visitent aujourd'hui les lieux dans lesquels les ramiers aimaient à se percher jadis* (63). — Les nombreuses notes qui suivent, laisseront peu de chose à désirer, pour avoir une connaissance parfaite de cette contrée, que distingue très-certainement, selon le vœu du programme de la Société Géographique de France, un caractère physique particulier.....

Les villes qui bordent actuellement ce vaste bassin, sont Granville, Avranches et Pont-Orson, sur la côte de Normandie; Dol, Saint-Malo, Saint-Servan et Matignon, sur celle de Bretagne. —Les trois premières font partie du département de la Manche; les trois suivantes, de celui d'Ille-et-Vilaine, et la dernière, de celui des Côtes-du-Nord.

Granville, d'après le tableau de population annexé à l'ordonnance du roi du 15 mars 1827, et l'Almanach royal de l'an 1828, contient de 7030 à 7212 individus; Avranches, de 6431 à 6966; Pont-Orson, 1459; Dol, 2800, et avec ses annexes, de 3219 à 3897; Saint-Malo, 9838; Saint-Servan, de 9861 à 9899; enfin, Matignon est fort peu de chose, surtout si l'on en sépare Saint-Germain, qui en fait aujourd'hui la partie campagne, et dont il était naguère la *trève*.

Nous n'avons rien à apprendre au lecteur du génie et des mœurs de leurs habitans; ce sont des objets assez connus. — Tout le monde a spécialement entendu parler de la finesse et de l'adresse des Bas-

Normands , ainsi que de la franchise et de là bonne foi des anciens Malouins ; mais ce qu'on n'a peut-être pas remarqué suffisamment , c'est le contraste singulier qui existe entre les paysans et le menu peuple des confins de ces deux provinces. L'air du visage , le cos-tume , le langage, la prononciation , les manières, etc., y offrent des disparates sensibles , et ces diverses nuances, au lieu de se con-fondre doucement, semblent coupées brusquement, comme le territoire, par le *Couësnon*. — Chez le Normand, pris dans l'état de tranquillité et de repos, c'est communément une figure plus ré-gulièrement dessinée, un contour de membres moins épais, une attitude qui répond davantage à la dignité de la nature humaine , un œil vif et gai, au travers duquel perce un rayon du feu qui l'a-nime ; un sourire qui annonce de l'esprit , et même quelque malice ; un ton de voix plus aigu , qui donne presque à tous les mots termi-nés en *oi* le son d'*ai*, comme *mai*, *tai*, *sai*, *fai*, pour *moi*, *toi*, *soi*, *foi*, au lieu que son voisin leur donne celui de l'*a*, comme *ma*, *ta*, *sa*, *fa;* une mise et une demeure un peu plus soignées ; enfin plus de prévenances, de civilités et d'attentions, dans ses petites relations sociales , lorsqu'il a surtout à traiter avec quelque personne supé-rieure. — Chez le Breton, au contraire , c'est presque toujours une face carrée ou des joues rondes, avec l'os de la pommette élevé ; le front un peu bossu , et le nez court et large ; une corpu-lence matérielle, une démarche lourde ; un pouls qui est bien loin de faire 80 pulsations par minute; un organe rude ; un ensemble sans enjouement. — Chez l'un et chez l'autre, les passions offrent à peu près les mêmes symptômes caractéristiques , excepté que le premier se montre peut-être plus taquin dans le cours ordinaire de la vie , et le second plus querelleur et plus ivrogne au cabaret.

MANIÈRE DE FAIRE LE SEL PAR ÉVAPORATION SUR LA LISIÈRE DES GRÈVES DU MONT SAINT-MICHEL.

C'est sur le bord des grèves qui cernent le mont Saint-Mi-chel, spécialement dans les communes de Saint-Léonard, de Ge-

nest et de Courtils, ainsi qu'à l'endroit appelé *les Quatre-Salines*
à quelque distance du Pas-au-Bœuf, que se fabrique une grande
partie de ce beau sel blanc par évaporation, dit *sel commun*, dont
l'usage est si répandu. — Pour cet effet, les riverains ratissent très-
légèrement, à l'aide d'un instrument nommé *haveau*, et pendant
huit à neuf mois de l'année, dans les lieux où le mouvement de la
mer se fait le moins sentir, le menu sable chargé de salin. Cette
matière est transportée proche des salines, où l'on en fait de gros
tas ou mondrains, que l'on couvre de fagots et d'un enduit de terre
grasse, afin d'empêcher la pluie d'y pénétrer. — Lorsqu'on veut en
faire usage, on verse sur ce sablon de l'eau douce, qui en entraîne
les parties salées, et qui est conduite, par des gouttières, en des cuves
placées dans le bâtiment destiné à l'évaporation. De ces cuves, on
la transvase sur des plateaux de plomb à rebords de deux à trois
pouces de haut, et de 26 pouces de long sur 22 de large : on allume
ensuite, et l'on entretient sous ses plateaux un feu clair, dont,
dans l'espace de deux heures, la chaleur fait évaporer l'eau ; opération d'où résulte le sel, qui demeure au fond. On remet alors de
nouvelle eau dans les vaisseaux, et l'on continue de même, de façon
qu'en 24 heures on retire, de trois de ces plateaux seulement, environ cent livres de marchandise, qu'on met à s'égoutter dans des
paniers en forme d'entonnoirs. — Comme le havelage précité bais-
serait de plus en plus le sol de grèves qui sont en Bretagne, en
détruisant certaines petites plantes dont se forment des herbages
conservateurs des digues contre les divagations du *Coësnon ;* il a
toujours été vu de mauvais œil par les autorités civiles de cette
province, et souvent interdit par des arrêts. C'est ce qui fait qu'il
n'y a plus maintenant que quatre ou cinq salines sur cette lisière,
où elles étaient autrefois en bien plus grand nombre.

OISEAUX PÊCHEURS QUI FRÉQUENTENT CES PARAGES, ETC.

Dans l'intérieur de ces mêmes grèves, surtout dans la saison où
le poisson fraie, vivent des bandes innombrables d'oiseaux pê-

cheurs, qui y cherchent leur pâture. — Tous, en général, sont d'espèces indigènes, telles que la grande et la petite *mauve*, la *pie de mer*, le grand et le petit *plongeon*, le *héron - crabier*, l'*alouette de mer* ou *pluvier de sable*, le *caniais*, etc. ; cependant, en hiver il vient quelquefois s'y joindre quelques espèces étrangères. — La quantité de poissons en bas âge que tous ces consommateurs y détruisent, est immense ; et dans le temps de leurs amours, ils vont faire leur ponte sur ceux des rochers à la mer qui ne couvrent pas.

Les marais renfermés pas les digues sont eux-mêmes le séjour habituel de beaucoup d'autres volatiles de toutes les sortes, qui y trouvent leur subsistance et leurs plaisirs, et auxquels, dans les grands froids, viennent tenir compagnie des *canards* et des *oies sauvages*, des *cygnes* et d'autres oiseaux coureurs.

Les fossés de plusieurs de ces lieux bas aux environs de la digue des Quatre-Salines, ainsi que ceux des grèves productives du mont St.-Michel qu'on a arrachées aux flots, sont couverts de ce petit tamaris ou tamarisc, que Dalechamp estime être *l'humilis myrica* de Virgile, parce que, à la différence de la grande espèce, il ne croît pas plus haut qu'un homme. — C'est un joli arbrisseau, pour la durée de sa verdure et l'agrément de son fanage, qui, de loin, a la même apparence à peu près que celui de l'asperge.

C'est, comme on le sait, de ces grèves herbues, et de quelques-uns de ces marais, tels que ceux des Verdières, des Marfauves, de l'Hôpital, de la Rue, de la Poultière, de la Bégossière, de Chérueix, etc., qu'on tire ces moutons connus sous le nom de moutons des grèves, et de moutons de Dol, dont la chair délicate et parfumée est si recherchée des gastronomes de nos contrées. — Ils peuvent à tout le moins rivaliser avec ceux de Dieppe, de la Crau en Provence, et de Ganges en Bas-Languedoc, élevés dans ces garigues ou pâtis qui ne sont parsemés que de thym, de lavande, de serpolet, et d'autres plantes odoriférantes.

MANIÈRE DE BATIR SUR UNE PARTIE DE CETTE CÔTE.

Enfin, comme nous réservons le surplus pour les notes, nous

nous bornerons à dire ici un mot seulement de la manière dont la presque totalité des voisins de la Digue, depuis Château-Richeux jusqu'à Chérueix inclusivement, bâtissent leurs maisons. — La pierre étant rare tout le long de cette vaste clôture, ils y suppléent par la bauge, bauche ou torchis; alliage de terre grasse et de paille hachée, bien pétries ensemble, qui dure assez long-temps, malgré son aspect misérable. La bedoue, sorte de roseau du pays, et le ros, qui en est encore une autre espèce, forment la couverture de ces chétives habitations, où le bonheur néanmoins loge plus souvent que dans les palais.

PONT DU DUC D'ANGOULÊME, AU VIVIER.

Au bas du Bec-à-l'Ane, proche le Vivier, et au confluent du Guyoul et de la Banche, à peu de distance de l'ancienne chapelle St.-Julien, qui tombe en ruines, se voit le beau pont du duc d'Angoulême (monseigneur Louis-Antoine d'Artois), ainsi appelé du nom de ce prince, qui voulut bien lui faire cette faveur à son passage en ce lieu, le 30 octobre 1817. — C'est un ouvrage tout neuf, en pierres de taille, et d'une fort bonne exécution, sauf que les arches en sont trop basses pour le dégorgement suffisant de ces deux ruisseaux réunis là en un seul, ce qui y nécessitera très-certainement de prochains changemens. — Les barques en approchent assez près, au moyen de ce chenal commun. Il fut construit aux frais des seuls propriétaires des marais, qui, le 4 décembre 1815, en firent l'adjudication pour 91,800 francs, aux sieurs Deruambes et Vidal, habitans du mont St.-Michel. — Lorsqu'on fit les fouilles de ses fondations, on y trouva, à plus de vingt pieds de profondeur, une grande quantité de coquillages mêlés à des feuilles d'arbres qui tombaient en dissolution dès qu'on y touchait, et quelques billes de ces bois sous-marins qui appartenaient à l'antique forêt de Sciscy. — Quand Son Altesse Royale y mit pied à terre, elle y fut reçue sous un arc de triomphe par les maires des vingt-trois paroisses intéressées aux travaux des digues, et par un grand nombre d'autres personnes de marque; mais le mauvais temps, et l'envie qu'elle avait d'arriver à St-Malo, l'empêchèrent d'accepter un dîner qu'on lui avait préparé sous une tente élégamment décorée, dressée sur une des culées de ce pont même.

HUÎTRIÈRE DE CANCALE.

Sous la côte de Cancale est l'huîtrière de ce nom (64), célèbre dans toute la France. — C'est la plus belle et la plus productive de toutes celles connues jusqu'à ce jour : elle semble inépuisable. Les Anglais, en temps de paix, en ont souvent enlevé 40 à 50 cargaisons de 50 tonneaux chacune; tant pour l'usage de leurs tables, que pour en ensemencer en quelque sorte leurs côtes, et spécialement leur banc de Colchester, en la province d'Essex, vers l'orient de l'île, où elles n'ont pas dégénéré. Environ soixante-dix embarcations de la Hougue, en Normandie, y ont aussi, pendant long-temps, chargé trois fois l'an, et chaque chargement était de quarante tonneaux. Outre cela, au moins trente bateaux de Cancale même ont constamment continué de s'occuper à recueillir cette mâne pour la consommation de 25 à 30 trente lieues de pays circonvoisins; et il fut un temps (le 18 décembre 1763) où l'administration municipale de Saint-Malo faisait porter toutes les semaines, par le courrier de la poste aux lettres, pour la bouche du du Roi, quelques douzaines de ces délicieux coquillages, dont se gorgent actuellement pour quelques sous les plus minces badauds de Paris. — Dieppe est un des entrepôts d'où cette grande ville les tire aujourd'hui. Pour les y conserver en vie, aussitôt qu'elles sont arrivées de Cancale, on les dépose sur la grève dans des parcs, qui ne sont autre chose que de grandes claies disposées en carré, et soutenues de pieux. Les huîtres y sont rangées au milieu par piles, et la mer, qui les couvre deux fois par jour, les y entretient vivantes jusqu'à leur départ pour la capitale. — Quand on veut les rendre vertes, afin de leur donner un goût plus délicat, dit l'*Encyclopédie*, on les y jette pêle-mêle

dans des fosses de 18 à 24 pouces, situées le long du rivage, et
qui ne sont inondées que par les marées des nouvelles et pleines
lunes. Ces fosses verdissent, soit par la qualité du terrain, soit par
une espèce de petite mousse qui en tapisse les parois et le fond,
et au bout d'un an ou deux tout au plus, on en retire les huîtres telles
qu'on les désirait. On prétend que l'eau des pluies contribue elle-
même beaucoup au succès de cette opération. — On n'ignore pas,
au surplus, que ce testacée précieux était par excellence *l'irrita-
mentum gulæ* des anciens, c'est-à-dire, le mets le plus propre à
exciter leur appétit. On le mange cru ou cuit, en fricassée ou en
ragoût, mariné ou daubé; et de ses valves, on peut faire une chaux
excellente, soit pour cimenter, soit pour engraisser les terres. Outre
l'algue et la vase qui le font périr dans sa naissance, il a pour ennemis les crabes, les étoiles-marines, les pétoncles et les moules.
— En 1785, on s'aperçut d'une grande diminution dans l'huîtrière
de Cancale, et le gouvernement chargea alors M. de Chardon et
l'abbé Diquemare de venir sur les lieux aviser aux moyens de remédier à cette destruction; mais ce dépérissement a cessé depuis.
— Comme il faut environ trois ans avant que ce coquillage, qui
multiplie prodigieusement, ait acquis le degré de croissance nécessaire pour être consommé, on a fait divers réglemens qui divisent
le sol productif des huîtres en trois parties à peu près égales, et
chaque fond est dragué pendant un an, avec défense de promener la
drague ailleurs. — Cette drague est un engin dont la lame porte
sur le fond de l'huîtrière. Un bateau à la voile, auquel elle est attachée, traîne à sa suite cette machine, et quand il la croit pleine, il
la relève. Alors on vide tout le poisson qui est dans le sac que
forme un filet attenant, et l'on recommence la même manœuvre.
— L'huître fraie au mois de mai, et dans ce travail, l'effort de la
nature est si considérable, qu'il occasionne à l'animal une maladie
plus ou moins longue, qui, selon les années, s'étend jusqu'à la
fin d'août. Pendant cet intervalle, l'huître, devenue laiteuse et
maigre, ne peut être qu'insalubre : aussi un sage réglement de
l'amirauté, de l'an 1766, homologué au parlement, et renouvelé

plusieurs fois, en prohiba-t-il la vente depuis le premier mai jusqu'au premier septembre. Comme cet espace de temps était lui-même trop court pour donner à l'huître nouvelle une facilité suffisante de se former, une déclaration du Roi de 1787 y pourvut, en prorogeant la prohibition dont est cas jusqu'au 15 octobre, pour les bateaux et la drague; ce qui fut maintenu par les lois des 24 août 1790, 22 juillet 1791, 3 brumaire an IV (25 octobre 1795) et 24 juillet 1816 : mais tout cela n'a point empêché, et n'empêche point encore les poissonniers d'apporter en cachette, dès le mois d'août, de vraies huîtres de drague, qu'ils tâchent de faire passer pour des huîtres de pied, c'est-à-dire de celles qu'on va ramasser à pied sec au bas de l'eau, et qui sont en général moins formées. — (Voyez, dans nos grandes *Recherches* manuscrites, ch. 8, 12 mai 1665, l'inutile tentative que firent alors deux spéculateurs de Paris, pour s'attribuer la pêche exclusive de ce coquillage dans cette baie.)

PÊCHES FIXES ET MOBILES DANS TOUTE CETTE ÉTENDUE.

C'est encore depuis ladite côte de Cancale, que commencent, pour la Bretagne, ces pêches qu'à défaut d'autre terme, nous nommerons mobiles, à la différence des pêches dormantes et fixes, qui sont établies sur ces grèves, et dont nous renvoyons le détail à la note 56. — Elles se divisent naturellement en deux, celle des poissons indigènes, et celle des poissons de passage.

La première se fait à la ligne et avec des filets. — Ces lignes sont de deux sortes, celle de fond et celle de flotte. — On se sert de celle-ci le long des rivages, et elle exige une adresse qui ne s'acquiert que par l'habitude. — Celle-là (la ligne de fond) se place sur les herbiers, à deux, trois et quatre lieues en mer, et c'est elle qu'on emploie pour prendre les raies, les roussettes, les congres, les bars, les turbots, etc., etc. — Quant à la pêche dite *aux filets*, on s'y sert ou de la drague, comme pour les huîtres, ou de divers engins, tels que le carrelet, le verveux, le casier, la drivette, la seine, et autres plus ou moins semblables. — On fait usage de la seine, par exemple, dans toutes les criques où le fond est plat et uni. On encerne pour cet effet un espace proportionné à la longueur du tissu, dont on ramène sur le rivage les deux bouts, et alors tout ce qui s'y trouve renfermé devient la récompense du travail du pêcheur. On prend ainsi les lieux, les grondins, les orphies, les poules de mer, les merlans, les mulets, les éperlans, le lançon, et autres.

Dans la seconde de ces pêches, je veux dire celle des poissons de passage, on prend quelquefois (toujours néanmoins en petite quantité dans nos environs) de la morue, de la julienne, de la sardine, du hareng, etc.; mais la capture du maquereau (65) y est d'ordinaire abondante.—Celle-ci se fait aussi de deux manières, à la ligne, ou avec des rets, dans lesquels le poison se maille.—Cette proie nous arrive des mers du nord, vers la fin de mai, un peu plus tôt ou plus tard, et achève de se retirer entièremeut sur la fin de juillet, sauf quelques traîneurs. Elle est en certaines années beaucoup plus considérable que dans d'autres. Le havre de Saint-Briac, en particulier, employait autrefois à sa poursuite un grand nombre de bras; et c'est une singularité historique assez curieuse, qu'outre l'église paroissiale de ce nom, qui avait été bâtie antérieurement du produit d'un lot que chaque bateau lui présentait, la tour des Ebihens actuelle le fût également en 1697, à peu près par les mêmes moyens. — Comme cette dernière pêche se fait à cinq, dix et douze lieues en mer, elle devient, pour ainsi dire, nulle en temps de guerre, par le voisinage des îles anglaises de Jersey et de Guernesey qui la gênent; mais en retour, elle est quelquefois si copieuse, que ce poisson ne vaut à Saint-Malo que deux ou trois sous le couple. Nous en redirons un mot à la note 46.

Pour ce qui est de la pêche des coquillages autres que les huîtres, elle présente en général un grand intérêt pour le menu peuple surtout. — Elle embrasse dans son ensemble les espèces qui végètent enfouies dans la vase, telles que ces cames communes dont sont remplis certains espaces des grèves du mont Saint - Michel et de toutes nos côtes environnantes; celles qui vivent en quelques autres endroits sur la surface des sables et parmi les herbes marines, telles que les pétoncles, les ricardeaux ou coquilles de Saint-Jacques, et quelques autres du genre des peignes ; celles qui rampent ou se cramponnent sur les rochers, telles que les oreilles et les limaçons de mer, les lépas ou patelles, les moules, etc. ; à quoi l'on peut ajouter enfin différentes sortes de testacées de la famille des buccins, et divers crustacées, tels que les homards, les chevrettes ou salicoques, les crabes, et quelques autres qui ne coûtent guère que la peine de les prendre. Il y a environ cinquante ans que certaines espèces de ces derniers étaient si abondantes dans nos parages, que l'on se contentait d'en arracher les mordans ou pinces, qui sont la partie la plus charnue et la plus délicate, et après cela on rejetait les corps à l'eau. Aujourd'hui elles sont devenues beaucoup plus rares ; mais cette perte présente compensation, car ces cancres dévorent les poissons pris aux lignes de fond (66).

FORT DES RIMAINS, A CANCALE.

C'est, en un mot, sous cette même côte, et en face du bourg de Cancale, que se voit, sur la principale île de son nom, le superbe fort des Rimains, si propre à repousser les vaisseaux ennemis qui voudraient stationner dans les mouillages d'alentour, ou opérer quelque débarquement sur la plage voisine. — M. de Vauban en avait représenté l'utilité ; mais son exécution n'eut lieu qu'au mois de juin 1779. — On détruisit, pour cet effet, les restes d'un antique ermitage qui occupait la cime de la montagne, et quelques mauvais retranchemens à peu près inutiles, qui étaient plus bas. — Il porte des canons du plus gros calibre, des mortiers, et un fourneau à rougir les boulets.....

POINTS REMARQUABLES DE LA CÔTE, DEPUIS LE GROIN JUSQU'AU CAP FRÉHEL.

Lorsqu'on a dépassé la pointe du Groin, il ne reste plus à inspecter que quelques points dont nous n'avons encore rien ou presque rien dit ; savoir : l'anse du Verger, où est établie une batterie de terre ; le grand Chévret, roc énorme inhabité et inhabitable, où se trouvent seulement quelques lapins, la corneille mantelée, la pie de mer, la macreuse, la bernacle ou bernache, dont la pourriture n'est pas la semence, mais simplement le berceau, et plusieurs autres oiseaux aquatiques ; le château de la Fosse-Ingant, célèbre dans l'histoire moderne, tant pour avoir été le berceau du jeune Desilles, qui, le 31 août 1790, paya de sa vie, à Nancy, son admirable dévoûment, que pour avoir vu depuis s'ourdir la conspiration dite *de la Rouairie*, dans la lutte de la monarchie contre la république ; la Merveille, ancienne abbaye de templiers, totalement en ruines ; le fort de la Varde, jadis d'Arboulé, proche la pointe de même nom, rebâti en 1758, tel qu'il est, sur un escarpement de cinquante-neuf pieds d'élévation au-dessus des plus hautes marées ; le fort Royal, anciennement l'Islet, où était, avant sa construction, la justice patibulaire de la seigneurie ecclésiastique de Saint-Malo, et à une portée de fusil seulement de cette place, vers le nord-quart-nord-est ; la belle forteresse de la cité en Saint-Servan, dont la première pierre fut posée le 28 avril 1759 ; la pointe de Dinard, où est une autre batterie de côte pour protéger la rade ; les deux anses de la Fosse et de la Garde, à droite et à gauche du télégraphe de la Garde-Guérin, où les Anglais descendirent le 4 septembre 1758, pour aller se faire battre complètement par nos troupes dans celle de Saint-Cast le 11 du même mois ; enfin l'île des Ebihens, où était, en 1650, l'ancien phare, et de la contenance d'environ trente-cinq journaux de rochers couverts d'un sable mêlé de quelques parties terreuses et productives.

De cette station finale, nous revolons par la pensée sur le promontoire de Fréhel, d'où nous étions partis.—Là, projetant un dernier coup-d'œil général sur tant d'antiques déchiremens, formidables effets des coliques auxquelles est sujet notre petit globe, nous ne pouvons nous refuser à tomber aux genoux de l'Être immuable et souverain qui a donné sa parole, qu'à un jour connu de lui seul, il fera rentrer dans leur premier chaos non-seulement ce globe tout entier, mais même tout l'univers, pour les rendre ensuite, sous une forme nouvelle, participans de son éternité.

DÉVELOPPEMENS ET NOTES

A L'APPUI DE TOUT CE QUI A ÉTÉ AVANCÉ CI-DESSUS.

———— ⚬◦⚬ ————

(1) *Témoignages à l'appui du prologue.* — Voyez la Dissertation de M. Desmarest sur cette ancienne jonction, in-12, 1753, *passim :* Buffon (*Théorie de la terre,* t. 1er, p. 368 et 370, édition in-12 de Sonnini); l'*Abrégé des Transactions philosophiques,* par Millin de Grandmaison (dixième partie, p. 10, 13, 14); les *Œuvres* de Musgrave, Verstegan, Twine, Sommer, Campbell, Camden (*Britann.,* p. 243); les observations de M. Pennant sur la cause de cette séparation, dans la *Bibliothèque physico-économique,* année 1789, t. 1er, p. 262, et t. II, p. 315 ; l'*Essai de géographie physique* de Buache, inséré dans les mémoires de l'Académie des sciences, année 1752, p. 609 ; Buffon encore (*ut suprà*, t. II, p. 116, 424, 426); l'ouvrage du professeur russe Krakenninikow, traduit par l'abbé Chappe, dans le second volume de son Voyage en Sibérie ; enfin Virgile, dans ce qu'il rapporte de la Sicile et de la Calabre (*Enéid.,* l. III, v. 414, etc.), et ce qui s'applique si bien à notre sujet. « On prétend, dit-il, que ces deux régions, ébranlées
» jadis par une violente secousse, se désunirent (tant la durée des siècles
» cause de changemens dans l'univers!), et qu'elles ne formaient qu'un même
» continent, lorsque tout à coup la mer, s'ouvrant un passage entr'elles,
» détacha l'Italie de la Sicile, et creusa le détroit qui les sépare maintenant
» l'une de l'autre :

> » *Hæc loca, vi quondàm et vastá convulsa ruiná*
> » *(Tantùm ævi longinqua valet mutare vetustas)*
> » *Dissiluisse ferunt : càm protinùs utraque tellus*
> » *Una foret, venit medio vi Pontus, et undis*
> » *Hesperium Siculo latus abscidit ; arvaque et urbes*
> » *Littore diductas angusto interluit æstu.* »

» Il faut avouer, reprend à peu près M. de Buffon (*Théorie de la terre*,
» t. II, p. 457), que le défaut de monumens historiques nous a privés de la
» connaissance de plusieurs autres faits pareils; mais le temps qui nous
» manque, ne manque point à la nature, et ce serait à tort que nous
» voudrions rapporter à l'instant de notre existence les siècles passés et les
» âges à venir, sans considérer que la vie humaine, étendue même autant
» qu'elle peut l'être par l'histoire, n'est qu'un point dans la durée, un seul
» fait dans l'histoire des faits de Dieu. »

(2) *Même sujet.* — « On tient, disent les savans auteurs du *Dictionnaire
de Trévoux*, article Jersey, que cette île a fait autrefois partie du continent
du Cotentin. » — Les îles de Serck, de Guernesey et d'Aurigny, ajoute
M. Deric (*Hist. Eccl. de Bret.*, t. 1, p. 104, et t. II, p. 130), appartenaient
alors également à la terre ferme, comme en font foi nos meilleurs géographes, et les Titres de l'église de Coutances.—L'île qu'on appelle la Catis,
qui forme à peu près le trépied avec le fort de la Latte et le Vieux-Banc, poursuit l'historien précité (t. 1, p. 98 et 101), était aussi anciennement entourée
d'une forêt que la Rance traversait, et l'on allait à pied à celle de Batz, de
même qu'à celle d'Ouëssant, qui est actuellement à quatre lieues de la côte.
   « A deux lieues de Lannion, reprend M. Ogée (*Dict. hist. de Bret.*, t. III,
» p. 370, et article Saint-Michel en grève), vers le milieu d'une grande
» anse actuelle de sable de plus de 1,200 journaux, qui commence à la
» sortie du bourg de Saint-Michel, est une croix de pierre plantée sur un
» rocher. Les habitans du lieu prétendent qu'elle est placée dans l'endroit
» où débarqua Saint-Efflam, l'an 480, en arrivant d'Irlande, et que cette
» grève était encore alors occupée par une forêt très-spacieuse, dans la-
» quelle ce saint se bâtit un ermitage. »
   Ce récit du géographe breton a été depuis peu confirmé d'une manière
authentique, par une notice fort intéressante, que la *Gazette de France*,
du 22 février 1812, annonce avoir extraite du cent soixante-dix-neuvième
numéro du *Journal des Mines*, qui venait de paraître. « Un jour, dit-elle,
» M. de la Fruglaye se promenant près de Morlaix, sur une grève de son
» voisinage, après une forte tempête, aperçut tout l'aspect de cette
» grève changé. Le sable fin et uni qui la couvrait, avait disparu. On voyait
» à sa place un terrain noir, et labouré par de longs sillons. C'était un
» amas de détritus de végétaux, parmi lesquels on distinguait plusieurs
» plantes aquatiques, et des feuilles d'arbres forestiers. Au-dessous de cette
» couche, se présentaient des roseaux, des joncs, des asperges, des fou-
» gères et d'autres plantes de prairies, dont plusieurs très-bien conservées.

» Enfin sur tout ce terrain, on voyait des troncs d'arbres renversés dans tous
» les sens. La plupart étaient réduits à l'état de terre d'ombre, d'autres
» étaient encore dans un état de fraîcheur. Les ifs et les chênes avaient leur
» couleur naturelle. Les bouleaux très-nombreux avaient conservé leur
» écorce argentée. Tous ces débris d'une ancienne végétation ensevelie par
» quelque révolution soudaine, étaient posés sur une couche de glaise sem-
» blable à celle qui forme ordinairement la base de nos prairies, etc.
» M. de la Fruglaye, ajoute cette *Gazette*, ayant poursuivi ses recherches
» pendant un espace de sept lieues, toujours le long de la grève, y trouva
» partout des restes de cette ancienne forêt ensevelie. »

« Cherchez aujourd'hui sur la terre ferme, continue à son tour Ovide
» (*Metam.*, l. 15, n. 6), Leucade qui y tenait autrefois : elle s'en est de-
» puis séparée, et maintenant c'est une île. Cherchez Hélice et Buris, ces
» fameuses villes de l'Achaïe ; vous les trouverez sous les eaux, et les mari-
» niers qui passent actuellement par-dessus, en montrent encore les ruines,
» qui résistent contre les vagues :

> » *Leucada continuam veteres habuere coloni ;*
> » *Nunc freta circumeunt, etc.*
> » *Si quæras Helicen et Burim, Achaïdas urbes,*
> » *Invenies sub aquis, et adhuc ostendere nautæ*
> » *Inclinata solent cum mænibus oppida mersis.* »

Cherchez, ajouterai-je moi-même, quel était l'état primitif de tout le littoral depuis Calais jusqu'à la Baltique : M. de Buffon (*Théorie de la terre*,
t. II, p. 116, 424 et 426), et l'Encyclopédie (art. *Zuyderzée*), vous répon-
dront « qu'en 1164, il y eût dans la Frise une inondation si considérable,
» que toutes les côtes maritimes furent submergées avec plusieurs milliers
» de personnes ; qu'en 1218, un accident pareil fit périr près de cent
» mille hommes ; qu'en 1225, le Zuyderzée, ce grand golfe de l'Océan
» germanique dans les Pays-Bas fut formé par l'irruption des flots, qui,
» s'étant précipités par l'embouchure du Flevon ou Flie, et de l'Ems,
» couvrirent trente lieues de pays, dont il ne reste plus que la côte, qui
» forma dans la suite plusieurs îles nommées aujourd'hui Texel, Yerland,
» Fliland, Schelling et Ameland ; qu'en 1446, une semblable fougue de la
» mer causa la mort, en Frise et en Zélande, à plus de cent dix mille indi-
» vidus, et la ruine de plus de 2 à 300 villages, dont on voit encore les
» pointes des clochers un peu élevés au-dessus des eaux. »

Consultez enfin (si vous n'êtes pas encore las de citations relatives à
d'autres événemens du même genre arrivés tant en nos parages que sur

ceux de l'Aunis, de la Saintonge, de l'Angleterre, et autres lieux), *Description de la France*, par Piganiol (t. VII, p. 149); *Titres de l'Eglise de
Coutances*; Ogée (*Dict. hist. de Bret.*, t. II, p. 265; t. III, p. 424, 426 et
et 477; t. IV, p. 365); *Gazette de France*, 4 avril 1828.; *Histoire de l'Académie des Sciences* (année 1722, p. 11); l'*Encyclopédie* (articles: *Tremblemens de terre*, *Déluge*, *Hâvre de Grâce*, *Marécage*, etc.); *Observations sur la Physique*, par Rozier (t. VI, p. 118); *Théologie de l'eau*, par
Fabricius (p. 343); *Entretiens physiques*, par le P. Regnault (t. II,
p. 187); Philibert (*Hist. nat. abrégée*, p. 305); Arcère (*Hist. de la ville
de la Rochelle*, p. 8, 9, 11, 12 et 114); *l'Etat de la France*, par Boulain-
villiers (articles *la Rochelle*, et *Tour de Cordouan*); *Délices de la
Grande-Bretagne* (p. 834); Sylvestre Giraud (*Itin. Cambr.*, l. 1, c. 13);
Desmarest (*Diss. sur l'anc. jonc. de l'Angl. à la Fr.*, p. 112 et 118);
Camden (p. 212); *Gazette de France* encore (10 février, 9 mars et
8 mai 1772); *Journal Encyclopédique* (année 1775, t. VIII, part. 2, p. 331);
Journal politique de Bruxelles (10 décembre 1785); *Lycée Armoricain*
(quatrième année, t. VII, p. 244); l'abbé Rozier encore (1771, t. Ier, p. 22);
Mémoire sur les Tremblemens de Terre, par Bertrand (p. 352); *Histoire
de la Jamaïque* (t. II, p. 84); Valmont de Bomare (*Dict. d'hist. nat.*,
t. XIV, p. 396, et articles *Bois fossile*, *Détroit*, *Tremblement de terre*,
Volcan); *Histoire naturelle de l'Univers*, par Colonne (t. Ier, p. 307);
Histoire des Hommes (t. XXVII, p. 9, 10, 11); *Voyage en Italie*, par
La Lande (t. Ier, p. 9); *Journal des Savans* (mars 1786), etc. Vous y
verrez que ces sortes de cataclysmes ne sont pas aussi rares qu'on le pense
communément, soit qu'ils soient une suite des lois générales qu'a posées
le grand architecte pour diriger la marche de la nature, soit qu'on doive les
regarder comme des effets particuliers de sa vengeance, lorsqu'il se décide à
punir. Mais avant de mettre fin à tous ces témoignages, nous ne pouvons
nous refuser à en insérer encore ici deux, dont le premier contient un
fait qui a beaucoup d'analogie avec la submersion de nos alentours en 709,
et le second renferme une singularité fort remarquable. — « A l'époque du
» tremblement de terre de Lisbonne, le 1er novembre 1755, dit M. Bomare
» (Dict., t. XIV, p. 396, édit de 1791, in-8°), Mogador, ville moresque située
» près du détroit de Gibraltar, qui ne pouvait recevoir aucune barque con-
» sidérable, vit tout d'un coup une chaîne de rochers, qui formait la barre
» de ce port, s'affaisser, et par cet affaissement subit, former un havre
» devenu un département de vaisseaux de guerre, ayant vingt brasses de
» profondeur et de bonne tenue, tandis qu'auparavant il n'y en avait que
» deux ou trois. — Le 14 nov. 1421, ajoute l'historien de l'Académie des
» sciences (année 1767, p. 246), la Meuse enflée rompit ses digues au

» moment que la mer montait avec violence, tout le pays des environs de
» Dordrecht fut inondé. On en voit encore, de basse mer, quelques restes :
» et ce pays, peuplé de cent mille ames, devint en un instant une nouvelle
» mer, qui forme aujourd'hui une espèce de golfe nommé Biesbos...
» Dans ce désastre général, poursuit l'auteur, aucun être vivant ne put
» échapper à la fureur des vagues, qu'un seul enfant au berceau, qui a été
» la tige de la famille de M. Vanderhoëwen. Le berceau se trouva heureu-
» sement assez bien joint, pour servir de nacelle à l'enfant ; mais on conçoit
» aisément que les eaux qui le portaient, n'étaient pas aussi tranquilles que
» celles du Nil ; et que le Moïse batavique courait un risque évident de
» périr, si la Providence n'y eût pourvu d'une manière surprenante. Un
» chat, qui se trouva apparemment à portée, sauta sur le berceau. On sait
» combien ces animaux craignent de se mouiller. Celui-ci, chaque fois que
» le berceau penchait, avait soin de rétablir l'équilibre ; et il fit une si
» bonne manœuvre, qu'il conduisit à terre ce frêle bâtiment, et l'enfant
» qui y était couché. Un nombre infini de spectateurs, qui avaient vu du
» rivage tout ce qui se passait, s'empressèrent de le recueillir. »

(3) *Iles de Chausey, leur description, leur histoire.* — Ce groupe
d'îles, dont nous reparlerons en notre *second Supplément*, est à deux
lieues et demie ou trois lieues de Granville, et à six environ dans le nord-
nord-est de Saint-Malo. — La plus considérable peut avoir mille pas de
longueur, et est remplie de lapins ; elle a de l'eau douce et une assez belle
grève ; mais elle est entièrement dépouillée d'arbres, ainsi que celles qui
l'avoisinent. — Toutes sont fort poissonneuses, et sont censées appartenir à
la France, quoique l'Angleterre s'en soit emparée plus d'une fois, notamment le 12 juillet 1756. — Avant que la mer les eût séparées du continent, elles servaient de retraite à un grand nombre de solitaires, comme
nous le dirons plus bas. Dans la suite, il s'y établit même une abbaye, que
Richard Ier, duc de Normandie, rendit dépendante du mont Saint-Michel
(*Mém. de D. Morva*, t. 1, p. 351) ; mais sur laquelle on n'a pas de do-
cumens étendus, ni absolument certains. Ce qu'il y a de constant, c'est
que le fameux Bernard d'Abbeville, qui y vivait dès l'an 1089, la quitta
vers l'an 1105, pour aller, deux ans plus tard, fonder celle de Tiron au
diocèse de Chartres ; et qu'en 1343, Philippe de Valois, roi de France,
l'ôta au bénédictins, pour la donner aux cordeliers, qui y eurent un si
grand nombre de religieux, que, jusqu'en 1535, d'après les registres de
l'évêché de Coutances, dont elle dépendait, ils envoyaient à chaque ordi-
nation trois ou quatre sujets pour les ordres sacrés. — Les Anglais ayant

3

pillé deux fois ces moines, ceux-ci furent enfin obligés d'abandonner leur monastère en 1543; et ils furent alors s'établir en terre ferme à une forte demi-lieue de Granville, sur le chemin de Villedieu, où ils ont subsisté jusqu'à la révolution. Le sieur Jean Hacoul en particulier, Malouin de naissance, avait légué à ces bons pères, le 22 juillet 1471, un boisseau de froment de rente. — Vers le milieu de l'avant-dernier siècle, il restait encore à Chausey un petit fort, et quelques méchantes ruines : mais on n'y voit plus guère debout qu'une maison principale et quelques granges appartenantes à un particulier de Granville, lesquelles servent comme d'hôtellerie, ou plutôt de *caravanserail*, aux ouvriers qu'on envoie tirer, des rochers environnans, de la pierre de taille d'une très-belle qualité. — C'est aussi un refuge pour les équipages des bâtimens que le mauvais temps oblige quelquefois de relâcher à ces îles; mais c'est en retour l'entrepôt d'une quantité de fraudeurs, qui y attendent la nuit pour venir, souvent même à main armée, faire sur nos côtes le versement de marchandises défendues.—Tout cet attollon, ou amas de rocs, la plupart stériles, formait jadis un gouvernement dépendant de la maison de Matignon; et en 1736 encore (*Etat de la Fr. de cette année-là*), M. le duc de Valentinois en avait le titre de gouverneur, sans y faire néanmoins aucune résidence. — Il y a quelques-uns de ces rochers où l'on récolte un peu de foin, d'orge, et de mauvais froment; mais le plus grand profit qu'en tirent les gens qui les habitent, vient du varech ou goémon, qu'ils brûlent pour faire du gros verre.

(4) *Banc du Haguet, etc.; île des Landes, etc.* Ce banc (dont nous redirons aussi quelque chose en notre *second Supplément*), et les articles qui suivent, n'offrent absolument rien de remarquable, excepté l'île des Landes, où une batterie de canon fut établie au mois de juillet 1794. — Du reste, cette dernière montagne ne contient que 69 ares, — 20 mètres carrés d'un sol aussi ingrat, qu'il est nu et raboteux. On n'y voit habituellement d'autres créatures vivantes que quelques oiseaux, qui, depuis le pulvérulateur, dont l'habitude est de se rouler dans la poussière, jusqu'à celui dont l'eau fait les délices, y subissent, chacun à sa manière, les lois de cette passion impérieuse, dans l'effervescence de laquelle les plus faibles trouvent de la force, les plus lents de l'activité, et les plus lâches du courage.

(5) *Rochers divers à la mer.* — Tous ces rochers à la mer, et dont la plupart couvrent, sont, comme les précédens, des masses désertes et de peu d'étendue, où ne se retirent que quelques oiseaux marins, soit pour y jouir

du soleil, soit pour y pondre, soit pour y passer les nuits. — Il n'y a que Césambre et la Conchée qui fassent exception, selon que nous le rapporterons ci-après.

(6) *Château de la Latte.* — Ces basses, ainsi que la Tandrée, ne sont encore elles-mêmes que de simples écueils; mais le château de la Latte, fort situé à la côte voisine, est un bon point de défense, surtout pour protéger le mouillage qui est au pied. — Son origine remonte jusqu'à l'an 937, où N. Goyon de Matignon, le premier personnage de cette famille que l'on connaisse, et l'un des bannerets de Bretagne les plus distingués pour les services par eux rendus aux ducs Juhel-Bérenger et Alain II dans leurs guerres contre les Normands païens, le fit bâtir afin d'empêcher le retour de ces barbares dans nos contrées. — C'est la fortification la plus ancienne de toutes celles qui environnent Saint-Malo, dont elle est distante à peu près de quatre lieues un quart à vol d'oiseau, et qui l'a en vue. — Elle est placée sur une pointe avancée, et séparée de la terre ferme par une grande fente naturelle dont l'art a fait un fossé de plusieurs toises, avec pont-levis. — Le gouvernement en fut confié à la famille Goyon même, dont elle portait le nom dans l'origine; et les Anglais l'assiégèrent inutilement en 1490. — Louis XIV, en 1689, ayant fait l'acquisition de ce boulevard, qui était presque tombé en ruines pendant les guerres civiles, le fit rétablir en une meilleure forme par M. de Garengeau, l'un des sous-ingénieurs de M. de Vauban. Il lui donna le nom de la Latte, du lieu où cette forteresse est assise; mais il en continua la garde aux anciens propriétaires, qui ont toujours été aidés en cela par les milices circonvoisines, les États de la province, et les Malouins pour l'artillerie seulement. — Avant la révolution, un des chanoines de la collégiale de Matignon y allait dire la messe tous les dimanches et fêtes, dans une chapelle séparée des autres bâtimens.

(7) *Cap et phare de Fréhel.* — Ce promontoire ou acrotère, coupé brusquement et à pic, domine avec majesté sur cette chaîne d'îles que nous avons dit être les tristes restes d'un monde perdu. — En 1687, fut projeté sur sa pointe, aux dépens des habitans de Saint-Malo, le beau phare que l'on y voit encore; mais la construction de ce grand candelabre n'eut lieu qu'en 1695. C'est un édifice en forme de tour ronde, et exhaussé de 50 à 60 pieds au-dessus du sol, qui n'a pas lui-même moins de 163 pieds d'élévation pris du niveau des plus basses mers. Son sommet est couronné par une grosse lanterne à reverbère, destinée à guider les navigateurs durant l'obscurité des nuits; et qui présente son feu à 9 ou 10 lieues dans l'est, le nord et l'ouest.

On y monte par un escalier à noyau pratiqué dans une tourelle attenante à la tour principale, et de même hauteur. — Cette tour renferme un embas voûté, servant de magasin ; deux étages aussi voûtés, à l'usage du gardien, et a au pied une cour close, avec quelques appentis. — Dans le principe, l'entretien et l'illumination de ce fanal furent à la charge des Malouins seuls; mais un arrêt du conseil, du 21 avril 1717 régla que désormais, pour frayer à cette dépense, un droit de deux sous par tonneau, augmenté depuis, serait levé en général sur chaque vaisseau, barque, et autres bâtimens pontés, tant français qu'étrangers, qui entreraient dans tous les ports et havres de Bretagne et de Normandie, depuis ledit cap Fréhel, jusques et compris celui de Regneville dans le Cotentin : ce qui s'est constamment pratiqué jusqu'ici, à quelques variations près. — C'est des environs de ce cap que nous sont apportées ces belles pierres d'échantillon dont on se sert à présent pour paver nos deux villes. Ce sont de gros cailloux oblongs, roulés et arrondis par la mer, et d'une espèce de granit rougeâtre. On les brise en deux pour les employer, et on les place au parement dans le sens de leur rupture.

(8) *Rivière de Couësnon et son mascaret.*—La rivière dont il s'agit ici est nommée dans les vieux titres *Coët-non*, *Cosnon*, *Coëno*, *Coëlnus*, *Cosnun*, *Cosmun*, et même *Lerra*. — Elle fait depuis long-temps la séparation de la Normandie d'avec la Bretagne, et prend ses sources sur les confins du Maine. — Elle coule près de Fougères, à Antrain, à Pont-Orson ; et vient se jeter, 1500 toises au-dessous de cette dernière ville, dans les grèves du mont Saint-Michel, au lieu appelé le Pas-au-Bœuf. — Au-dessus de Pont-Orson, elle n'est capable, dans son état présent, que de porter quelques flottages jusqu'à Antrain, et n'a point de navigation qu'on puisse appeler vraiment utile ; mais quand elle a dépassé la première de ces deux places, elle peut avoir 50 pieds de large sur 8 à 10 de profondeur, et porte alors de très-forts chalands. — Ses effets, dans la position actuelle des choses, ne sont guère que destructeurs et funestes. Une fois entrée dans les grèves que nous venons de dire (grèves dont le sol est si mobile et si perméable, qu'on n'a pu trouver le solide nulle part, malgré qu'elles (*) aient été sondées en divers endroits à plus de 50 pieds), le cours de ses eaux, combiné avec le mouvement de retour que le gissement des côtes donne à la mer dans cette baie, la fait changer de lit presque à toutes les marées : de sorte qu'elle se trouve tan-

(*) En 1780, selon M. Blondel (p. 94), « un navire échoué aux environs du mont » Saint-Michel, s'enfonça tellement, qu'il s'y engloutit en entier, et que tout, jusqu'aux » mâts, disparut dans l'espace de quelques jours. »

tôt au pied de la digue que l'art lui a opposée pour préserver de ses ravages
les marais de Dol, tantôt éloignée de cette digue même de plus d'une lieue,
comme elle l'est en particulier aujourd'hui (1ᵉʳ septembre 1828), qu'elle
s'est jetée jusque sous le mont Saint-Michel, où elle reçoit, dans une flaque
d'eau qu'elle y a formée, le ruisseau de la Guintre ou du Pont-de-l'Anguille.
Ce déplacement presque continuel des sables dans cette partie-là, fait qu'ils
fondent en quelques lieux sous les pieds, pour peu qu'on s'y arrête ; et y produit de distance en distance de ces mollières, fondrières, lises ou bougues,
où il serait d'une souveraine imprudence de s'engager sans guide. — Le premier flot, ou première pointe de la marée, se fait tellement sentir dans le
Couësnon, surtout aux équinoxes, qu'en mettant l'oreille contre terre à
Pont-Orson, on entend le bruit qu'il fait dès le moment où il entre dans la
rivière. Il s'étend d'une rive à l'autre, et il s'avance très-rapidement contre
le cours de l'eau douce, qui est d'ordinaire assez lent, sans se briser nulle
part, si ce n'est quand il vient heurter le pont de ladite ville, après quoi la
barre se reforme de nouveau. Son élévation et son action sont telles, qu'il
renverse assez souvent les plus grands bateaux, lorsqu'ils lui présentent le côté.
Dans les autres marées, il n'est ni si grand ni si fort ; mais, dans tous les temps,
il offre un spectacle vraiment curieux pour qui ne l'a jamais vu (*).

On pêche dans le Couësnon du saumon, des plies, des carpes, du brochet,
des truites becquées et saumonées, etc., et ses bords, partout où le flot remonte, sont couverts de cette tangue de mer (**) qu'on recherche pour l'a-
mélioration des terres.

(*) Quelque remarquable que soit ce mascaret, qui se fait aussi plus ou moins sentir
ailleurs, il s'en faut pourtant beaucoup qu'il approche de celui qu'on admire dans le
grand canal du fleuve des Amazones, en l'Amérique méridionale, à l'endroit où il reçoit l'Arnouari. « Pendant les trois jours les plus voisins des pleines et nouvelles lunes,
» dit l'*Abrégé de l'histoire générale des voyages*, par Laharpe (t. XII, p. 381), la mer,
» au lieu d'employer près de six heures à monter, parvient en une ou deux minutes à
» sa plus grande hauteur. On entend d'abord, d'une ou deux lieues de distance, un
» bruit effrayant, qui annonce *la proroca*: c'est le nom que les Américains donnent à
» ce terrible flot. À mesure qu'il approche, le bruit augmente ; et bientôt on aperçoit
» un promontoire d'eau de 12 à 15 pieds de haut, puis un autre, puis un troisième, et
» quelquefois un quatrième, qui se suivent de près, et qui occupent toute la largeur du
» canal. Cette lame avance avec une rapidité prodigieuse, brise et rompt en courant
» tout ce qui lui résiste. »

(**) C'est un composé de sable marin, léger et terreux, qu'en général tous les labou-
reurs bordiers de la baie du mont Saint-Michel, du côté de la Normandie, ramassent
soigneusement, et qu'ils viennent même chercher de plusieurs lieues à la ronde. —
M. Blondel (p. 93) assure « qu'on en tire au moins par an cent mille voitures, des

Dans l'hiver, cette rivière submerge quelquefois les marais de Caugé et de Sougeal. — Ce dernier, dont le sol est ferme en été, s'étend depuis Pont-Orson jusqu'à Antrain, et présente une étendue de deux lieues de long sur une demi-lieue de large en terrain d'une très-bonne qualité.

En vertu d'un arrêté, des consuls de la république du 25 thermidor an 8 (13 août 1800), on avait essayé de remettre le Couësnon à peu près dans son ancien lit, au moyen d'un canal artificiel qui, depuis le coude de la Foërolle, à onze ou douze cents toises occidentales du bourg de Moidray, aurait été joindre la Selune et l'Ardée, après avoir rasé la Tour-Boucle ou orientale du mont Saint-Michel. On avait, pour cet effet, employé pendant quelque temps près de mille forçats, et dépensé beaucoup d'argent : mais lorsqu'on vint à travailler dans les grèves blanches, les sables mouvans et humides jetés sur les bords s'affaissèrent ; et pour surcroît de malheur, les marées des 18 juillet, 16 août et 13 septembre 1806, comblèrent presque tout l'ouvrage, et en laissèrent à peine le souvenir. — Depuis ce temps-là, le Couësnon, le principal moteur de tant d'anciennes calamités, à continué d'en occasionner de nouvelles aux digues de Bretagne, notamment les 25 février 1811, 6 mars 1817, 22 février 1818, et 5 septembre 1819. — Jamais, au surplus, l'inutile entreprise de ce canal n'avait eu l'approbation de nos plus sages Malouins. Quelques-uns d'entr'eux, moins prudens, y perdirent ce qu'ils avaient hasardé pour l'arrentement d'une portion de ce terrain de conquête.

En l'année 1403, au rapport de dom Morice (*Preuves*, t. III, p. 275), subsistait encore sur le bord du Couësnon, entre les Tours-Brettes et les anciens Moulins, une pierre carrée d'environ deux pieds et demi sur chaque face. Elle était armoriée, vers la Normandie, des armes de france, et vers la Bretagne, de celles de cette province. — Elle avait été placée en ce lieu, pour marquer les limites des deux territoires, par le connétable Duguesclin, qui avait distribué en cette occasion beaucoup de noix à un grand nombre d'enfans, afin qu'ils conservassent la mémoire de ce qui venait d'être fait. — « Un nom- » mé Rogier, demeurant à Pont-Orson, mis à califourchon sur la dicte » borne, disoit qu'il estoit Normand d'un costé et Breton de l'autre. » — Ce

» grévages qui longent le département de la Manche ; et qu'on en emporte, des environs de » Coutances, en bateau, jusqu'à Carantan, afin d'en mettre les herbages en plus grande » valeur. Comme on abuse de tout, ajoute-t-il, quelques particuliers, éloignés de la » surveillance des préposés des douanes, se servent de ces sables pour en faire du sel » en fraude pour leur consommation ; de sorte que maintenant (en 1823) il faut qu'un » cultivateur, pour en voiturer, soit muni d'un certificat du maire de sa commune. »

monument disparut vers l'an 1450, sans qu'on sache par qui il fût ôté: mais le débornement des deux pays n'en a pas moins continué jusqu'à nos jours.

(9) L'*Ardée et la Selune, rivières.* — L'Ardée ou *Ardres* (*Ardea* ou *Ardurus.*) prend sa source à l'entrée du ci-devant diocèse d'Avranches, du côté de celui du Mans, et un peu au-dessus de Mortain. — Elle traverse tout l'Avranchin, et reçoit la Selune au-dessus de Ducey. — Ainsi réunies, toutes les deux entrent dans la mer, par un canal commun, un peu au-dessous du Pont-Aubaut, labourent conjointement la partie des grèves qu'elles traversent entre Tombelene et le mont Saint-Michel, et vont enfin se perdre tout-à-fait dans l'Océan au-delà de ce mont, dont leur course vagabonde a, pendant quelques-unes de ces dernières années, barré l'entrée, de mer basse, du côté du midi. — Voyez ci-après, la fin de la note 33.

(10) *La Sée, rivière.* — La Sée (*Segia*) a sa source auprès de la butte de Brimbal ; passe à Brécey, à Saint-Brice, au Pont-Gilbert sous Avranches, rebâti en 1780 ; et se rend de là dans la mer, entre le mont Saint-Michel et le mont Tombelene, après un cours de dix lieues, qui n'a rien de brusque ni de précipité. — Elle porte bateau, comme les deux précédentes, jusqu'à une lieue dans les terres : le surplus est embarrassé de chaussées et de moulins. — La mer, dans les grandes marées, la repousse assez loin, et y cause souvent des dommages. M. Blondel (page 90) cite en particulier que « le 6 mars 1817, sur » les 8 heures du matin, la grande marée de l'équinoxe, qui s'était élevée 15 » pieds plus haut que d'ordinaire, poussée qu'elle était par des vents d'ouest » impétueux, se porta rapidement dans cette rivière, et autres de la même » côte, et qu'elle inonda au-delà d'Avranches et ailleurs tous les bas-fonds, quoi-» que éloignés de 5 à 6 lieues de ses bords. »

(11) *Le Guyoul, rivière.* — Cette rivière, qui n'est presque rien en elle-même, reçoit néanmoins différens petits ruisseaux, qui, se grossissant quelquefois tout à coup par l'abondance des eaux pluviales, la font sortir de son lit, et inonder les marais voisins ; ce qui ne laisse pas que d'occasionner des pertes considérables. — Son nom latin est *Gubiolus.* — Elle prend son origine à la fontaine Guyoul, en Cuguen ; parcourt les communes de Trans, Épiniac, la Boussac et Baguer-Pican ; entre sur le territoire de Carfantin et de Dol, d'où elle suit la grande route de Saint-Malo jusqu'au Vivier, où elle se perd dans la mer, après avoir reçu le Cardequint au Pont des rivières dans la paroisse du Vivier même. — Elle a 9 pieds de pente depuis le faubourg de la

Lavanderie de Dol jusqu'au Vivier ; et elle sert spécialement à dénoyer tout le marais de la Rosière et les autres lieux circonvoisins.

(12) *Le Bec-à-l'Ane, au Vivier.* — M. Deric (t. II, p. 134), fidèle à cette manie d'étymologies qui a fait prendre à beaucoup d'autres savans que lui de fausses ressemblances pour la vérité, des rapprochemens pour l'identité, et des visions pour des faits, a constamment écrit Bec-à-Lan, qu'il interprète comme il veut, en l'habillant à la celtique. Mais nous avons cru devoir d'autant plus suivre l'orthographe que nous avons adoptée, que c'est la seule en usage dans le canton ; et que l'endroit où le Guyoul et la Banche débouchent à un trait d'arbalète l'un de l'autre, pour se réunir ensuite, trente-huit mètres à l'aval, dans un chenal commun qui les conduit ensemble à la mer, présente assez grossièrement aux yeux ce *rostrum* ou *beccum asini* dont parle M. de Valois à la page 394, colonne 1, de sa notice des Gaules, une extrémité pointue et alongée comme le museau d'un âne. — C'est dans le même sens qu'a parlé Suétone, en sa vie de Vitellius, et qu'on dit encore aujourd'hui en Normandie, le bec de Champeaux, le bec d'Agon, le bec du Banc, etc.

(13) *La Banche, ruisseau.* — Cette Banche, nous le répétons, n'est qu'un ruisseau, ou Essai comme on dit dans le pays, formé par l'égoût des lieux bas qu'elle parcourt. — Son origine proprement dite n'est actuellement qu'au marais du Pont-Labat, en Mont-Dol. — Elle était formée jadis de la Vieille-Banche et de la Douve ou Haye de Kercou ou Carcou. Son cours finit au Vivier, selon que nous l'avons rapporté en la note précédente.—C'est l'unique écoulement de la partie orientale des marais de Dol, depuis le dick de Lieuvy en Ros-sur-Couësnon, jusqu'au Guyoul.

« Par le Blanc-Essai et le Bied-Jean, dit le procès-verbal de M. Picquet de » la Motte, l'eau de la mer, dans les marées ordinaires, va jusque dans la mare » Saint-Coulman. — Dans le Bied-Guyoul, elle monte à plus de quatre pieds » de haut, et va jusque par-delà le Haut-Pont, distant du Vivier d'environ » une lieue. — Dans la Banche, elle monte pareillement de plus de quatre pieds » de haut ; et elle irait jusque sous la ville de Dol, si elle n'était arrêtée par les » portes du pont Dourroux, situé vers le milieu de son cours. » — Il est inutile de dire que, depuis l'époque où le mémoire en question fut dressé, les divers creusemens qu'on a faits dans tout cet espace ont changé quelque chose à la topographie d'alors.

(14) *Le Bied-Goyon et le Bied-Jean, ruisseaux.* — Le mot de bied, bié, biez ou bieu, comme on s'exprime en Normandie (*bidenium* en mauvais latin du moyen-âge), est un nom commun qu'on emploie pour

signifier un courant d'eau artificiel, une rigole ou conduite propre à faire aller un moulin.

Le Bied-Goyon ou Gouyon prend sa source du côté de Saint-Meloir, passe par le marais de la Goësnière, et aboutit au-dessous du village de Légreville, dans le Bied-Jean.

Celui-ci, dit aussi le Bied de l'Isle-Mer, prend son origine en Épiniac; mais ne commence proprement qu'au pont de Vildé-Bidon. Il sépare Plerguer de Ros-Landrieux; flue ensuite entre l'Isle-Mer et la mare Saint-Coulman, dont il reçoit les eaux; longe les paroisses de Saint-Guinou et de la Fresnaye, et va terminer son cours entre Saint-Benoît-des-Ondes et Vildé-la-Marine, au pont de Blanc-Essai précité. Il coupe en partie les marais de Châteauneuf, et son fond n'a que 4 à 5 pieds de pente depuis l'Isle-Mer jusqu'à la grève. — On prétend qu'il doit son nom le plus usité au duc de Bretagne Jean VI, dit *le bon*, qui le fit élargir en 1420, et l'appuya de la levée des Perches, depuis la Beaussaine jusqu'au côteau du Petit-Mougu, en l'Isle-Mer (*).

(15) *Ancienne petite ville de Porz-Pican.* — Cette petite ville, ou plutôt ce gros bourg, paraît avoir subsisté misérablement jusque dans le onzième siècle, malgré les ravages affreux occasionnés par l'Océan dans ses environs, aux époques que nous avons dites. — Elle a laissé son nom, quoique un peu altéré, aux champs et à l'anse du Port-Piquain, qui en sont à peu de distance; et l'on appelle encore de nos jours Vieille-Rivière, l'espace que la mer occupe entre le Groin et l'île des Landes, espace où le courant est fort rapide. — Il y a quelques années qu'on découvrit, entre le village du Haut-Bout et l'anse de Port-Mer, qui confine à celle du Port-Piquain, deux chambres souterraines, et quelques voûtes en pierre de taille, qui peuvent avoir appartenu à cette malheureuse ville; mais les frais que cette fouille aurait nécessités empêchèrent de porter plus loin les recherches. — On abandonna aussi alors, presqu'aussitôt qu'il fut formé, le projet qu'avaient conçu quelques ingénieurs d'établir un port de roi dans les deux petites anses que nous venons de nommer : anses, selon eux, en arrière desquelles la nature semblait avoir déjà beaucoup avancé l'ouvrage.

(16) *Ruisseau du Lupin.* — Ce filet d'eau, sur lequel on a établi postérieu-

(*) Cette paroisse, située sur une hauteur entourée de marais presque de tous les côtés, s'appelait originairement *l'île Mawr*, et aujourd'hui on la nomme communément *Lillemer*; elle est petite.

rement deux moulins à son entrée dans le havre de Roteneuf, ne mérite en aucune sorte qu'on s'y arrête.—Son commencement et sa fin se confondent, pour ainsi dire, dans le même point.—Nous dirons seulement que le havre au travers duquel il passe, est fort poissonneux, et qu'il sert beaucoup, sous ce rapport, à l'approvisionnement de Saint-Malo et de Saint-Servan.—Ce ruisseau prend naissance proche le Grand-Pré et la Bardoulais, en Saint-Meloir.

(17) *La Rance, rivière, et tout ce qui la concerne.* — La Rance est appelée, par les divers auteurs latins qui en ont parlé, *Rencia* ou *Rentia, Flumen Rencius, Rentius, Rinctus* ou *Rinctius.* — Ses deux sources sont dans les paroisses de Langourla et de Mérillac, au côteau oriental des Landes du Mené. Elle se grossit des ruisseaux de Lanrelas, Pleumaugat, Saint-Jouande-l'Isle, Guenroc et autres; reçoit celui de Linon ou Linnon aux Moulins de la Roche, en Evran; passe sous le Pont de Dinan, et de ce lieu, coule, à peu près en droite ligne, du sud au nord, jusqu'à St-Servan et Saint-Malo, où est son embouchure dans la rade. — Dans les mortes eaux, la mer ne la refoule guère au-delà de trois lieues et demie; et alors le surplus, jusqu'à Dinan, n'est point susceptible de navigation. — A la fin et au commencement des marées, de petits bateaux peuvent atteindre jusqu'à Taden, une demi-lieue plus haut. — Enfin, pendant sept à huit jours autour des nouvelles et pleines lunes, le flot donne un accès plus ou moins facile jusqu'au pont de Dinan, à des barques même de 90 à 100 tonneaux, mais surtout à trois ou quatre bateaux d'environ 8 tonneaux seulement chacun, qui servent à porter tout à la fois, d'une ville à l'autre, les marchandises et les passagers, et auxquels s'est joint depuis quelque temps un fort beau bateau à vapeur. — Ce trajet, pour les bateaux ordinaires, est de trois heures, plus ou moins, selon que le vent est contraire ou favorable, et se fait entre deux côtes charmantes par les perspectives agréables et variées qu'elles présentent à la vue. Il est en outre accompagné de la plus grande hilarité, principalement quand les bateliers croient avoir un baptême de Neptune à faire. On nomme ainsi une mouillade solennelle et d'un appareil grotesque, réservée à ceux qui font cette traversée pour la première fois, à moins qu'ils ne se soumettent à payer aux conducteurs de la nef une modique somme pour boire. Ces derniers, afin de s'assurer si la personne qu'ils soupçonnent n'avoir jamais passé l'eau, est réellement dans ce cas, profitent de la rencontre de certaines montagnes ou d'autres particularités locales, pour faire quelque exclamation subite et ridicule, qui fait regarder de ce côté-là quiconque n'est pas accoutumé à entendre ces balivernes; et ce mouvement de tête est la condamnation du voyageur novice, qui est aussitôt destiné à subir l'aspersion susmentionnée, s'il ne s'en

rachète en payant finance. — Comme ces bateaux, dont le service est réglé, éprouvaient de toute ancienneté de grandes difficultés à doubler, en certaines occasions, le promontoire de la Cité, ils ont pris, depuis 1725 à 1739, l'habitude, au lieu de descendre jusqu'à Saint-Malo, où l'on connaît encore la fosse aux Dinannais, de s'arrêter proche la tour de Solidor, en Saint-Servan, où ils arrivent à mi-èbe, et où ils s'échouent pour laisser ou prendre leur chargement. Six heures après, à mi-flot, dès que la mer les relève, ils remontent avec elle la rivière jusqu'à Dinan, où ils arrivent à peu près au plein de l'eau. Cette navette purement maritime, qui ne ressemble point aux navigations intérieures, parce que les embarcations qu'on y emploie ont la forme et le gréement usités à la mer, s'exécute, à chaque grande marée d'équinoxe, depuis le quatrième jour de rapport jusqu'au douzième, que le flot n'a plus assez de force pour la continuer.

Outre le coup-d'œil extrêmement pittoresque qu'offrent les deux rives, elles sont encore bordées de plusieurs anses ou échancrures naturelles, propres à servir d'abri aux esquifs des deux côtes.

Telles sont, sur la rive droite ou orientale, le havre de Livet, à une lieue un quart au-dessous de Dinan ; ceux de Mordreuc et du Bas-Champ, à deux lieues, et celui de Saint-Suliac, à trois. — Ces havres fournissent, à Saint-Malo et à Saint-Servan, du cidre, des grains et d'autres denrées, mais surtout beaucoup de bois à feu et de construction. — Celui du Bas-Champ en particulier, le plus considérable par son étendue, et par la population de la paroisse de Pleudihen où il est situé, est la retraite de presque tous ceux des bateaux de charge de la rivière qu'on désigne par le nom de *gabares*. Il y en a en cet endroit, et aux environs, une vingtaine du port de dix tonneaux chaque, qui ne peuvent toutefois agir que dans les grandes marées, hors desquelles ils demeurent à sec et dans l'inaction. — Du même côté, derrière Saint-Suliac, est une baie très-enfoncée, dite l'*Anse de la Coaille*, qui s'étend jusque sous Châteauneuf et au fond de laquelle sont des marais salans appelés les *marais de la Goutte*, où se fait, par la chaleur du soleil, une grande quantité de sel blanc et gris. Ce sel par cristallisation s'obtient en exposant de l'eau de mer aux ardeurs de l'astre, dans des aires plates, unies et battues. Lorsque l'atmosphère a fait l'attraction de tout ce qu'il peut se trouver d'eau douce dans ces formes, le sel y paraît congelé en petits grains de figure cubique, qu'on ramasse en gros tas, comme on voit les meules de foin dans les prairies, quand on en fait la récolte. — Vis-à-vis l'entrée de cette anse, gît la petite île Notre-Dame, ancien prieuré simple dont la révolution a fait un monceau de ruines ; et qui, dans le cours des siècles, a été successivement occupé par des ermites de l'ordre de *Saint-Antoine*, par des récollets et par les carmes du Guildo. Ce roc lui-même était autrefois uni au continent ; et il contient par sa base environ quatre journaux d'un terrain fort inégal et à peu près stérile. Il dépend de la paroisse de Saint-Jouan-des-Guérets. A l'époque de nos troubles, il était encore habité par deux pénitens vivant d'aumônes, et vêtus d'une robe grise ceinte d'une corde. Ils avaient, pour aller à terre, une frêle nacelle, qui restait amarrée à leur rocher avec une chaîne. Dans les temps de brume, leur usage était de sonner leur cloche, pour avertir les bateaux qu'ils étaient dans le voisinage de cet écueil. Les bateliers de Dinan, tant par reconnaissance que par piété, ne manquaient jamais, à leur passage devant la chapelle, d'entonner d'une voix rauque quelque cantique en l'honneur de la sainte Vierge ; et les gabarriers de Pleudihen, de jeter à l'eau un fagot ou une bûche, que les ermites allaient ramasser. (Voyez nos grandes *Recherches*, chapitre 8, 19 mai 1703.) — Un peu dans l'intérieur de cette grande anfractuosité, est un espace dit le *Bec Dupuy*, où l'on pourrait mettre à l'abri plusieurs navires qui n'amortiraient pas, à la différence des anses de Saint-Hélier, de la Flourie et des Fours à chaux, où ils assécheraient.

Les havres de la rive gauche ou occidentale sont ceux de Bouvet et de Plouër, à deux lieues au-dessous de Dinan ; les anses de la Landriais et de la Richardais, où se construisent presque tous les bateaux et chaloupes employés dans les alentours, ainsi que ceux qu'on emporte à Terre-Neuve pour la pêche de la morue ; le port du Mont-Marin, où sont un joli bassin et divers autres établissemens maritimes capables de faire honneur à tout particulier ; enfin, plusieurs autres criques et lieux d'échouage, tels que la Roche, la Soictier, Fossemore, le Rouet, la Gautier, etc., dont les riverains viennent la plupart enlever le fumier de nos deux villes pour engraisser leurs terres, et amener ceux des ouvriers de la côte qu'occupent les travaux de nos deux ports.

Il y a de plus sur les deux rives, depuis Saint-Servan jusqu'à Dinan, huit moulins à eau de marée, qui ne travaillent que dans les vives eaux, où le flot remplit alors leurs étangs.

Du reste, au-delà de Dinan, le libre cours de la rivière est intercepté par les déversoirs des moulins de Léhon et autres qu'on trouve en la remontant ; et sous Dinan même, en certaines marées, l'on prend une grande quantité de petites anguilles naissantes, à qui le peuple donne le nom de *montases* ou de *civelles*. Cette pêche se fait surtout en mars, à l'aide de sas et de cribles, avec lesquels, en écumant la superficie de l'eau, on ramasse tout ce qu'on rencontre de ce menu poisson qui y fourmille, et qui n'est, après tout, qu'une viande à pauvres gens.

Le plan du canal de dérivation qui doit joindre la Rance à la Vilaine, avait été approuvé par les États de la province dès le 29 janvier 1783, et décrété par la Convention nationale le 27 août 1793; mais l'ouverture ne s'en fit que le 12 juin 1804, par M. Mounier, préfet de ce département, sous la direction de MM. Anfray, ingénieur en chef des ponts-et-chaussées, Luczot-Thébaudais, Rose, Lejeune, et autres, chargés de l'exécution des travaux. — Le point culminant, ou bié de partage, qu'occupe la partie la plus élevée de cet ouvrage important, a été établi en la paroisse de Bazouges-sous-Hédé, au bord de la Lande de Tanoir, au moyen d'une coupure de 37 pieds de hauteur. Trois rigoles l'alimentent, et ont leur origine dans les étangs et ruisseaux circonvoisins. — De ce point culminant, la descente du canal vers Rennes va chercher la rivière d'Ille ou Isle, qu'elle suivra jusqu'au bout du Mail sous Rennes même, où elle se terminera à la Vilaine. La descente au contraire vers Dinan, après avoir suivi le cours du Linon et celui de la Rance depuis Évran, aboutira au lieu dit la Courbure (*), où sera la dernière écluse. — La première partie de ce canal, depuis l'extrémité orientale du point de partage jusqu'à Rennes, aura 17133 toises de développement; et sa pente totale, de 127 pieds quelques pouces, sera rachetée par 19 écluses de six pieds de chute moyenne. Le développement total de l'autre partie sera de 18626 toises; et sa pente totale, de 190 pieds 8 pouces, sera rachetée par 27 autres écluses de sept pieds de chute aussi moyenne. Par conséquent, le développement entier du canal, depuis le Mail jusqu'à la Courbure, y compris les 3623 toises de longueur du bié de partage, sera de 39382 toises, sur une profondeur de quatre pieds d'eau au moins, et une largeur suffisante pour laisser passer à l'aise deux bateaux. — Cette belle entreprise, formée par les citoyens Aubouin et compagnie, est déjà fort avancée, et se poursuit avec activité. Lorsqu'elle sera achevée, on pourra communiquer par eau de Rennes à Saint-Malo; mais on sera obligé de rompre charge à la dernière écluse, c'est-à-dire de transporter les marchandises dans des bateaux d'une forme différente de celle des bateaux plats à l'usage du canal, les plaines vastes et souvent orageuses de Mordreuc et de Saint-Suliac ne permettant pas à ces derniers d'y naviguer sans risques. — Le 14 septembre 1827, le point de partage fut honoré de la visite de madame la Dauphine, Marie-Thérèse-Charlotte de France, duchesse d'Angoulême, et fille de l'infortuné Louis XVI. Du kiosque qui lui avait été préparé, elle put découvrir onze écluses, et deux

---

(*) Depuis l'envoi de ce mémoire à Paris, il a été décidé, et la chose s'exécute, que cette dernière écluse sera placée plus bas, proche le petit village de Livet, afin de rendre journalière la communication entre Dinan et nos deux villes, ce qui n'aurait pu avoir lieu dans le premier projet.

belles lignes marquées par des pavillons blancs ; spectacle qui fit naître dans
son cœur de vives émotions, et , comme elle le dit elle-même, quelques momens de bonheur.

(18) *L'antique cité d'Aleth.*—Cet antique boulevard de l'Armorique était
assis sur cette portion du territoire de Saint-Servan qui , jusqu'à présent , en
a retenu le nom de la Cité. — C'était dans l'origine un lieu de très-petite
considération, appelé en langage du temps *Gwic* ou *Wic-Aleth*, mot que les
Latins rendirent dans la suite par *Vicus Alethi*, et qui équivalait à celui de
bourg ou bourgade d'Aleth. Mais sa position extrêmement avantageuse sur
un petit port où de moyens navires affluaient à l'aide de la marée, et de la rivière de Rance qui coulait alors au pied , ne tarda pas à lui donner de l'importance. — Il s'accrut par degrés, au point qu'il mérita, vers l'an 260 avant
J.-C. , d'être entouré de ces murs à la gauloise qui n'étaient autre chose
qu'une haute terrasse remparée par des rangs alternatifs de poutres et de
grosses pierres liées intérieurement par des pièces d'assemblage , et de devenir le chef-lieu d'une des six principales tribus que Jules César trouva en
possession de notre Petite-Bretagne actuelle, ou *Bretagne cis-marine* ,
quand il vint en faire la conquête l'an 56 avant Notre-Seigneur, selon que
nous croyons l'avoir démontré dans nos grandes recherches historiques.

Devenue par cette conquête ville romaine, Aleth continua de conserver
sa supériorité sur toute la contrée environnante ; mais elle vit changer la
forme de ses remparts , qui furent rebâtis tout en pierre, dans le goût des vain-
queurs , auxquels elle demeura assujettie jusque vers l'an 410 de l'ère chré-
tienne , que les Bretons de l'île nommée actuellement l'Angleterre, ayant été
chassés dans notre pays par les Saxons et les Angles qui ravageaient le leur, se
joignirent aux naturels pour en expulser à leur tour ces prétendus maîtres du
monde.

Ces Bretons, par leurs migrations successives, ayant effacé peu à peu
l'ancien peuple armoricain , continuèrent de propager dans Aleth la foi du
Sauveur, dont les Romains lui avaient apporté le germe; et en sa qualité de
cité, elle persévéra d'être, ce qu'elle était déjà , le siège d'un évêque.

Elle était, depuis environ 248 ans, en possession de cet avantage, lorsque
saint Malo , pontife régionnaire aussi réfugié d'Angleterre, vint , vers l'an
538, chercher asile sur ce monticule , encore alors au milieu de marais, qui a
été connu depuis sous le titre de Rocher-d'Aaron : nom que lui acquit le dévot cénobite qui y avait établi son séjour dès l'an 507, et y avait accueilli
l'illustre étranger.

L'évêché d'Aleth étant venu à vaquer en l'année 541 , Hoël Ier, roi de la contrée, le donna au pieux Malo, son compatriote; lequel, à ce moyen, devint le premier évêque aléthien d'origine bretonne, tandis que tous ses prédécesseurs avaient été d'origine armoricaine. — Mais pendant que cet admirable personnage et ses successeurs s'occupaient de faire fleurir la vertu parmi leur troupeau, les guerres intérieures et extérieures, jointes au terrible bouleversement physique de 709, ne tardèrent pas beaucoup à amener leur maîtresse ville à un état de décadence contre lequel elle opposa long-temps de vains efforts.

Déjà Charlemagne par ses lieutenans, et Louis-le-Débonnaire en personne, avaient considérablement affaibli ses forces, par les vengeances éclatantes qu'ils avaient tirées des Bretons révoltés contre leur autorité; mais cette faiblesse devint en quelque sorte une mort véritable, lorsque les Normands, débordés comme un torrent sur nos côtes, y exercèrent, durant plus d'un siècle et demi, leur épouvantable domination.

Pendant ce long orage, Aleth reçut plusieurs de leurs funestes visites, notamment aux années 847, 878, 919 et 931; mais en 963 surtout, le corps d'armée et les bandes éparses de ces brigands, accourus du fond du Danemarck au secours de Richard-sans-Peur, duc des Normands chrétiens, achevèrent de mettre le comble à tant de calamités et de misères.

Depuis cette fatale époque, Aleth ne fut plus qu'en décroissant de jour en jour. Ses évêques, déjà réduits, depuis plus de 90 ans, à errer sans asile fixe dans les différentes parties de leur diocèse, se dégoûtèrent insensiblement de leur ancienne Cité, pour s'attacher au Rocher-d'Aaron, où est aujourd'hui la ville de Saint-Malo, et où beaucoup de leurs ouailles avaient déjà établi quelques relations commerciales, qu'avait favorisées l'isolement de ce roc, opéré par l'inondation précitée.

Enfin vers le milieu du douzième siècle, Jean de Chatillon, dit depuis le bienheureux Jean de la Grille, dernier pontife d'Aleth, voyant cette ville-mère presque déserte, prit le parti de l'abandonner sans retour; et fixa décidément le siége épiscopal à Saint-Malo, où il a continué de subsister jusqu'à la révolution.

S'il faut en croire un ancien manuscrit que l'on gardait au couvent des augustins d'Angers, ce fut saint Louis qui, en 1255, au retour de sa première croisade, acheva de faire démanteler presque entièrement Aleth, à cause d'un certain Guillaume du Motay, qui avait voulu s'y porter trop pour maître. — Ce qui est mieux prouvé, c'est qu'en 1590, et même en 1758, on voyait encore quelques pans de ses murs, partie totalement renversés, et partie debout à une médiocre hauteur; et qu'en 1667, quand on prit les fondemens de la plupart des édifices qui forment actuellement le quartier de la Cité, on trouva dans ces excavations beaucoup de monnaies romaines, et d'autres monumens que nos pères n'ont eu ni la curiosité, ni la prudence de conserver.

Aujourd'hui il ne subsiste plus de cette ville, jadis fort célèbre, qu'un petit massif très-incliné de la muraille d'enceinte, dominant tristement sur la croupe du rocher qui forme le côté occidental de l'anse de la Montre ou des Bas-Sablons ; et la Chapelle dite de Saint-Pierre, premier lieu du siège, laquelle était dans son état primitif l'arrière-chœur de la cathédrale. — Cet oratoire vénérable, précieux berceau de la foi des deux villes actuelles, était, avant la révolution, solennellement visité tous les ans, le mercredi des Rogations, par le chapitre et le clergé paroissial de Saint-Malo, qui allaient y chanter la messe de station, et rendre de justes hommages à celui qui, du haut de son trône éternel, voit passer également sous ses pieds, à des distances incommensurables, les fragiles individus de l'espèce humaine, et ces masses dont la solide structure semblerait destinée à braver l'édacité du temps.

(19) *Le Routouan, ruisseau.* — Ce faible ruisseau n'est presque rien en lui-même, et n'est formé que par les égoûts des plaines et des hauteurs environnantes. — Il commence près le Longpré et la Ville-ès-Gard, en la partie occidentale de la commune de Saint-Meloir ; traverse notre port principal, et se décharge dans la rade, entre la ville de Saint-Malo et le promontoire de la Cité.

(20) *Ile Harbour.* — Le terme d'*harbour* que le bas peuple prononce arbour, arboux ou herboux, semble s'être conservé jusqu'aujourd'hui dans la langues anglaise, où il signifie, comme dans son origine, port, havre, lieu de refuge pour les vaisseaux. — Celui de buron subsiste encore aussi dans la langue française ; mais il ne s'emploie plus guère que pour désigner ces petits toits de chaume où les bergers se retirent dans les mauvais temps, et dans cette phrase banale: il n'a ni maison ni buron, pour dire que quelqu'un n'a plus ni feu, ni lieu, ni logis, ni la moindre retraite. Cependant on appelle encore de ce nom quelques habitations d'importance: telles que l'ex-maison seigneuriale de la paroisse de Vigneux, dans l'évéché de Nantes, et le manoir d'Issé, à deux lieues trois quarts de Chateaubriand. — Notre buron, au surplus, n'est plus qu'un rocher dangereux tant pour l'entrée que pour la sortie du port ; et notre île Harbour, un autre roc voisin, dont un fort à la moderne occupe toute la crête. (Voyez ci-après, note 43.)

(21) *Grand et petit Bé.* — Le grand et le petit Vé, Vey, ou Vay, comme

on prononçait autrefois (et comme on prononce encore en Normandie, en parlant des deux fameux passages qui sont entre le Bessin et le Cotentin à l'embouchure des quatres rivières de Vire, Isigny, Ouve et Taute); ces deux Vés, dis-je, furent ainsi nommés du latin *vadum*, qui signifie proprement un gué, un endroit où l'on peut passer une rivière ou un ruisseau sans bac ni nacelle, parce qu'en effet l'eau était assez basse dans les rigoles qui étaient au pied de ces deux monticules, lorsque la mer en était retirée. — De *vé*, on fit dans la suite *bé*, comme de *vous* les Gascons font aujourd'hui *bous*; et maintenant l'on écrit presque généralement *Bey, Bai, ou Bay*.

Notre petit Bé, dans son état présent, a tout son sommet couronné par une pièce de fortification d'une très-bonne défense pour la rade et les entrées. — On l'appelait jadis le Mont-d'Olivet, et il portait une petite chapelle dont on ignore l'origine. — En 1689, et surtout en 1693, M. de Garengeau y substitua à un mauvais fortin en pierre sèche qui y était, la belle batterie retranchée qu'on y voit de nos jours. — Il n'est qu'à 400 toises au nord-ouest de la place, et l'on y communique à pied sec, de mer basse, excepté dans les mortes-eaux.

Notre grand Bé au contraire n'est couvert d'ouvrages de l'art que dans sa partie septentrionale, et le reste est en pâture. — Tout son ensemble a assez la forme alongée d'un tombeau incliné du nord au midi. — Avant l'an 1689, où M. de Garengeau encore y établit quelques fortifications à la moderne, il n'était défendu que par une mauvaise redoute qui datait de l'an 1555. — Ces diverses améliorations préparèrent la ruine d'une ancienne chapelle attenante qui en a entièrement disparu, et qui y existait dès l'an 1360, que quelques ermites l'avaient fait construire sous le titre de Sainte-Marie du Laurier, et ensuite sous celui de Saint-Ouein, archevêque de Rouen. — L'analogie du son de ce dernier nom accoutuma le peuple, qui corrompt tout, à appeler cet oratoire la chapelle Sainte-Ouine; et il suit encore cette prononciation aujourd'hui : mais sainte Ouine ou Eugénie, invoquée au Mans le 7 de juin n'a jamais eu de culte parmi nos pères; et jusqu'au 23 mai 1661, ils continuèrent de faire en ce lieu saint une de leurs stations des Rogations. Depuis la suppression de cet usage et de la chapelle, la basse classe des habitans de Saint-Malo n'en a pas moins persévéré, jusqu'à notre temps, d'aller chaque année, le dimanche de la Passion, sur cette île qui assèche, et qui n'est distante de nos murs que de 180 à 200 toises, faire ce qu'elle appelle toujours la petite Sainte-Ouine, c'est-à-dire manger dans l'espace de quelques heures le produit de ses économies durant plusieurs semaines. Quand la marée ne permet pas d'aller jusqu'au Bé, l'assemblée se tient sur les Hauts-Sablons derrière la ville. — Pour ce qui est de la grande Sainte-Ouine, elle a lieu le dimanche précédent,

4

proche la chapelle Saint-Pierre, en la Cité, où une seconde statue de Saint-Ouen était également jadis fort en recommandation. C'était en particulier la coutume, parmi celles de nos grand'mères qui visitaient l'image du saint archevêque pour demander par son intercession l'heureux retour de leurs maris en voyage sur mer, de faire tourner la crosse du bienheureux du côté qu'elles souhaitaient le vent favorable ; ce qui occasionnait à cette crosse bien des pirouettes contraires dans le même jour.

Ce grand Bé, qu'on se propose en ce moment d'unir à la place, pour former entre deux un bassin à flot, et augmenter la ville d'un tiers, n'offre d'autres singularités naturelles qu'un méchant puisard d'eau douce situé à mi-côte de son flanc oriental, et que la mer submerge dans les grandes marées.

(22) *L'Arguenon, rivière.* — Cette rivière, dont la source se rapproche beaucoup de celle de la Rance, passe à Trémeur, à Mégrit, à Jugon, etc. — La mer y reflue, et amène des barques de 6o à 8o tonneaux presque au centre de la petite ville de Plancoët, où ces embarcations chargent surtout de bois à feu. — On la traverse à gué, de mer basse, en quelques points: spécialement au Guildo, que son sol très-vaseux a fait surnommer à juste titre par nos anciens *Guedum dolosum*, et où, de mer haute, est un service réglé de deux bateaux.

(23) *Le Frémur, rivière.* — Le Frémur présente à la curiosité encore moins d'intérêt que l'Arguenon. — Il arrose Hénan-bihen, Pléboule, etc., et n'a qu'un cours très-borné. — La mer y entre comme dans le précédent, et on le passe à gué surtout dans les grèves de Saint-Germain.

(24) *Le rocher d'Aaron, et les anciens dogues de Saint-Malo.* — Ce rocher, que la première enceinte de la ville de Saint-Malo circuitait dans toute son étendue, ne contient pas plus de 33 arpens de terrain. — Ce que cette place renferme aujourd'hui de surplus est dû aux accroissemens que ses habitans lui donnèrent, à leurs frais, sur la grève, aux années 1708, 1714, 1721 et 1737. — A défaut de puits et de fontaines, qui y sont très-rares, et d'un goût un peu saumâtre, on y a la ressource des citernes, qui sont alimentées par la pluie ; et celle de la pompe publique, qui y amène du dehors, par-dessous la grève, de fort bonne eau. Ce dernier ouvrage est ancien, curieux, et digne de toute l'attention des connaisseurs : son origine remonte vers l'an 1382.

Comme nous nous sommes prescrits de ne parler dans ce Mémoire que des environs de Saint-Malo, nous n'entrerons pas ici dans de plus grands détails.

Cependant il ne nous semble pas hors de propos de relever en passant l'erreur
où sont tombés presque tous les historiens, qui, se copiant les uns les autres,
ont répété jusqu'en ces derniers temps, que la principale force de cette ville
consistait autrefois dans ses dogues, comme jadis le salut de Rome dans les oies
du Capitole. — La vérité est que ces mâtins d'Angleterre (*), dont le
nombre fut d'abord de 24, puis de 12 à 15, et quelquefois moindre, ne furent
établis dès l'an 1155 que pour la sûreté du port, et pour empêcher que les petits fripons ne vinssent de nuit dérober quelque chose des vaisseaux qui res-
taient à sec sur les vases. — Pendant le jour, on tenait exactement ces animaux
renfermés dans leur chenil. — Le soir, à portes fermantes, leur conducteur les
menait, soit en un lieu particulier du sillon, quand la mer était haute; soit, de
mer basse, à certain poteau fiché dans la Petite-Grève, lequel en a retenu jusqu'à ce jour le sobriquet de *Pot-ès-chiens*; et ne les lâchait qu'à dix heures,
après que la cloche et le tambour avaient donné aux habitans le signal de la retraite. Alors, malheur à tout inconnu qui aurait été rencontré par ces terribles
factionnaires dans tout l'arrondissement où ils étaient chargés de faire la pa-
trouille, et d'où un instinct particulier faisait qu'ils ne s'écartaient guère. —
— Le chiennetier, avec sa trompette de cuivre jaune, les rappelait une heure
avant le jour; et ils étaient très-fidèles à revenir se ranger sous son fouet, dès
qu'ils l'entendaient corner. — D'abord les seigneurs ecclésiastiques obligèrent
leurs vassaux à nourrir ces bêtes; c'est ce qu'on appelait droit de chiennage,
pain des chiens, ou can-avoine, en latin *pastus canûm:* mais dans la suite, cette
dépense retomba en partie à la charge de la seigneurie elle-même. Dans les derniers siècles, trente boisseaux de blé étaient affectés par le chapitre pour leur
nourriture annuelle; les deniers de la communauté, les débris de la bouche-
rie, et quelques autres curées fournissaient au reste. — On sait le dicton vulgaire, en parlant des personnes qui n'ont point de gras de jambes, qu'elles sont
allées à Saint-Malo se les faire manger par les dogues: c'est une espèce de pro-

(*) Le *masty-dog*, *band-dog* ou *bull-dog* anglais, que nous appelons en notre langue
boule-dogue, est un chien de la plus grande espèce, hardi, vigoureux, vite à la course,
et renommé de tout temps pour la chasse et la défense. Il a la tête extrêmement grosse,
le masque noir, joufflu, et ridé sur les lèvres. Il porte bien sa queue sur le dos, et il a
l'odorat extrêmement fin. — Les Grecs connaissaient son prix et sa valeur, sous le nom
d'*agaséen:* les Gaulois s'en servaient à la guerre; les Romains, comme nos voisins,
l'employaient à l'amphithéâtre contre le taureau, le lion, l'ours, et autres bêtes furieu-
ses; et dans des temps plus rapprochés de nous, les chevaliers de Rhodes, après avoir
bâti la forteresse de Saint-Pierre, dans la Carie, en firent, comme nos pères, garder les
avenues par une troupe de ces *mâtins*, qui, à ce qu'on prétend, discernaient les Turcs
à la seule odeur, et se jetaient avec furie sur eux, tandis qu'ils caressaient les chrétiens
comme leurs maîtres.

verbe qui a encore maintenant autant de cours dans toute la France, que la triviale ribambelle de monsieur du Mollet. — Ce fut le 7 mars 1770, que ces fidèles gardiens furent enfin définitivement proscrits par la municipalité, à l'occasion de la mort d'un jeune gentilhomme de Malestroit, nommé Jean-Baptiste Ansquer de Kerouarts, brave officier de marine, qui, dans la nuit du 4 au 5, ayant voulu forcer le passage pour venir en nos murs, périt horriblement sous la dent de cette redoutable milice (*). Les juges baillifs des eaux, chargés par leur office de la police du port, furent priés de s'en défaire au plus tôt ; ce qui fut de suite exécuté au moyen du poison.

(25) *Rocher de la Hoguette.* — Nous parlerons du château du Plessis-Bertrand à la note 40, en même temps que de celui de Duguesclin. — Nous dirons seulement ici que nos ancêtres, qui certainement ne manquaient pas de prudence, s'opposèrent plus d'une fois à la sape qu'on fait de nos jours du rocher de la Hoguette, dont la destruction leur paraissait pouvoir amener pour nos marais des conséquences dangereuses ; et qui d'ailleurs est un des principaux points de mire pour les bâtimens venant du large qui veulent entrer en notre port par la passe de la Grande-Porte, et par celle d'Entre-le-Grand et le Petit-Pointu : et il nous paraîtra toujours étonnant, vu la bonne qualité de ces roches pour les ouvrages communs, qu'on n'oblige pas plutôt les particuliers qui veulent bâtir, à achever d'écrêter les pierres dites *les noires*, qui, par leur hauteur, gênent considérablement l'entrée et la sortie du port principal dans la morte-eau.

(26) *Ancienne forêt de Sciscy ou de Chausey.* — L'existence de cette forêt est un fait sur lequel l'histoire ne permet pas d'élever le moindre doute. Voyez les *Annales bénédictines* par Mabillon (tom. II, p. 20) ; Trigan (*Hist. Eccl. de Normandie*, tom. II, p. 17) ; *Dictionnaire de Bretagne*, par Ogée (tom. II, p. 40) ; Deric (tom. I, p. 4, 85, 87, 88, 89, 116 ; tom. II, p. 124-132 ; tom. III, p. 113-141, 379 ; tom. V, p. 20 et 21) ; *Mémoires de l'Académie celtique* (tom. IV, p. 384) ; Robert Cenalis ou Ceneau, évêque d'Avranches (*passim*) ; de Thou (*in vit. suæ*, l. II) ; Gallia christiana (*Tit. Abbat. diœces. Abrinc.*) ; Masseville (*Hist. de Norm.*, tom. VII, p. 222) ; *Abrégé de la vie des évêques de Coutances*, par Rouault (p. 28) ; *Vie de*

(*) L'usage que ce pauvre jeune homme voulut faire de son épée, ne servit qu'à exciter encore davantage la fureur de ces animaux. — Pour dernière ressource, il se jeta à la mer ; mais ils l'y suivirent, lui déchirèrent les entrailles, et le laissèrent enfin dans un état absolument méconnaissable.

...*d*, par le même (préf. et p. 212); tous les manuscrits du *mont Saint-Michel*; *Neustria pia*, par le P. Artur du Monstier (p. 371 et 372); *Mémoires relatifs à la marine*, par M. Thévenard (tom. II, p. 15-16, et tom. III, p. 97); *Dissertation sur l'origine des Bretons*, par M. Gallet (ch. I, n° 17); *Recueil historique des archevêchés*, etc., par dom Beaunier (tom. II, p. 726); *Sanctorale Macloviense* (16 oct., lect. 5); *Lectionarium Dolense* (16 oct., lect. 4); *Observations sur le désert de Sciscy*, etc. Mais quand même les historiens ne nous en auraient rien appris, il reste encore de notre temps des témoins irrécusables sur cet article; je veux dire cette immense quantité d'arbres de toute espèce qu'on déterre depuis des siècles dans les grèves du mont Saint-Michel, sur les côtes de Granville, et surtout dans les marais de Dol, etc., où la mer ne gêne point les travailleurs. — Ces arbres, qui sont le plus communément des chênes, ont conservé leur forme, leur écorce, et quelques-uns même leurs feuilles. Le long séjour qu'ils ont fait dans la bourbe a cependant un peu altéré leur substance; et leur donne, quand on les brûle, une odeur âcre qui cause l'enrouement: mais lorsque l'eau dont ils sont pénétrés s'est évaporée, leur bois, de mou qu'il était, devient compacte, et acquiert beaucoup de dureté. Il prend à peu près le poli de l'ébène, dont il a presque d'ailleurs la couleur; et l'on en fait de fort jolis meubles. Comme il n'est pas cher quand il n'est pas d'un beau noir, on en fait entrer les grosses pièces dans la construction des maisons, ainsi que nous l'avons vu pratiquer à l'Isle-Mer en particulier. On a aussi commencé, depuis quelque temps, dans nos environs, à en faire des espaliers, qui résistent longtemps aux injures de l'air, et qui portent avec eux leur peinture. Les voisins des Aulnaies et Rosières adjacentes du Bié-Jean, et des lieux dits l'Île-à-l'Angle, Bidon, l'Ilet, Mougu et l'île Potier, où l'on en trouve beaucoup, les appellent *canaillons*. Les ouvriers au contraire leur donnent le nom de *coërons*: terme qu'ils n'entendent plus, parce qu'ils ont oublié leur langue primitive; mais terme qui vient très-probablement de ces mots celtiques coët, coëd ou coât (bois forestier ou non-fruitier), et ronn, rann ou reût, dont le premier exprime l'idée de renversement, le second signifie morceau, fragment, pièce, et le troisième désigne l'état où est un arbre abattu qui a encore toute sa rondeur avant d'être dégrossi. — Pendant le fameux ouragan du 9 janvier 1735, l'agitation de la mer fut si grande sur les grèves du mont Saint-Michel, qu'elle fit sortir des sables une quantité prodigieuse de ces billes, qu'on y trouva presque toutes couchées du nord au sud; ce qui prouve, indépendamment de l'histoire, que ce n'étaient pas des arbres de dérive jetés confusément çà et là, et que la tempête à laquelle ils devaient leur ruine soufflait du septentrion. — Les endroits nommés la Grande-Bruyère et le Cardequint, entre Mont-Dol et l'Isle-Mer, sont spécialement remarquables par les glands, les faînes, les noisettes, etc., bien conservés, qu'on y rencontre à 6, 8 et 10 pieds de profondeur ; d'où il est naturel de conclure que l'entier bouleversement de la forêt de Sciscy dans cette partie-là ne s'effectua qu'aux approches de l'automne, ainsi que nous le dirons plus bas. — Au demeurant, l'usage des riverains, pour découvrir ces couches, est de sonder le terrain avec de longues broches de fer, et de creuser dans les endroits où ces broches éprouvent de la résistance.

(27) *Ancienne ville de Corseul.* — Corseul ou Corseult, aujourd'hui simple bourg entre Plancoët et Dinan, nous paraît avoir été incontestablement la place la plus importante des Curiosolités, après Aleth. — On a déterré, à plusieurs reprises, dans ses ruines, différens morceaux d'antiquité qu'il n'est pas de notre sujet de décrire ici, et dont on trouvera le détail dans notre grand ouvrage.

(28) *Hayes de Dol.* — C'est un bois qui, à l'époque de la révolution, appartenait à l'évêque de Dol ; et qui est à environ une petite demi-lieue au-delà de cette pierre druidique qu'on appelle *la pierre du Champ-Dolant* (*). —

(*) *Pierre Druidique du champ-Dolant.* — Ce beau Peulvan, ou *Pilier sacré*, est situé en la paroisse de Carfantin, au milieu d'un vaste champ qu'il domine avec majesté. — D'abord simple type de l'Être tout-puissant qui, comme une colonne pompeuse, soutient seul le poids de l'univers, il finit par devenir l'objet direct du culte idolâtrique des habitans de la contrée. — Il est d'un seul bloc, d'un grain très-dur, mais que les dents acérées du temps ont néanmoins réussi à écailler en quelques endroits, et d'un poids présumé de 211,752 livres. — Sa forme, brute comme lorsqu'il fut tiré de la carrière, est à peu près pyramidale ; et nous lui avons trouvé 29 pieds de hauteur visible, sur 24 de circonférence vers le bas. — Son érection offre d'autant plus le prodige de la difficulté vaincue, qu'on ne connaît point de pierres de sa nature à plus d'une lieue à la ronde ; et l'on craindrait aujourd'hui d'entreprendre un pareil travail, malgré les secours de la mécanique qui manquaient aux ouvriers d'alors. — Dans les siècles modernes, on l'avait surmonté d'une croix que l'impiété révolutionnaire avait abattue ; mais au mois de juillet 1816, le propriétaire replaça dessus, à ses frais, un calvaire, à la plantation duquel le clergé de Dol assista. — Ce monument, et celui de Saint-Samson, proche Livet, sont les seuls restes du *druidisme* qui aient échappé dans nos cantons à l'anathème du concile tenu à Nantes en 658, dont voici les paroles (*Can.* 20) : « Les » évêques et leurs ministres, disent les pères de cette assemblée, doivent employer tous » leurs soins à faire extirper, et consumer par le feu, ces *arbres consacrés aux démons*, » à qui le peuple rend des hommages superstitieux, et pour lesquels il a tant de véné- » ration, qu'il n'oserait ni en couper une branche, ni en arracher un seul rejeton. Il y a » aussi, continuent-ils, dans des lieux abandonnés et couverts de bois, certaines *pierres* » à qui le même peuple, trompé par les mauvais esprits, rend ses adorations, apporte » ses vœux et ses présens : il faut les enlever toutes, jusqu'à leurs bases qui sont en-

Il y avait jadis en ce lieu quelques pièces de fortification, comme le nom seul de *hayes* l'indique : *Haïœ enim*, dit le père Sirmond sur les *Capitulaires de Charles-le-Chauve*, page 340, *nobis hodiè sunt sepes quælibet, olim pro militari vallo et munitione usurpatœ.*

Quant à la double grande route qui passait en cet endroit-là, le rédacteur de l'*Opinion des propriétaires des marais de Dol sur la dérivation du Couësnon* se rend garant qu'on en aperçoit encore aujourd'hui les vestiges, surtout à l'entrée de la baie, lors des basses eaux.

(29) *Ancienne capitale du Cotentin.* — « *Crociatonum,* dit M. l'abbé Bel-» ley (*Mém. de l'Acad. des Ins.,* t. XLVIII, p. 488, in-12), était une grande » ville, dont on a découvert les ruines à un quart de lieu de Valognes, dans » le domaine d'un gentilhomme nommé Franqueterre. M. Foucault, mar-» quis de Magny, intendant de Caen, fit fouiller ces ruines en 1695. On y » découvrit un théâtre de structure romaine, qui pouvait contenir dix mille » personnes ; et un grand bain, dont il reste encore de belles murailles. On » trouva aussi plusieurs morceaux d'architecture, des médailles d'or, d'ar-» gent et de bronze de plusieurs empereurs du haut empire. Ces ruines sont » dans l'étendue de la paroisse d'Aleaume, etc. L'histoire ne nous apprend » point le temps où cette grande ville fut ruinée ; mais elle était déchue de son » ancienne splendeur au commencement du cinquième siècle, car on voit » dans la Notice des provinces, que Coutances (*Constantia,* jadis *Cosedia* ou » *Cosediœ*) était alors la capitale des Unelles. »

(30) *Débris d'animaux de la forêt de Sciscy, trouvés dans les marais de Châteauneuf.* — Nous pouvons certifier avoir vu de nos yeux, aux archives du conseil administratif des digues et marais de Dol, déposées en l'une des chambres de l'Hôtel-de-Ville de Saint-Malo, où l'on peut l'y voir encore, un reste précieux d'un des anciens habitans de ces bois, découvert dans les marais mêmes d'entre la Fresnaye et Saint-Meloir. C'est une perche de cerf portant plusieurs andouillers, et qui a, de longueur totale, 19 pouces. Cette

» foncées en terre, et les jeter dans des endroits où leurs adorateurs ne puissent plus » jamais les retrouver. *Summo decertare debent studio episcopi, et eorum ministri, ut* » *arbores dæmonibus consecratæ, quas vulgus colit, et in tantá veneratione habet,* » *ut nec ramum, vel surculum inde audeat amputare, radicitùs excindantur, atque* » *comburentur. Lapides quoque, quos, in ruinosis locis et sylvestribus, dæmonum ludi-* » *ficationibus decepti, venerantur, ubi et vota vovent et deferunt, fundìtùs effodiantur,* » *atque in tali loco projiciantur, ubi nunquàm à cultoribus suis inveniri possint.* » (*Sirmond,* conc. ant. Gall., t. III, p. 607.)

pièce, qui a essuyé quelques légères fractures qu'on a rejointes avec du mas-
tic, a été si imprégnée des sucs terreux et marins où elle a trempé durant
des siècles, qu'elle en est devenue comme pétrifiée. Elle fut trouvée, en 1814,
enfouie à 3 ou 4 pieds de profondeur, par M. Garnier du Fougeray, notre
compatriote, ex-questeur de la chambre des députés. — Nous pouvons ajouter
de plus, comme le tenant de sa bouche, que le respectable vieillard M. Goret,
maintenant encore desservant de la cure de la Fresnaye, a vu lui-même
extraire de divers lieux dans ses environs, une tête entière de ces *urus* ou
bœufs sauvages qui peuplaient originairement toutes les grandes forêts de
l'Europe, mais qu'on ne trouve plus que dans le nord; un squelette de renard, une échelle, et plusieurs ustensiles de ménage que ses paroissiens n'ont
malheureusement pas su conserver.

(31) *Principaux saints qui ont vécu dans la même forêt.*—M. Rouault, dans
son *Abrégé de la vie des évêques de Coutances*, p. 51, dit que « les déserts
» de Sciscy et de Nanteuil (*), situés aux deux extrémités du Cotentin, ont
» produit un si grand nombre de saints anachorètes, qu'on pourrait faire
» une légende entière de leurs vies. » Mais les plus célèbres dont fasse mention l'*Histoire ecclésiastique de Normandie* (Trigan, t. 1, p. 78, 128,
131, etc.), sont : saint Gaud, évêque d'Évreux, et saint Aroaste, prêtre, qui
moururent dans la première de ces deux solitudes vers l'an 491; saint Pair ou
Paterne, évêque d'Avranches, et saint Scubilion, abbé, qui y terminèrent
leurs jours le 16 avril 565; saint Senier ou Sénateur, aussi évêque d'Avranches, qui y décéda le 6, et selon d'autres, le 18 ou le 26 septembre 570 ; enfin, saint Pair ou Paterne le jeune, originaire du Cotentin, qui, ayant été
élevé dès son enfance dans le monastère de saint Pair l'ancien, d'où il avait
passé en celui de Saint-Pierre-le-Vif, proche Sens, et ayant été assassiné dans

(*) L'endroit nommé Nanteuil (*Nantus, Nantogilum* où *Nantolium*), est près de la
mer, du côté de Bessin. Il fut donné par Childebert à saint Marcou, moine et prêtre
de Bayeux, qui s'y sanctifia, y fut enterré le 1er mai 558, et y eut pour principaux disciples saint Criou, saint Domard et saint Hélier. Ce fut pour reconnaître cette donation, s'il faut en croire Papyre-Masson et la légende, que le bon abbé obtint du ciel,
pour nos rois de France, le privilége à perpétuité de toucher les écrouelles ; et c'est
pour témoigner eux-mêmes leur gratitude au saint, que ces monarques, après leur
sacre, quand il se fait à Reims, font en personne, ou par leurs aumôniers, une visite
à l'église de Saint-Marcou de Corbigny, dans le *Laonois* où reposent les reliques de ce
bienheureux (Butler, t. IV, p. 17 ; Bérault-Bercastel, *Hist. de l'Égl.*, t. VI, p. 170 ; Du-
pleix, etc.). — On voit, à peu de distance de cette côte, les deux îles auxquelles saint
Marcou a laissé son nom, et qui étaient alors elles-mêmes en terre ferme, comme l'a
fort bien écrit M. de la Martinière.

la forêt de Sergines le 12 novembre 726, par des voleurs qu'il voulait convertir, vécut assez long-temps pour être témoin de la grande catastrophe opérée
en 709 par la mer dans les environs de Chausey. Voyez encore à l'appui de
ce que nous venons de dire, l'*Abrégé de l'Histoire de l'ordre de Saint-Benoît* (liv. II, ch. 28); l'*Abrégé* de M. Rouault, cité ci-dessus (p. 35, 67,
101, 121, etc.); MM. Butler et Baillet (*Vies des Saints*), etc. etc.

L'oratoire de Saint-Pair l'ancien était (*Vies des évêques de Coutances*,
p. 183, et *Gall. christ.*, art. *Abirnc.*) sur l'emplacement même qu'occupe
encore aujourd'hui l'église paroissiale de son nom, au penchant d'une colline
près le rivage, à deux mille toises au sud-est de Granville (*), qui, pour le
dire en passant, n'était alors qu'un rocher. — Le chœur de cette église, rebâti en 1114, et dont on peut affirmer, selon l'expression de saint Bernard,
qu'on n'y peut cracher sans qu'on ne crache sur le visage d'un saint, pos-
sède, entre autres tombeaux de ces pieux solitaires, les deux mausolées de
saint Pair et de saint Scubilion, élevés l'un à côté de l'autre entre ceux de
saint Gaud et de saint Sémniste, de saint Senier et de saint Aroaste, et dé-

---

(*) *Commencement de la ville de Granville.* — Le père du Monstier dit que ce fut
Philippe Badin, abbé de la Luzerne, qui, en 1440, mit la première pierre du bâtiment de Granville (*Macropolis* ou *Grandis-Villa*); et Cénal ajoute que ce furent les
Anglais qui firent cette dépense, du temps que notre roi Charles VII était rudement
harcelé par ces fiers insulaires sur plusieurs points de son royaume : ce qui s'accorde
avec les actes originaux, portant que Thomas d'Escall, alors capitaine-général pour le
roi d'Angleterre en Normandie, prit à fief, de Jean d'Argouges, seigneur de Gratot, le
26 octobre 1439, tout le roc jusqu'au pont, excepté quatre perches de terre, moyennant
foi et hommage, et un chapeau de roses vermeilles payable à la Saint-Jean-Baptiste. —
Muni de ce titre, le sieur d'Escall fit construire en ce lieu, où il n'y avait, depuis l'an
1131, que quelques chétives habitations, un château dont les troupes du monarque français s'emparèrent en 1442. — Ce prince, ayant jugé ce petit boulevard propre à contenir
les îles anglaises voisines, y fit ajouter diverses fortifications; et pour y attirer le plus
d'habitans qu'il pourrait, il accorda, au mois de novembre 1445, des lettres-patentes
statuant que « toutes manières de gens, de quelque estat qu'ils fussent, qui voudroient
» venir y faire leur résidence, seroient dorésnavant francs, quittes et exempts des aydes
» ordonnés pour la guerre, ensemble de toutes tailles, emprunts et autres subventions
» et redevances quelconques, mises ou à mettre; et que toutes places vuides leur seroient
» bâillées et délivrées pour édifier et être le propre héritage d'eux et de leurs hoirs et
» successeurs, perpétuellement à tous-jours; en lui faisant pour ce telles rentes dont ses
» officiers et lesdits habitans seroient convenus. » — Cette concession ayant appelé dans
la ville nouvelle un grand nombre de personnes, on leur y donna des emplacemens pour
bâtir, à raison de deux ou trois sous de cens; et elle termina par se peupler peu à peu,
ainsi que nous la voyons aujourd'hui. — Nous en redirons quelque chose en nos *deux
Supplémens.* — Elle est actuellement de l'arrondissement d'Avranches.

corés de leurs figures en tufau, avec les noms de ces deux bienheureux, gravés à leurs pieds, en caractères gothiques. Ce chœur devint dans la suite si respectable aux évêques de Coutances, qu'ils défendirent de jamais inhumer personne avec les nombreux amis de Dieu qui y reposaient; défense qui a été fort scrupuleusement observée jusqu'à nos jours. — Dès avant l'an 940, les reliques de saint Pair, saint Scubilion et saint Senier, n'étaient plus entières dans leurs sépulcres. Radhod, prévôt de l'église de Dol, en avait obtenu quelques parties pour Aldestan, roi d'Angleterre; et le reste fut porté, en 963, à Paris, d'où il n'en revint que quelques fragmens à l'église de Saint-Pair, lorsque les Normands païens eurent enfin cessé leurs ravages. — Quant à celles de saint Gaud, elles furent trouvées si intactes le 11 juillet 1131, que les os n'étaient pas encore dépouillés de leur chair. Richard de Bruis, pour lors évêque de Coutances, les fit recouvrir de terre jusqu'au 1er septembre 1664, qu'elles furent visitées de nouveau par Eustache de Lesseville, l'un de ses successeurs. Ce digne prélat indiqua leur translation solennelle au 11 novembre suivant; et dès la nuit du jour où s'était faite cette visite, sa louable intention fut approuvée de Dieu en la manière que voici. « Thomas » Le Tourneur, sieur de Lafontaine, âgé d'environ trente ans, natif de Saint-» Malo (*), après avoir été douze ans capitaine de vaisseau, s'était retiré » chez maître Nicolas de Langle, curé de Bréhal, et doyen du lieu, pour » se disposer à l'état ecclésiastique. Étant allé ce jour-là même, vers le soir, » faire sa prière à Saint-Gaud, et ayant trouvé l'église fermée, il se mit à » genoux devant une petite porte qui était alors du côté du midi, vis-à-vis la » tombe du saint. Là, il vit distinctement, au travers des fentes, plusieurs » flambeaux en forme de langues de feu, qui brillaient d'un grand éclat sur » la sépulture. Ayant attentivement considéré cette vision pendant un quart » d'heure, il se leva, et courut au presbytère en faire son rapport à maître » Jacques Chanu, curé, et à maître Pierre Tuillet, diacre, qui le signèrent » avec ledit Le Tourneur, et dont M. de Lesseville permit l'impression. » (*Vie de saint Gaud*, p. 97, 101, etc.) La translation du bienheureux s'étant effectivement faite au jour indiqué, au milieu d'une foule immense de peuple et de gens de distinction, les vénérables restes furent déposés sur le grand

_____

(*) Ce digne ecclésiastique, trois ans après, fut chantre ou prêtre de chœur en l'église Saint-Sauveur de Saint-Malo, et garda cette place jusqu'en 1696. — Le 8 avril 1701, il fonda, dans la cathédrale de la même ville, l'office de saint Thomas de Cantorbéry, au 29 décembre de chaque année, pour demander à Dieu le retour de l'Angleterre à l'Église romaine: vœu dont, au moment où nous transcrivons ceci (avril 1829), nous avons la consolation de voir se préparer l'accomplissement, par l'émancipation que viennent enfin d'obtenir de leur gouvernemens les catholiques de ce beau royaume.

autel de Saint-Pair, à l'exception de quelques portions qui furent données aux cathédrales de Coutances et d'Évreux; à l'abbaye du mont Saint-Michel, dont l'église de Saint-Pair dépendait ; à la paroisse de Normanville, diocèse d'Évreux, dédiée à saint Gaud; aux chapitres de Mortain et d'Avranches; et enfin d'une vraie côte qu'on envoya à la cathédrale de Saint-Malo. — Nous avons eu nous-mêmes, par deux fois, la dévotion d'aller visiter en personne ce sanctuaire respectable, où dorment du sommeil des justes tant de grands hommes qui furent la gloire de leur siècle ; et nous pouvons affirmer, sans enthousiasme, que nulle part nous n'avons éprouvé plus sensiblement les charmes inexprimables de la piété unis aux souvenirs mélancoliques d'un monde qui n'est plus. Nous profitâmes soigneusement de cette circonstance, pour nous assurer de M. Belin même, curé du lieu, de la vérité de tous les détails où nous sommes entrés relativement au pays qu'il habite.

Autres saints qui ont habité la forêt de Cancaven, aujourd'hui Cancale. Dans la partie de cette même forêt qui était en Bretagne, et que les riverains appelaient forêt de Cancaven ou Cancavre (aujourd'hui Cancale), on remarquait principalement trois monastères fameux par les saints pénitens qui s'y étaient consacrés à la vie érémitique (Deric, t. 1, p. 29, etc. ; t. III, p. 136, 376, etc ; Butler, t. x, p. 207, etc.): savoir celui de Dol, que saint Samson II illustra par ses vertus en 554, et qui était précédemment du diocèse d'Aleth, comme nous l'avons amplement prouvé dans nos grandes *Recherches;* celui de saint Moack, à près de cinq lieues de Dol en tirant vers Chausey, et à une lieue de distance vers le nord-nord-ouest du bourg de Lhan-Kafruth (*), que la mer a dévoré ainsi que lui; enfin celui de Taurac ou Caurac, à 1700 toises à l'orient de la pointe actuelle de la chaîne en Cancale, où brillèrent saint Similien, qui en fut le premier supérieur, saint Ethbin ou Egbin (**), et un saint Guignolé ou Guinolé qu'il ne faut pas confondre avec le pieux abbé de Landevenech, porteur du même nom. — Ce dernier mo-

---

(*) Le terme de *lhan, llan,* ou *lan,* signifiait en vieux langage celtique *temple, église,* ou plutôt *area templi,* l'*aire,* le *sol,* la *place,* et même le *territoire voisin d'un temple.* Ainsi *Lhan-Kafruth* équivalait à *église* ou *bourg de Kafruth.* — Rivallon, frère de saint Judicaïl, roi de Bretagne, avait en ce lieu une de ses maisons de chasse. Violent comme il l'était, ce prince, dans un accès d'humeur, avait fait brûler le monastère de Saint-Moack ; mais bientôt après, heureux pénitent, il y rétablit toutes choses en meilleur état, à l'instigation de saint Thurien ou Thuriave, évêque de Dol. (Gallet, *Mém. sur l'orig. des Bret. Armor.,* ch. 6, n. 18).

(**) Ce saint religieux était d'une famille noble, et disciple de saint Samson. Après la désolation de son couvent, il se retira en Irlande, où il mourut le 19 octobre, sur la fin du sixième siècle, et non en 642, comme quelques-uns l'ont écrit. — Saint Guignolé, au contraire, finit ses jours à Taurac.

nastère fut rebâti quelque temps après avoir été ruiné par les troupes du roi Clotaire Ier, lorsqu'elles vinrent, en 560, punir Canao, comte de Bretagne, de la protection qu'il avait accordée à Chramne, révolté contre son père et son souverain.

La plupart de ces intéressans asiles, et autres dont le nom seul est resté dans la mémoire des siècles, étaient en son temps sous la discipline de saint Scubilion, qui les visitait souvent, et qui avait fondé en outre, à 1600 toises au nord-nord-est de l'île d'Aaron, celui de Menden, qu'on doit soigneusement distinguer de celui de Maudan ou Maudun, à une lieue de Chausey, où ce vénérable vieillard faisait ordinairement sa résidence. (Trigan, t. I, p. 129; Deric, t. VI, p. 310, etc.)

Ce fut, au rapport des anciens actes, en revenant d'inspecter ces derniers monastères, que l'homme de Dieu dont nous parlons mourut au désert de Sciscy, dans la cellule d'un ermite, d'autres disent dans son propre ermitage, au moment même que saint Pair l'ancien expirait en un autre coin de la même forêt dans les bras de saint Lo, évêque de Coutances, qui, sans savoir qu'il fût malade, était venu s'édifier avec lui. — Leurs deux pompes funèbres n'en firent qu'une, et les deux corps saints, selon que nous l'avons dit plus haut, furent inhumés à côté l'un de l'autre, au milieu du chœur de l'église aujourd'hui paroissiale, qui en a retenu le nom de Saint-Pair-sur-la-Mer. (Butler, t. I, p. 561; t. IX, p. 17; Baillet, *passim*, etc.)

(32) *Suite de la même forêt.* Cette forêt, ou portion de forêt, que l'historien ecclésiastique de Bretagne (t. IV, p. 187) ne fait commencer qu'à Ploubalay, après avoir dit ailleurs (t. III, p. 113) qu'elle couvrait les bords de la Rance, commençait dans la réalité en l'anse du Verger. Elle occupait en particulier les environs d'Aleth, en remontant vers Saint-Suliac; et se prolongeait ensuite tout le long de la côte occidentale actuelle, jusqu'au cap. — La preuve physique en est dans ces arbres renversés, ou coërons, que l'on trouve encore de nos jours dans la plupart des anses et des grèves adjacentes. Dans l'anse du Port surtout, sous la pointe du Mingar en Saint-Coulomb, ces arbres ont conservé une partie de leur ancienne fraîcheur, selon que nous l'ont attesté quelques personnes du lieu.

(33) *Le mont Saint-Michel et tout ce qui le concerne.* Ce bloc énorme de granit, singulier en toutes manières, n'a pas moins de 200 pieds de hauteur (*), sans compter ce qu'y ont ajouté les ouvrages de l'art.—Il n'a qu'en-

(*) Les géomètres qui, en 1775, dressèrent le plan de ce mont, lui donnèrent 450 toises de tour sur le grévage, 180 pieds seulement d'élévation jusqu'au sommet du roc, et en

viron un quart de lieue de circonférence par la base, et il est coupé presque
à pic de tous les côtés. — De loin, il ne paraît que comme une grosse tour
isolée au milieu d'une grève blanche et unie de 8 à 10 lieues carrées de surface, où l'on ne voit pas la moindre petite pierre, excepté Tombelene, dont
nous parlerons ci-après. — Du haut de ce panorama, dont tout l'ensemble,
dans son état primitif, avait 565 pieds d'élévation, les personnes qui sont en
bas ne peuvent être reconnues, et semblent autant de pygmées qui rampent
à l'entour. — La vue, du côté de la mer, y atteint de la côte de Cancale à la
pointe de Granville, et s'étend même jusqu'à Jersey, qui ne paraît que
comme un nuage. — Du côté de la terre, dont il est distant d'une lieue à une
lieue et demie, on aperçoit Dol, Pont-Orson et Avranches, au diocèse duquel il appartenait encore en 1789. — Toute la grève qu'il domine est semée
de valves de ces cames communes que les Montois nomment des coques (*):
d'où est venu le proverbe, en parlant de quelqu'un qui, par une fausse spéculation, porte l'abondance où elle est déjà, *qu'il va vendre des coquilles au
mont Saint-Michel.*

Le 16 octobre 709, saint Aubert ou Autbert, évêque d'Avranches, dédia à
Dieu, sous l'invocation du chef de la milice céleste, un petit oratoire de figure
ronde qu'il venait de faire bâtir sur la cime de cette montagne, en vertu de
trois apparitions consécutives que l'archange lui avait faites aux années 706,
707 et 708. — Ce premier vaisseau était peu de chose, et pouvait à peine contenir cent personnes dans son enceinte (*Abrégé de l'Histoire de l'ordre
de Saint-Benoît*, l. IV, chap. 36, n° 5). Il dominait sur deux autres ermi-
tages que les solitaires de la forêt de Sciscy avaient placés au pied du mont
même, l'un en l'honneur de saint Étienne, premier martyr, et l'autre sous
le vocable de saint Symphorien, martyr d'Autun. — Le pieux prélat y établit douze chanoines, pour vaquer au culte de l'esprit bienheureux qui lui

totalité 400 pieds depuis le niveau de la grève jusqu'à la lanterne du clocher; mais nous
avons d'autres bonnes autorités pour les mesures que nous avons déterminées.

(*) Ces sortes de coquillages sont à peu près de la grosseur d'une noix, de la forme d'un
cœur, striées, blanchâtres, et à deux valves égales. Quelques personnes les préfèrent aux
huîtres, lorsqu'on les fait ouvrir dans un peu d'eau chaude, ou mieux sur les charbons.
Quand la mer est retirée, ils s'ensablent à une petite profondeur; mais un trou à passer
une aiguille, ou une bulle d'eau laissée par eux à la superficie de la grève, les décèlent;
et alors chaque pêcheur peut les enlever, soit à la main, soit à l'aide d'un crochet fait
en façon de cuiller recourbée. — Cette pêche n'est pas sans danger, à cause du sol fu-
gitif de certains endroits, et surtout durant les grands brouillards, où il serait quelquefois fort difficile de retrouver sa route, si les gens du mont n'avaient soin de sonner leur
principale cloche pour indiquer la côte.

avait commandé cette entreprise ; et, quelque temps après, il s'y retira lui-même avec eux, y mourut, et y fut enterré.

Avant d'effectuer la consécration que nous venons de dire, le vénérable pontife avait envoyé trois clercs de son église d'Avranches au Mont-Gargan ou du Saint-Ange, près de la ville de Siponte, dans la Pouille ancienne, au royaume de Naples, où saint Michel, depuis la fin du cinquième siècle, était spécialement honoré, pour en obtenir, en guise de reliques, quelque portion du marbre et du tapis rouge sur lesquels il passait pour constant que l'esprit céleste avait apparu vers l'an de J. C. 493, le 8 de mai. — Ces députés mirent un an entier à faire ce voyage ; mais, à leur retour, quelle fut leur surprise, de voir que presque tout le territoire qu'ils avaient laissé couvert de bois autour du Mont-Jou, avait passé, durant leur absence, sous le domaine de l'Océan ! Leur étonnement fut tel, dit le père Artur du Monstier, dans sa *Neustria pia* (pag. 372, édit. de Rouen, 1673, in-fol.), qu'à l'aspect du changement opéré dans presque toute la contrée environnante, ils se crurent en quelque sorte transportés dans un autre univers. *Dùm dicti nuntii itinere perficiendo annum impenderent, Deo permittente, mare sylvam, quantacùmque esset, superavit ac prostravit, etc. ; reversi autem 16 octobris, saltus arenâ refertos adeò mirati sunt, ut novum orbem se ingressos putaverint.* — Le même auteur, et plusieurs autres, ajoutent qu'à leur arrivée sur la côte, une ancienne femme, aveugle de naissance, voulut, par dévotion, suivre ces messagers ; et que soudain elle recouvra la vue en prix de sa foi : miracle qui fit dès-lors donner au village d'Astéri ou Austériac, qu'elle habitait, le nom de *Beauvoir*, qu'il a conservé depuis, en mémoire de l'exclamation que fit cette bonne vieille, lorsque ses yeux s'étant dessillés, elle s'écria avec transport : *Ah qu'il fait beau voir !*

Devenu bientôt célèbre dans toute la France, et même dans toute l'Europe, le mont Saint-Michel devint en même temps l'objet des bienfaits de plusieurs souverains (*), et surtout des ducs normands et bretons, dont il séparait les États. — Rollon, premier duc chrétien de Normandie, le dota richement quatre jours après son baptême, qui eut lieu la veille de Pâques 912. — En 966, Richard Ier, l'un de ses successeurs, fit considérablement augmenter le monastère, en chassa les chanoines séculiers, et mit à leur place des religieux bénédictins, qu'il tira de Saint-Melaine de Rennes, et de divers autres couvens. — En 988 et années suivantes, Richard II, son fils, ajouta aux libéralités de son père, qui vivait encore, et accorda à ce lieu saint de grands priviléges, qui ne contribuèrent pas peu à l'enrichir. Il lui

(*) Depuis 1066, il posséda, entre autres, divers territoires dans la Cornouaille anglaise, et dans d'autres lieux de la Grande-Bretagne.

unit surtout le monastère de Saint-Pair, cité ci-devant, les îles de Chausey, et une terre considérable dans l'île de Jersey. — Le 27 juin 992, Conan Ier, duc de Bretagne, qui, quatre ans auparavant, lui avait fait de très-grands biens, eut la dévotion de s'y faire enterrer; et, quelque temps après, l'église fut brûlée. — De 1020 à 1058, Hildebert II, Suppo et Raoul de Beaumont, qui en étaient abbés, y jetèrent les fondemens de la belle église qu'on y voit encore, et qui fut continuée par Renou, Bernard, et Robert de Thorigny, plus connu sous le nom de *Robert du Mont*, leurs successeurs. — Ces divers édifices ayant été incendiés en partie l'an 1204, par les Bretons, qui s'étaient ligués avec le roi de France Philippe-Auguste, contre Jean-sans-Terre, roi d'Angleterre et duc de Normandie; l'abbé Jordan, aidé par le monarque français, en fit les réparations quelque temps avant sa mort, arrivée le 6 août 1212. — Ce fut vers le même temps, que le pied du roc fut ceint de murailles du côté de Pont-Orson, seul endroit par où il était accessible. — Enfin ce fut par les abbés Raoul de Villedieu en 1225, Richard de Tustin en 1236, Guillaume du Chasteau en 1299, Pierre le Roy en 1386, Guillaume d'Estouteville en 1444, Guillaume et Jean de Lamps en 1499 et 1513, et Henri de Lorraine, duc de Guise, en 1615, que s'achevèrent les divers bâtimens qui couronnent en entier le sommet de cette montagne, peut-être unique dans son genre; bâtimens aussi réguliers, qu'ils sont vastes et hardis.

Entre ces différens édifices, tous en pierre de granit, qui faisaient l'étonnement de M. de Vauban lui-même, on distingue surtout l'église abbatiale, dont le cul-de-lampe en particulier est un chef-d'œuvre; ainsi que les dix piliers colossaux qui sont au-dessous, et qui en supportent toute la masse. — La forme de ce joli temple, terminé par le cardinal d'Estouteville et les deux de Lamps, est de structure gothique d'un excellent goût, et disposée en croix romaine. — Sa longueur, avant qu'on eût coupé une partie de sa nef dans les derniers temps, pour en augmenter le parvis au nord, était de 238 pieds, et son élévation sous voûte, au rond-point du sanctuaire, de 66. — Autour de son clocher, qui fut raccourci de quelque chose en 1796, pour y établir un télégraphe sur la ligne de communication de Paris à Saint-Malo, règne en dehors un revers d'eau ou saillie en pierre de 18 à 20 pouces de large, qu'on appelle la *Promenade des petits fous*, parce qu'il faut être fou à moitié pour se risquer à la circuiter, n'ayant ni balustrade ni appui; et 22 pieds au-dessus, une autre avance encore plus étroite, dite le *Tour des grands fous*, par la raison qu'il faut être complètement hors de sens pour s'y aventurer, ce qui n'est pourtant pas rare. — Parmi les objets de décoration intérieure que le vandalisme révolutionnaire a fait disparaître de cette église , on remarquait avec plaisir , outre le trésor, qui renfermait quantité de pièces de prix, la chapelle de la Vierge en hors-d'œuvre derrière le chœur ; et sur un des murs de la croisée , les armoiries des 119 gentilhommes bretons et normands qui défendirent cette forteresse , en 1423 , contre les Anglais , maîtres alors de toute la Normandie, excepté de cette place (*). — Du reste, on peut monter avec sécurité sur les combles , et se promener tout autour , le long des garde-corps dont la couverture est environnée.

On va encore, à l'aide d'une lanterne , dans les divers souterrains du monastère , lesquels offrent un vrai labyrinthe de tours , de détours et de descentes obscures. — On y montre , entre autres , deux cachots de huit pieds en carré , où l'on prétend qu'on descendait jadis les criminels d'état, par une bouche qui se refermait sur eux avec une trappe , et où l'on ne leur donnait jusqu'à la fin de leurs jours, pour toute nourriture , que du pain et de l'eau , quand on ne les faisait pas mourir de mort violente. On a conservé jusqu'à aujourd'hui à ces deux antres le nom de *Vade in pace* ou *d'oubliettes;* mais on ne trouve plus au fond de ces cavernes que les squelettes de quelques oiseaux de mer qui s'y retirent en hiver, et qui apparemment y périssent de faim. — On y montre aussi les caves du gouvernement et de l'abbatiale; les magasins aux poudres et aux boulets; le *Saut Gautier ,* d'où un malheureux de ce nom se précipita , sans se faire aucun mal ; l'emplacement où était l'ancienne roue (**) destinée à monter les grosses provisions au château, le long d'une muraille dont la hauteur effraie; enfin le lieu où était autrefois une grande cage de bois (***), qu'on s'était accoutumé à appeler la *cage de fer ;* et plusieurs autres objets dignes d'être visités par les curieux.

(*) Le 23 juillet 1821, nous avons encore vu à la porte d'entrée de ce mont, sur la grève, les restes de ce combat mémorable, où les Malouins eurent la plus grande part. Ce sont deux énormes pièces d'artillerie dans le goût du temps, formées de barres de fer de deux pouces d'épaisseur et reliées avec des cercles de même matière, lesquelles furent prises sur les ennemis. — La plus massive, vulgairement dite *la Grosse-Michelette,* a onze pieds de long , y compris sa culasse de trois pieds, et 18 pouces de bouche, dans laquelle est encore un de ces boulets de pierre de 15 à 16 pouces de diamètre, dont on se servait communément alors. L'autre n'a que 14 pouces d'embouchure.

(**) Cette machine était une sorte de vaste tambour , dans lequel quelques hommes marchaient pour le faire tourner. Par cette manœuvre , un fort câble se roulait sur un treuil , et tirait ainsi peu à peu à lui le fardeau, du pied du rocher où les charrettes l'avaient déposé, tout le long d'un poulain ou châssis d'assemblage continué jusqu'à l'ouverture de l'édifice où était cette roue.—Cet édifice s'étant écroulé de notre temps, on a transféré la machine en un des bâtimens attenans, où elle sert par continuation aux mêmes usages.

(***) Dans le voyage que Charles X, alors comte d'Artois, fit le 10 mai 1777 au mont Saint-Michel, en se rendant à Brest, il ordonna la destruction de cette lourde

De l'église., on entre dans le cloître, pièce remarquable tant par l'élégance, la délicatesse et le fini de sa colonnade, composée d'une sorte de stuc fait de ciment et de coquillages, que par son intérieur, qui présente une aire entièrement couverte en plomb, pour recevoir les eaux pluviales destinées à alimenter deux citernes, dont l'une contient 100 mètres cubes d'eau, et l'autre 86.

En un mot, on ne peut se refuser à voir les chambres du gouvernement ; celles du grand et du petit exil ; les réfectoirs, dortoirs, cuisines, bibliothèque et infirmerie des anciens religieux ; la superbe salle des chevaliers de Saint-Michel ; la muraille, plus magnifique encore, appelée *la merveille*, consistant en un alignement de 230 pieds de long, soutenue par 36 contreforts sur un escarpement coupé à vif, et d'une hauteur effrayante ; enfin, mille autres articles intéressans, dont l'ensemble ne serait pas construit de nos jours pour 50 ou 60 millions.

Au-dessous de l'abbaye et du château, qui, nous le répétons, occupent exactement toute la cîme de la montagne, se voient, du côté du Nord et de l'Orient-d'été, un ramas de brossailles ou petit bois taillis en pente très-rapide ; la petite chapelle Saint-Aubert, sur un gros bloc de rocher attenant au roc principal, et presque sur la grève ; enfin, une faible fontaine ou puisard d'eau douce. — Pour suppléer à l'insuffisance de cette source, il était permis à chaque ménage, du temps des religieux, d'aller prendre, toutes les semaines, dans la citerne du monastère, deux cruchées d'eau de pluie : faculté qu'ils n'ont plus depuis que les condamnés du département de la Manche ont été renfermés dans cette maison.

La petite ville ou bourg, composée de 3 à 400 habitans, est entre le soleil levant et le midi. — Elle n'avait anciennement qu'une seule ruelle contournée en limaçon, et conduisant d'abord à l'église paroissiale dédiée à saint Pierre, située vers le milieu du rocher ; puis, en montant toujours, jusqu'à l'abbaye,

charpente ; mais cette démolition ne fut consommée qu'en présence des jeunes princes d'Orléans, lorsqu'ils visitèrent eux-mêmes ce lieu.—C'était un assemblage de solives distantes l'une de l'autre de trois pouces, de dix pieds de long sur huit de large, et assez éloigné des murs de la cave qui le contenait, pour qu'un homme de service pût librement passer à l'entour.—Louis XIV y avait fait incarcérer le nommé Dubourg, gazetier de Hollande, qui tenait son bureau dans Francfort, et qui avait outragé grièvement le monarque. Ce malheureux, pour se distraire, dépensa beaucoup de temps et de peines à graver, à l'aide d'un clou, quelques traits grossiers de sculpture sur un des barreaux de ce cachot, où il dit avant de mourir, que ce qui l'y avait fait souffrir davantage, c'étaient les rats, dont plusieurs avaient rongé ses pieds goutteux, sans qu'il pût se remuer pour se défendre.—On y renferma encore depuis, pendant quelque temps, l'auteur d'une pièce de vers fort satiriques contre madame de Pompadour.

5

et à quelques mauvais jardinets disséminés sur la hauteur. Depuis 1819, le baron de Vanssay, préfet du département de la Manche, y a fait pratiquer de plus, sur l'ados du roc vers l'ouest, en serpentant vers le sud et l'orient, une autre espèce de grand sentier qui, comme le précédent, va aboutir à l'entrée du château, où l'on était obligé jadis de déposer toutes armes quelconques, même son couteau, avant d'en obtenir l'accès; ce qui avait lieu également pour les étrangers au corps-de-garde de la ville. — Cette ville au surplus n'est guère peuplée que de pauvres pêcheurs (*), d'aubergistes et de vendeurs de chapelets, médailles, écharpes de coquilles, et autres béatilles pareilles, dont ils font un grand débit aux pèlerins.

Sa garde ordinaire, ainsi que celle du château, leur était autrefois confiée, sous l'autorité de l'abbé qui en était gouverneur; et les clefs en étaient portées tous les soirs au prieur des moines : mais aux jours de Saint-Michel et de la Pentecôte, il était d'usage, depuis l'abbé Geofroi de Servon, mort en 1386, que les vassaux de l'abbaye, équipés de pied-en-cap des anciennes armures, et la pique à la main, vinssent faire le devoir de leurs fiefs tant à la porte du château, qu'à celle du chœur pendant la célébration des cérémonies religieuses. — Ce service avait mérité aux Montois l'exemption de la taille, et plusieurs autres priviléges.

Le 16 avril 1776, il y eut au mont Saint-Michel un incendie qui y consuma quelques bâtimens; mais personne n'y périt. — Trois seulement, des dix-huit prisonniers d'état qui y étaient alors détenus, se sauvèrent dans le tumulte.

A l'époque de la révolution, ce lieu était encore un des principaux pèlerinages de l'Europe. — En tout temps, mais surtout en été, l'on y voyait affluer de nombreuses troupes de personnes des deux sexes, dont la dévotion se terminait quelquefois par des orgies et des batteries assez graves (**). —

(*) Les hommes, dit M. Blondel (p. 72 et 73), vêtus d'un gilet brun qui leur serre le corps, une petite toque à l'antique sur la tête, et portant sur l'épaule une longue perche autour de laquelle leur filet est attaché, avec leur panier derrière le dos, et jambes nues toute l'année, conservent un certain air des anciens Danois. Ils se mettent dans l'eau jusqu'aux genoux, ainsi que leurs femmes et leurs enfans; et suivent avec leurs engins de pêche la marée, à mesure qu'elle se retire. Ils attachent aussi quelquefois au loin leurs filets en long, au pied de certains pieux fixés solidement dans le sable, et vont les visiter la marée suivante. Cette pêche leur procure de tems en tems des saumons, des turbots, des soles, mais le plus souvent des plies communes; et des coquillages.

(**) L'occasion la plus ordinaire de ces disputes, était la manière dont ceux qui s'en retournaient de ce voyage (tout chamarrés de cocardes, de plumets, d'écharpes garnies de coquilles, et sous la conduite d'un roi portant une légère couronne de plomb doré

Sept de nos rois ont eux-mêmes fait ce voyage fort religieusement ; savoir : Louis VII, en 1157 (**) ; saint Louis ; Philippe-le-Hardi ; Charles VI (***) ; Louis XI ; Charles VIII ; et François Ier. C'est dans son église paroissiale, bâtiment petit, mesquin et sombre, que se font maintenant les stations des pélerins.

sur son chapeau), exigeaient de ceux qui y allaient qu'*ils fissent honneur au Grand-Mont.*—Les derniers, pour satisfaire à cet usage, devaient *saillir le bois*, c'était le mot ; c'est-à-dire, sauter à pieds joints, et les deux mains derrière la tête, par-dessus un bâton, placé horizontalement à différentes hauteurs, selon qu'ils répondaient à la question captieuse qu'on leur faisait. — S'ils demandaient le *Grand-Mont*, ce bâton n'était mis que sur la pointe de deux pieds situés en regard l'un de l'autre, et dont les talons touchaient à terre : ce qui ne rendait pas le saut fort difficile. — Quand, au contraire, ils demandaient le *Petit-Mont*, en croyant avoir meilleur marché, le bâton en question était élevé jusque sur les épaules ; et l'on sent bien que dans ce cas-là il y avait impossibilité de *saillir* ; d'où s'en suivaient, comme nécessairement, des scènes tragiques, parmi une multitude confuse de gens grossiers, la plupart d'ailleurs échauffés par le vin. — La galanterie, comme de raison, exemptait les femmes de cette redevance ; mais, pour les hommes, il n'y avait guère de composition à attendre sur cet article.

(**) Henri II, roi d'Angleterre, et le cardinal Roland, depuis pape, sous le nom d'Alexandre III, s'y trouvèrent en même temps.

(***) Nous croyons faire plaisir à plusieurs de nos lecteurs, ne fut-ce que pour leur donner une idée du langage d'alors, d'insérer ici la charte d'*exemption de taxe sur leurs coquilles*, que ce prince accorda aux Montois, lors de sa présence en leurs murs, le 15 février 1394, suivant notre manière actuelle de compter, ou 1393, selon l'ancien style, où l'année ne commençait encore qu'à Pâques. — « Charles, etc. (y dit ce monarque), » savoir faisons à tous présens et advenir, nous avoir oye (ouï ou entendu) la suppli-» cation des povres gens demourans au Mont Sainct-Michiel, faisans et vendans » enseignes (petites médailles) de monseigneur Saint-Michiel, coquilles et cornez (trom-» pettes en terre et en cuivre), qui sont nommez quincaillerie, avecques autre œuvre de » plon et estaing getté en moule, pour cause des pélerins qui illec (là) viennent et af-» fluent ; contenant que comme pour gaigner et avoir leur povre vie et sustentacion, ilz » aient accoustumé de vendre lesdictes enseignes et aultres choses dessus déclairées aux » diz pélerins venans en pélerinaige audict lieu du Mont Sainct-Michiel, lesquelx ne sçau-» roient vivre, chevir ne gouverner d'aultre mestier, lequel mestier est si petit qu'il » convient qu'il se vende par mailles et par deniers, etc.; iceulx supplians, implorans » humblement que en nostre joyeux advénement audict lieu du mont Saint-Michiel, nous » plaise leur eslargir nostre grâce sur ce que dict est; pourquoy, nous, eue considéracion » aux choses dessus dictes, pour la singulière et espécial dévocion que nous avons au-» dict Mont Saint-Michiel, et aussi pour cause de nostre dict joyeux advénement audict » lieu, etc., avons octroyé par ces présentes, que eulx et leurs successeurs marchans, » faisans et vendans lesdictes enseignes, soient francs, quittes, et exems à toujours-» maiz de payer ladicte imposicion de 12 deniers pour livre pour cause de la vente des-» dictes enseignes, etc.; si donnons en mandement, etc.; le 15e jour de febvrier 1393. » Présens, Mrs les ducs de Berry et d'Orléans, le connestable, l'Amirault, les seigneurs de » Chastillon et d'Amont, etc. »

5.

Durant le règne de la terreur, on entassa dans l'abbaye plus de trois cents ecclésiastiques du département de Rennes et autres, qui n'avaient pu être déportés à cause de leurs infirmités ou de leur grand âge. — Ce mont s'appella alors, en langage révolutionnaire, le *Mont-libre*, et par grâce, le *Mont-Michel*. — Non contente d'avoir réduit ces prêtres fidèles à se partager souvent, pour un jour entier, une galette de deux sols entre quatre, l'humanité philosophique en vint au point de leur arracher jusqu'à leurs bréviaires, leur unique consolation dans les maux qu'ils enduraient, et dans ceux dont ils étaient menacés; car, à chaque instant, on leur annonçait qu'on n'attendait que l'ordre du représentant du peuple en permanence à Saint-Malo, pour les précipiter du haut des rochers dans la mer.

Aujourd'hui, par décret impérial du 6 juin 1811, ce local, et l'église même, sous la garde d'une compagnie de vétérans pour la surveillance, continuent de servir de maison de réclusion pour les criminels du département de la Manche et autres, qu'on y emploie, entre autres ouvrages, à une belle filature de coton établie par le sieur Gauchet, habitant d'Avranches; et spécialement à la détention du célèbre Lecarpentier, qui y a fait verser tant de pleurs pendant son proconsulat dans nos contrées, c'est-à-dire, depuis le 15 décembre 1793 jusqu'au 12 août 1794. — C'est-là, qu'après l'avoir observé, du haut des greniers où nous étions alors cachés, marchant en triomphateur dans nos rues, aux jours de sa toute-puissance, nous l'avons vu en 1821, le front humilié dans la poussière, et attendant les honneurs de la déportation, ramper au milieu de bandits qui pouvaient converser librement, tandis qu'il n'avait pas la permission d'adresser une seule parole aux gens du dehors... Et puis, qu'on doute qu'il est une autre justice que celle des hommes! justice dont l'œil ne dort point, et dont la main terrible sait toujours l'heure où elle se ressaisira du coupable qui se flatte vainement de pouvoir lui échapper !!! (*)

(*) Depuis que nous avons écrit ces lignes, la *Gazette de France* du 11 mars 1829 a annoncé, dans les termes suivans, la mort de ce grand coupable.... « Un homme, fameux » par ses cruautés, vient encore de disparaître de la scène du monde : c'est l'ex-convention- » nel Jean-Baptiste Lecarpentier, décédé au mont Saint-Michel, le 27 janvier dernier. » Né à Aesleville, près Cherbourg, il était, au moment de la Révolution, huissier à Va- » lognes; d'autres disent avocat. Nommé, en 1792, député du département de la Manche » à la Convention, il y vota la mort du Roi. Son discours dans le procès de ce prince est » assez plat; mais en revanche il est atroce. La Normandie et la Bretagne n'oublieront » pas les exploits de Lecarpentier dans ses missions : on en trouve les détails dans *les* » *Missionnaires* de 1793, de Fabry. Lecarpentier était l'effroi des honnêtes gens à Saint- » Malo, où il résida assez long-temps, et d'où il envoyait fréquemment des victimes au » tribunal révolutionnaire. Dénoncé après le 9 thermidor, mis en jugement en prairial » an III, il fut compris dans l'article du 3 brumaire an IV: depuis il vécut dans l'obscu-

On sait que les prodiges dont Dieu favorisa, dès le commencement, l'église abbatiale du mont Saint-Michel, étendirent rapidement au loin le culte du saint archange qui y avait apparu. — Saint-Mihiel, ville du duché de Bar sur la Meuse, en prit son nom dès l'an 709 même. — Les diocèses d'Avranches, de Coutances, de Dol, de Rennes et d'Aleth, s'empressèrent, de leur côté, d'admettre sa fête; et, en 1222, le concile d'Oxford, en Angleterre, la fit chômer à tous les curés de sa dépendance.

On sait aussi que cette apparition donna occasion à Charlemagne de peindre sur ses étendards l'image de cet esprit bienheureux, et de le prendre pour protecteur spécial de l'empire Français : et à Louis XI (*), d'instituer à Am-

» rité.... Il est dit dans *la Biographie des Hommes vivans*, qu'il ne signa point l'acte
» additionnel en 1815; mais c'est une erreur. Lecarpentier aurait donc dû sortir de
» France, suivant la loi du 12 janvier 1816 contre les régicides relaps; mais ou il resta,
» ou il rentra peu après..,. Il fut arrêté à la fin de 1819, et conduit dans les prisons de
» Cherbourg, comme ayant rompu son ban. *Le Constitutionnel* prit alors sa défense avec
» zèle : *Le fait est*, disait-il le 18 novembre 1819, *que M. Lecarpentier est un vieillard*
» *généralement aimé dans son pays, où il est connu par ses vertus, et surtout par sa*
» *bienfaisance....* Malgré ces *vertus*, la Cour Royale de Caen renvoya le régicide devant
» la Cour d'assises de Coutances. Il se pourvut en cassation; mais son pourvoi fut rejeté le
» 6 janvier 1820; et le 15 mars suivant, il fut condamné par la Cour d'assises à la peine
» de la déportation, comme ayant signé l'acte additionnel, et enfreint son ban.... On
» l'enferma en conséquence dans la maison centrale du mont Saint-Michel, où il est de-
» meuré jusqu'à sa mort. »

(*) « Ce prince, dit le père Hélyot (*Hist. des ordres mon. et milit.*, t. VIII, p. 370,
« in-4o), ordonna qu'il n'y aurait que 36 chevaliers dans cet ordre, dont lui-même
» se fit le souverain chef. — Il leur donna un collier d'or, fait de coquilles entrelacées
» d'un double lacs, posées sur une chaîne d'or, où pendait une médaille représentant
» le saint archange terrassant le diable. — Il les astreignit à porter tous les jours ce
» bijou à découvert, sur peine de faire dire une messe, et de donner une aumône
» de 7 sols 6 deniers tournois : excepté lorsqu'ils seraient à l'armée, en voyage, dans
» leurs maisons, ou à la chasse; cas auquel ils porteraient seulement la médaille, at-
» tachée à une chaîne d'or ou à un cordonnet de soie noire, et qu'ils ne pourraient
» quitter dans les plus grands dangers, même pour conserver leur vie »

Suivant les statuts que dressa le même monarque, statuts dont on peut voir l'analyse dans l'ouvrage précité, les chevaliers du nouvel ordre devaient être rayés du tableau pour cause d'hérésie, de trahison, de lâcheté, et de fuite dans le combat; et quitter, à leur réception, tous les autres ordres dont ils étaient décorés, excepté ceux qu'ils avaient reçus des empereurs, des rois et des ducs.

Dans la suite, François Ier fit divers changemens au collier décrit plus haut; et Louis XIV, en 1665, réduisit à cent le nombre des chevaliers, qui s'étaient trop multipliés. — La devise *immensi tremor Oceani*, dit M. de la Roque, fut en particulier ajoutée au bijou, par allusion au mont Saint-Michel; mais peut-être aussi la vanité du prince y eut-elle sa petite part.

Louis XVIII, par son ordonnance du 16 novembre 1816, régla derechef que le

boise., le 1er août 1469, « l'ordre militaire de monseigneur saint Michel, ar-
» change, premier chevalier qui, pour la querelle de Dieu, victorieusement
» batailla contre le dragon, ancien ennemy de nature humaine, et le trébu-
» cha du ciel. » — Depuis l'établissement de cette nouvelle chevalerie, les as-
semblées s'en tinrent constamment au Mont, jusqu'au temps où Louis XIV
les transféra en la salle des cordeliers à Paris.

On sait encore que cette abbaye, jadis beaucoup plus riche, n'avait pas, de
notre temps, moins de quarante mille livres de rente.; et qu'elle était non-
seulement, en quelque façon, la prison de l'ordre des bénédictins, mais, de
plus, un vrai lieu d'exil pour les grands criminels à qui l'autorité suprême
faisait grâce de la vie.

On sait enfin qu'en 1817, comme nous l'avons dit en la note 9, la Selune et
l'Ardée, qui coulaient auparavant ensemble du côté de Tombeléne, changèrent de direction, et se jetèrent, conjointement avec la Guintre, au
pied même de la porte du Mont, qui, à ce moyen, entoura à chaque marée.
tandis qu'avant ce fougueux caprice, il ne le faisait que dans les grandes
eaux. — Mais depuis 1821, où l'état des choses était encore tel que nous venons de le décrire, ces rivières ont repris à peu près leur ancien cours, et
laissé l'accès libre du côté du midi, en attendant de leur part de nouvelles divagations. — Dans un de ces derniers affouillemens, qui eut lieu en 1822
devant ladite porte d'entrée, la mer mit à découvert, à 10 pieds de profon
deur, un bout de chaussée pavée en grosses pierres, qui servait à monter à
cette porte, et qu'on n'y soupçonnait même pas : « Ce qui prouve, dit
» M. Blondel (p. 90), que la mer restitue en élévation sur ces grèves, ce qu'elle
» usurpe en étendue sur les rivages environnans. »

(34) *Tombeléne et ce qui y a rapport.* — Ce que nous avançons ici s'accorde
mal avec Le Baud (*Hist. de Bret.*, p. 60), qui fait dériver le mot de *Tom
beléne* de *Tumbe Hélenne;* parce que, selon lui, Hélenne, nièce du duc de
Bretagne Hoël-le-Grand, morte de la peur que lui causa « un géant de mer-
veilleuse grandeur, venu des parties d'Espagne, » et qui l'avait enlevée
pendant l'absence de son oncle, fut inhumée par sa nourrice sur ce rocher,
« qui prit dès-lors le nom du tombeau de cette pucelle. » — Mais nous suivons
l'histoire; et nous laissons à M. Le Baud la chronique, qui rappelle assez en

nombre des chevaliers serait réduit à cent; et que cet ordre serait spécialement destiné
à servir de récompense et d'encouragement aux Français qui se distingueraient, soit
par les lettres, les sciences et les arts, soit par des découvertes, des ouvrages ou des
entreprises utiles à l'Etat (*Alman. royal de* 1828).

ce point la fable d'Ariadne, fille de Minos, roi de Crète, abandonnée par Thésée dans l'île de Naxe.

Nous ne dissimulons pas aussi que plusieurs écrivains placent le temple de Bélénus sur le mont Saint-Michel même (*) ; qu'ils prétendent que Jupiter n'a jamais été honoré dans ce dernier lieu, quoique cette montagne ait porté le nom de *Mont-Jou*, qui, suivant eux, n'exprimait en celtique que l'idée de sa hauteur, à peu près comme les juifs disaient *mons Dei* pour signifier tout endroit élevé ; qu'ils soutiennent enfin que le rocher de Tombeléne ne s'est appelé ainsi que du mot *tumbella* ou *tumbellana* (petite tombe), diminutif, soit du gaulois *tum*, soit du latin *tumus, tumulus*, et *tumba*, parce qu'en effet sa forme lui donne assez l'aspect d'un tombeau à l'antique. — Mais comme une dissertation sur cet objet nous mènerait trop loin, nous nous bornons à assurer ici nos lecteurs, que, dans l'embarras du choix, nous avons cru devoir nous en tenir sur ce point aux autorités les plus imposantes (**). Il nous semble beaucoup plus utile de leur donner en peu de mots l'historique de ce roc, aujourd'hui habité presque exclusivement par des lapins.

Nous leur dirons donc que cette prétendue petite tombe est dans la réalité plus grande, mais moins pyramidale que le mont Saint-Michel. — Tous les jours elle est terre-ferme et île, selon que la mer monte ou baisse : et l'accès n'en est pas toujours sûr, à cause des grèves molles qui l'entourent. — La première mention bien authentique qu'on trouve de ce lieu, dit M. Blondel, date de 1135, année où Bernard, 13e abbé du mont Saint-Michel, voyant ce désert convenable à la vie contemplative, y fit bâtir, sous le titre de *prieuré*, un oratoire, et quelques cellules, tant pour lui que pour quelques-uns de ses religieux. — Jordan, l'un de ses successeurs, voulut, en 1212, que sa dépouille mortelle y fût enterrée. — Quelque temps après, Philippe-Auguste, roi de France, prévoyant que ce poste pourrait servir de point de débarquement aux Anglais, pour y faire leurs dispositions d'attaque contre le mont, fit construire un fort sur ce rocher, devenu alors presque solitaire. — Malgré ces précautions, les Anglais s'en emparèrent pendant la captivité du roi Jean II, en 1356, et s'y maintinrent jusqu'à ce que Charles V eût repris successivement les places occupées par eux. — Les mêmes ennemis s'en réemparèrent de nouveau sur la fin du règne de Charles VI, et y bâtirent,

(*) M. Daru, en particulier (*Hist. de Bret.*, t. 1, p. 9), a été de ce sentiment; mais à la page 51, il en est revenu au *mont de Jupiter*. — M. Blondel, pp. 3, 7, et 105, a fait la même chose.

(**) *Primi homines*, dit Maxime de Tyr (*Diss.* 38), *consecrârunt Jovi cacumina montium*. — (Voyez l'*Essai sur les antiq. du Morbihan*, par M. Mahé, in-8o, 1825, p. 144, etc.).

en 1417, un second château, flanqué de tours et environné de fortes murailles, dont on aperçoit encore quelques vestiges. — Ce château, long-temps occupé par les comtes de Montgommeri, possesseurs de grands biens dans le pays, devint ensuite un gouvernement militaire, où se passèrent quelques actions pendant la ligue en Bretagne : et le dernier qui en a été pourvu, est le surintendant Fouquet, qui le posséda jusqu'à sa disgrâce. — Durant sa longue détention, Tombeléne se détériora; et même Louis XIV donna, en 1669, des ordres pour en détruire les fortifications. Ce lieu servit alors d'asile aux fraudeurs de la côte, et à ceux de Jersey, pour y déposer leurs marchandises. — De nos jours, on n'y voit plus que les restes d'une porte garnie de forts gonds de fer; une rue étroite taillée dans le roc; quelques fondemens de maisons; et un amas confus de décombres. — Pendant la révolution, un habitant du pays l'acheta, et y a fait bâtir un petit corps-de-garde, pour loger les personnes préposées à observer et à rendre les signaux maritimes qui se donnent le long de nos côtes, au moyen d'une espèce de télégraphe de mer qu'on nomme *sémaphore*.

(35) *Le mont Dol.* — Cette énorme masse de pierres, absolument isolée au milieu des marais de Dol, y produit un effet à peu près aussi pittoresque que celui du mont Saint-Michel dans les grèves de ce nom. — Elle n'a pas moins de 150 pieds d'élévation; et n'a pas dans ses alentours un seul caillou gros comme le doigt. — Elle est un peu inclinée du nord au sud, et de forme presque ovale; et sa partie septentrionale surtout offre une côte brusquée de manière à exciter la stupéfaction. Plusieurs blocs monstrueux de pierre de taille y paraissent toujours prêts à se détacher de leur base, et à tomber sur ceux qui ont déjà fait le saut. — Au pied, vers nord, est une belle fontaine dite *de Godebourg*: et dans le flanc, vers l'ouest, se voient deux autres sources, dont l'une porte le nom de *Saint-Samson*. — L'église paroissiale de Mont-Dol, et le bourg, sont aussi au bas de cette montagne vers le sud-sud-ouest; et quelques maisons particulières sont dispersées dans le reste du contour. Le surplus de cette paroisse est dans le marais, et d'un desservice très-incommode durant l'hiver, où l'on n'y peut aller qu'en chaland, à cause des eaux qui en couvrent toute la surface. — Les flancs de ce monticule ne sont garnis que d'une végétation sauvage; spécialement de ce genêt épineux que les naturalistes nomment *ajonc* (*), et nos campagnards *jaon* ou *jan*.

(*) Ce *jonc marin* ou *landes*, comme on le nomme encore (*genista* ou *spartum spinosum*, *scorpius* ou *ulex europæus*), est une sorte de broussaille fort commune dans toute la Bretagne. — Elle y croît dans les terres incultes: et l'on appelle *jannais*, *jaonnaies*, ou *genêtières*, les endroits où il en vient beaucoup. — On connaît aussi cet

Son sommet est tapissé d'une herbe courte, où l'on met paître des moutons : et la perspective, de dessus cette espèce d'échanguette, est magnifique. On découvre de là le mont Saint-Michel, la côte de Normandie, les grèves de Cancale, Dol, tous les marais circonvoisins, et diverses communes dans toutes les directions. — On y voit aussi, sur la partie nord, un télégraphe qui entre dans la ligne de Paris à Saint-Malo ; les restes d'un sémaphore ; un corps-de-garde ; une sorte de petit vivier ou d'étang ; un gros tremble ; douze vieux châtaigners, dont deux ont au moins quinze pieds de tour par le bas ; et autant d'autres plus jeunes.

Quelque temps avant la révolution, les bénédictins du mont possédaient encore sur le mont Dol un hospice, et une chapelle avec bas-côtés. — Cette chapelle, sous le titre de *Saint-Michel*, leur avait été donnée, avec tous ses accessoires, en 1158 (*Mém. de D. Morice*, t. I, p. 774), par Hugues Rufus, ou *le Roux*, archevêque de Dol, de concert avec son chapitre. On prétend qu'elle avait été construite des débris d'un ancien temple de Diane la chasseresse. — On remarquait surtout dans ce lieu saint une pierre plate de 6 pieds 7 pouces et demi de long, sur 2 pieds et demi de large, dont la longueur avait

arbuste en Normandie, où on l'appelle *vignot* et *guignot*. — La multitude d'épines alternes et fortes dont il est entièrement hérissé, est égale pour le moins à celle de ses feuilles ; et chaque pied forme buisson. — Ses fleurs légumineuses sont d'un jaune très-vif ; et il se sème de lui-même, quand l'art ne s'en mêle pas. — Ses cendres fertilisent les terres sur lesquelles on en brûle le bois. — On le plante ordinairement sur les berges des fossés, pour tenir lieu de haies ; et sur les côteaux sablonneux, afin d'empêcher que le vent n'en porte le sable sur les grains, fruits ou bâtimens voisins. — Quand il est jeune, et que les autres fourrages sont rares, on en coupe à l'entrée de l'hiver les sommités, pour les bestiaux, qui en sont fort friands : et on les leur sert, après en avoir rompu les piquans, en les écrasant, soit sous une meule de pressoir, soit sous des pilons. — Sec, il devient presque aussi inflammable que la paille ; et alors on le met en barges, meules ou moies, comme on dit dans le pays, pour en chauffer les fours, et tous les objets où l'on a besoin d'un feu prompt et momentané. — Le cent de gerbes en coûte à Saint-Malo de 8 à 10 francs, selon sa qualité, et la charretée s'y compose de 200 gerbes. — On en met aussi des tas alternatifs à pourrir avec des couches de gazon : et quand le tout est bien consommé, cela fait un fumier excellent. — Si on laisse l'ajonc venir en pleine fleur, ses pousses contractent beaucoup d'amertume, et déplaisent alors au bétail. — Comme les branches en sont difficiles à rompre, peut-être pourrait-on essayer d'en faire des cordages. — Il se multiplie très-aisément de semence ; et trois pintes de graine suffisent pour un arpent. — On a éprouvé en dernière analyse, que cet arbrisseau n'épuise point la terre, et que le froment vient très-bien dans les champs où il a crû. — En Languedoc, et en Provence, on s'en sert pour carener les bâtimens de mer. — Pour en faire la récolte, on est obligé de se garnir les mains de cuir, afin de se garantir des pointes dont il est tout couvert.

été plus considérable autrefois. A quatre pouces et demi d'un des côtés de cette pierre, et sur sa longueur, était un rang de 9 quadrilatères en forme d'entonnoirs, dont chaque ouverture de 6 à 7 pouces allait toujours en se rétrécissant, de manière qu'ayant traversé la pierre, elle finissait par n'avoir plus qu'un pouce et demi en carré. Deux autres rangs de quadrilatères y étaient disposés dans le même ordre, le dernier à quatre pouces de l'autre bord. — On y voyait de plus une autre pierre percée de la même façon, mais qui n'avait jamais eu que 5 pieds de long, sur 2 pieds 8 pouces de large. — Ces deux pièces, dont on avait rempli les vides avec du plâtre, avaient été converties chacune en une table d'autel. — Le corps lui-même de ces deux autels était creux : et ces deux cavités avaient, dans un des murs de la chapelle, une issue par où une personne pouvait s'y glisser. — De toutes ces circonstances, il a semblé naturel à quelques-uns de conclure que ces pierres, et ce qui leur servait de support, avaient été primitivement destinées à ces sortes de sacrifices nommés *tauroboles*, où celui qui offrait devait être entièrement arrosé du sang de la victime : car il n'est pas vrai que cette sorte d'holocauste fût particulière à Cybèle, comme l'a prétendu l'auteur des *Mémoires de l'Académie des Inscriptions*, t. III, p. 106, in-12; puisqu'il est certain, au contraire, qu'elle était commune à tous les grands dieux du paganisme romain (Chompré, *Dict. de la Fable*, art. *Taurobolion; Dictionnaire de Trévoux*, art. *Taurobole*). — Les derniers morceaux de ces pierres, qui avaient été brisées en 1802 par les maçons chargés de construire la cage du télégraphe, furent enlevés quelque temps après par M. Anfray, ingénieur en chef du département d'Ille-et-Villaine, qui les emporta comme des objets de curiosité (*Mém. de l'Acad. celt.*, t. IV, p. 62). — Voyez ci-après note 47.

(36) *Ancien culte de Diane la chasseresse.* — Les anciens représentaient presque toujours leur Diane des forêts (*Diana sylvestris* ou *nemorensis*) dans l'attirail d'une chasseuse courant après son gibier, la trousse sur l'épaule, et l'arc à la main ; tandis qu'ils peignaient leur Diane porte-lumière (*Diana lucifera*) avec un croissant sur la tête, ou même sans croissant, couverte d'un grand voile parsemé d'étoiles. On voit dans Arrien et dans le Père Monfaucon, qu'entre toutes les fêtes qui avaient été consacrées à cette fausse divinité par les Romains, il y en avait spécialement une assignée aux ides d'août, qui ressemblait assez à celle qu'on appela depuis parmi nous la *Saint-Hubert*. Les chasseurs, durant le cours de l'année, mettaient en bourse, pour chaque lièvre pris, la valeur de deux oboles ; pour chaque renard, celle d'une dragme, etc. Lorsque le jour de leur patrone était arrivé, ils ouvraient cette bourse, et achetaient, de l'argent qu'elle contenait, une brebis, une chèvre, un veau,

ou même un taureau. Après avoir fait leurs dévotions, et offert les prémices de la victime, ils faisaient bonne chère, à la lueur des flambeaux, tant les hommes que les chiens, qui, ce jour-là, étaient couronnés, pour montrer que c'était à leur occasion que se célébrait cette solennité.

(37) *Petite ville de Châteauneuf.* — Châteauneuf de la Noe ou Noue, c'est-à-dire *sur les marais,* est une petite ville ou gros bourg à 2 lieues et demie de Saint-Malo, sur la route de Dinan et de Rennes. — C'est un ancien marquisat, sorti de l'illustre maison de Rieux, qui tirait elle-même son origine des anciens rois de Bourgogne, et qui avait des alliances jusque parmi les Bourbons. — Cette paroisse, dont le territoire est fort borné, peut contenir 5 à 600 habitans. — Elle doit ses commencemens et son illustration à l'antique château de Bure, que Henri Ier, roi d'Angleterre, fit fortifier en 1117, et où Hugues Boterel rompit, l'année suivante, une lance dans le visage de Baudouin VII, dit *la Hache,* comte de Flandre. — Ce château fut rebâti en 1441, pris et repris plusieurs fois durant les troubles de la ligue, démoli en partie par les Malouins, d'ordre du duc de Mercœur, en date du 22 octobre 1592, et finalement réduit, en 1594, par le commandement de Henri IV, à peu près à ce qu'il est aujourd'hui. — Il consistait, dans son état primitif, en un carré long, deux cours, un portail avec herse et pont levis, deux tours vers la ville, un donjon, une chapelle, et d'autres logemens; le tout entouré de fossés larges et profonds. — On n'en voit plus maintenant que les restes, proche du bâtiment neuf; sur une montagne voisine de l'église, d'où l'on jouit d'un spectacle vraiment pittoresque.

La terre et seigneurie de Châteauneuf fut derechef érigée en marquisat au mois de juin 1702, en la personne de M. Jacques-Louis de Béringhen, premier écuyer de Sa Majesté, gouverneur de Marseille, etc.: ce qui fut confirmé au mois de novembre 1746, en faveur d'Étienne-Auguste Baude de la Vieuville, au fils duquel appartient encore cette magnifique habitation.

A peu de distance, mais en la paroisse de Saint-Père, est le superbe fort à la moderne dit *de Châteauneuf,* qui est une des deux clés du Clos-Poulet, et dont la première pierre fut posée le 15 juillet 1777. — Les 13 mai et 4 juin précédens, monseigneur le comte d'Artois (aujourd'hui Charles X), et Sa Majesté Joseph II, empereur d'Allemagne, avaient daigné aller inspecter les remuemens de terre qui y étaient alors en pleine activité.

(38) *Mare et beugle de Saint-Coulman.* — Cet abîme, qui se dégorge par le Bié-Jean, « n'a (s'il faut en croire le procès-verbal de M. Picquet de la

» Motte, dressé en juin et juillet 1736) que deux pieds de hauteur d'eau dans
» l'été, en sa plus grande partie ; et tout au plus trois pieds dans le reste : » mais
dans l'hiver, devenu le réceptacle des eaux des terrains et marais adjacens, il se
déborde au point d'avoir dans sa plus grande crue souvent plus d'une lieue
de long sur presque autant de large ; et alors sa profondeur augmente en
proportion.

Son origine a servi de texte à plusieurs conjectures plus ou moins plausi-
bles. — Les uns ont cru que c'était la bouche d'une ancienne mine exploitée
par les Romains : d'autres celle d'un volcan éteint depuis des siècles (*) : d'autres encore, le résultat d'un affaissement subit, tel que celui qu'on soupçonne
avoir formé le gouffre de la Chévarache dans le Pertuis-Breton, entre l'île
de Rhé et la côte du Bas-Poitou ; ou celui qui eut lieu en effet, le 18 décembre 1596, dans le comté de Nortingham, près de Wafram, en Angleterre (**) ; ou enfin celui qui vient de s'opérer dans le fertile canton des
Vans, département de l'Ardèche (***). — Pour nous, s'il nous est permis
de donner aussi notre mot dans la solution de cette énigme ; nous avouerons
que ce petit lac nous paraît n'avoir jamais été autre chose qu'un dépôt creusé
en cet endroit, le plus bas des marais circonvoisins, par les tournoiemens de
l'Océan, quand il s'en retira, et qui a perdu peu à peu sa salure par l'affluence
des eaux douces qui s'y rendent en quantité de toutes les hauteurs environnantes.

Ce lac fut d'abord connu sous le nom de *mare Saint-Coulman* ; par
corruption de celui de *Saint-Colman* ou *Calomban* (*Colmanus* ou *Colum-*

(*) Un fait incontestable, qui détruit entièrement cette idée ; c'est qu'on ne trouve
pas dans tous nos environs la moindre trace de productions volcaniques, telles que
pierres-ponces, pierres de gallinace ou obsidiennes, etc., ni laves, ni brèches, etc.

(**) On y vit tout à coup un terrain de 80 perches de long sur 28 de large, s'en-
foncer d'environ 6 pieds, avec tous les arbres qui le couvraient ; et ces arbres ne
changèrent point de situation. Le lendemain il baissa de 15 pieds ; et il continua de
baisser jusqu'au jour où l'on ne vit plus de vestiges d'arbres ni de terre. Ce précipice
se trouva enfin rempli d'eau (*l'Observateur français à Londres*, 2e année, t. v, p. 128).

(***) « Le 14 octobre 1827 (dit *la Gazette de France* du 25 du même mois), dans le
» village de Naves, à un quart de lieue des Vans, plus de douze maisons ont été ren-
» versées par l'affaissement de cavités souterraines. Des prairies, de vastes terrains
» plantés de vignes, de mûriers, et d'autres arbres, se sont abaissés sans bouleverse-
» ment extérieur. L'affaissement continue toujours ; et le village, qui est considé-
» rable, est menacé d'être englouti tout entier. Comme l'ébranlement s'opère avec
» lenteur, et sans secousses violentes, les habitans des maisons déjà renversées ont eu
» le temps de se sauver avec leurs meubles les plus précieux. »

banus), fameux hermite breton qui avait bâti un oratoire (*) en cette partie de la forêt avant qu'elle eût été submergée, et qu'il ne faut pas confondre, comme l'a fait Le Propre de Dol (28 nov., lect. 6), avec le saint Colomb ou Colomban d'Irlande. — Dans le treizième siècle, on l'appela *la Crévée de Saint-Guinou ;* parce qu'il n'est guère éloigné de ce bourg que de mille toises. — Enfin, dans des temps postérieurs, on l'a surnommé *la mare de Coëtquen ;* par la raison qu'il a appartenu pendant bien des années aux seigneurs de cette famille.

Il n'éprouve aucun mouvement convulsif ou réglé, et n'a aucune communication avec la mer, quoiqu'en aient avancé sans la moindre réflexion certaines gens, qui ont supposé dans son milieu une fondrière en relation avec la Rance par-dessous Châteauneuf: mais il diminue beaucoup dans les sécheresses de l'été, comme nous l'avons dit ci-dessus; et, en ces temps-là, on peut pêcher dans ses vases profondes, non toutefois sans danger, de monstrueuses anguilles.

Il tarit entièrement au mois d'août 1802 : événement dont, de mémoire d'homme, il n'y avait jamais eu d'exemple. — Quelques individus dignes de foi, habitans de ses bords, nous ont assuré qu'en cette circonstance ils avaient remarqué au milieu plusieurs têtes de rocher de médiocre grosseur : ce qui achève de détruire de fond en comble toute conjecture d'ouverture de mine ou de volcan.

Au mois de juin, il n'a guère qu'un quart de lieue, et ses alentours offrent en général plus de terre noire que de terre blanche : ce qui est un signe irrécusable que la mer n'y a pas autant travaillé, ni autant séjourné, que dans les autres endroits plus rapprochés d'elle.

Dans son état primitif, il était, ainsi que tous ses environs, couvert de bois de haute-futaie et de halliers, dont on retrouve encore chaque jour, en creusant à quelques pieds de profondeur, de très-nombreux restes, mélangés avec des coquilles terrestres et marines, de la bruyère, et de la tourbe, sorte de terre grasse et de gazon noirâtre et sulphureux propre à brûler quand il est sec.

Il résulte des opérations que fit en cette partie-là M. Roussel, ingénieur sous les ordres de M. de Vauban, qui voulait détourner par-là le Couësnon, et de celles qu'y ont faites depuis par plusieurs autres officiers du génie dont nous avons consulté les mémoires, que tous les marais sans exception en

(*) En 1249, Étienne, évêque de Dol, du consentement de son chapitre, transféra aux moines du Tronchet, en Plerguer, le peu de biens qui se trouvait encore alors dépendant de cet antique monastère.

avant ou en arrière, sont plus ou moins au-dessous du niveau des hautes
mers d'équinoxe : et c'est ce qui en a rendu jusqu'ici le desséchement aussi
imparfait que dispendieux. — Ces marais, aux approches de la mare surtout,
sont inondés pendant plus de la moitié de l'année : et ils sont si spongieux,
que la plus grande portion en a été long-temps un peu tremblante; spécialement après qu'Anne d'Aiguillon, épouse de Jean-Gustave de Rieux,
marquis d'Assérac, et comte de Châteauneuf, eut permis aux riverains, vers
l'an 1678, d'y aller couper des mottes, pour leur chauffage; ce qui obligea
alors plus que jamais à ne pas s'y hasarder inconsidérément. — La plupart ne
produisent que des herbes palustres et marécageuses d'un très-petit rapport,
telles que les sphaignes, la callune-bruyère, l'iris jaune, les prêles, les
joncs, les scirpes, les carex, l'alopécure ou gramen uligineux, le phleum,
ou fleur de la passion, le polytrique vulgaire, le ledum, les conferves, les
volans-d'eau, les callitrics, les nénuphars, les souchets, les choins, les pesses,
les massettes, les ériophores, les équisétum, et particulièrement une espèce
de roseau que l'on nomme de la Bedoue, propre à couvrir les granges : cependant en quelques endroits un peu élevés, les bestiaux s'y nourrissent
très-bien. Il y a même par-ci par-là quelques langues de terre où l'on re-
cueille des foins aussi bons que ceux qui croissent dans les grande et petite
beaussaines sous Bonnaban. — Au demeurant, il est à noter que si l'on voulait procurer un entier écoulement à cette mare, ce serait, selon le projet
de M. de Vauban (*), vers la Rance, par Châteauneuf et les Moulins de
Beauchet, que l'on aurait plus d'espoir de succès. Les frais, croit-on, n'en
dépasseraient pas 250 mille francs; et l'on y gagnerait 8 à 900 hectares de terrain. Un certain M. Bocquet, ancien ingénieur résidant à Paris, est le dernier, à notre connaissance, qui ait pensé à en faire l'entreprise. Il écrivit à
cet effet, en 1819, au préfet de Rennes, qu'il était prêt à réaliser de suite
les fonds nécessaires : mais la permission d'opérer ne lui ayant pas été accordée, la chose en est encore cette fois restée là.

Tout le monde a entendu parler du mugissement lugubre qui semble sor-

(*) Les vues de ce grand homme consistaient à prendre le Couësnon ; soit à Antrain,
pour l'amener, par la Vieuville, sous Dol; soit à Pont-Orson, pour le conduire au même
point le long des sinuosités de la côte; et à le diriger de là jusqu'à la gorge de Châteauneuf, où, à l'aide d'une légère saignée faite à droite ou à gauche, on l'aurait
dégorgé dans la Rance. — Cette grande opération aurait eu sans doute elle-même ses
difficultés : mais en retour, elle aurait eu pour elle l'avantage de mieux dénoyer les
marais adjacens, par l'effet de la pente presque insensible qu'ils ont tous vers la mare
Saint-Coulman, et celui de rendre incomparablement plus florissant le commerce de
Pont-Orson et de Dol avec Saint-Malo.

tir du creux de cet abîme dans certaines belles nuits, et qui retentit à plus d'une lieue à la ronde. — Le peuple l'appelle le Beugle de Saint-Coulman, et a forgé sur ce fait très-réel, mille contes tous plus absurdes les uns que les autres.— Ce bruit, vraiment effrayant dans le silence des ombres et de la solitude pour qui n'en connaît pas la cause, n'est dans le fond que le cri du butor ou *vac*, espèce de héron poltron, erratique et fainéant, que l'on nomme *galereau* ou *gallerand* en Bretagne, et que les Latins appelaient *ardea stellaris*, à cause des taches en façon d'étoiles dont son plumage rougeâtre est moucheté. Cet oiseau est de la grosseur d'un coq, et haut sur jambes: ses pieds, armés de longs ergots, ne sont pas palmés: il n'est que sauvage et farouche, et il se tient toujours à la queue des vastes étangs, où il se cache parmi les joncs, pour faire la chasse aux poissons et aux grenouilles. Les naturalistes lui donnent encore le surnom de *taurus*, *mugitaurus*, et *bos-taurus* ; parce que, quand il crie, le bec plongé dans l'eau ou dans la boue, pour mettre sa proie en mouvement, il rend, dit Belon, un son sourd et fort, qui imite assez bien le mugissement d'un taureau. Son cri ordinaire de toute l'année, et dont il fait usage surtout en volant, est un son grave, qui semble exprimer ces deux syllabes *cob*, *cob*. Il paraît voyager en automne ; et le mois de décembre est celui où l'on en voit un plus grand nombre dans nos provinces. Son bec, long de 5 à 6 doigts, est dangereux, et l'animal s'en sert parfaitement bien, quand on l'attaque. Nous avons vu trois de ces oiseaux, l'un vivant, et les deux autres morts. — Les géographes Robbe (t. 1, p. 467), et Buache (t. 1, p. 142), parlent de deux lacs, l'un proche de Béja en Portugal, l'autre nommé Véter dans la Suède méridionale, qui, quand l'air est fort chargé d'eau, ou tourné à l'orage, font entendre au loin un bruit pareil à celui que nous venons de dire. Peut-être n'est-il pas improbable que ce bruit ait aussi la même origine.

(39) *Petite ville de Cancale.* — L'église paroissiale de Cancale, rebâtie en 1715, est ancienne : et tout porte à croire qu'elle remplaça, au commencement du onzième siècle, celle de Portz-Pican tombée en ruines. — Ce qu'il y a d'avéré, (*Mém. de Mor*, t. 1, p. 372 et 379), c'est qu'en 1032 le duc de Bretagne Alain III confirma la donation que son père et sa mère en avaient faite ci-devant à l'abbaye du mont Saint-Michel.

La baie à laquelle elle a donné son nom, est terminée par une ligne tirée de Cancale même à Granville : et c'est au village de la Houle, distant d'un quart de lieue, qu'est le Havre, dont la mer se retire à plus d'une demi-lieue en vive eau. — Ce village est défendu par une digue ou falunière de 132 toises de long, qui fut construite aux frais de la province, et qui est composée en entier de détritus de coquilles.

Cette commune en totalité peut contenir 4,000 habitans ; et l'on y trouve de fort bonnes eaux minérales. — Sa rade, en général excellente, est aujourd'hui bien défendue.

Cancale fut décorée du titre de ville par lettres-patentes de François Ier et de Henri IV : ce qui fut confirmé par Louis XIII en 1636, et par Louis XIV en 1648.

On dit, en proverbe, dans les contrées voisines, *envoyer quelqu'un à Cancale manger des huîtres ;* pour signifier l'envoyer promener.

Ce lieu est devenu célèbre par la descente que les Anglais y firent le 5 juin 1758 ; et qui coûta si cher à la marine malouine.

On s'y souviendra aussi long-temps de la grêle de boulets que ces mêmes insulaires y firent pleuvoir le 13 mai 1779, jour de l'Ascension ; et dont un entre autres pénétra dans la chambre à coucher du recteur, où il fit son trou dans le mur formant la venelle du lit. — On l'y a fait encastrer depuis, au milieu d'une plaque de cuivre où se lit l'inscription suivante : *Cur feris hanc, insane, domum ? hic pax sacra moratur* (*) ; avec ces mots au-dessous : *hic globus emissus fuit ab anglicâ nave, die 13 maii 1779, Joanne Le Moine rectore, nec-non ex abbatiâ de Soreze regio convictore.*

Cancale est aujourd'hui chef-lieu de canton, dans l'arrondissement de la sous-préfecture de Saint-Malo.

(40) *Anse et fort Duguesclin.* — Cette anse a dans sa partie orientale, et presque attenant à la côte, un gros morne ou mondrain, élevé de 73 pieds au-dessus du niveau de la haute mer, qui en laisse une grande partie à sec en se retirant. — Ce roc se défend presque de lui-même par ses escarpemens ; indépendamment des batteries de canon et de mortiers qu'on y a établies pour protéger le mouillage qu'il a à peu de distance vers le nord-nord-ouest, et nétoyer l'anse en cas de descente de l'ennemi. — Il est à deux lieues un tiers de Saint-Malo, qui ne l'a point en vue. — C'est la plus ancienne fortification avancée de cette place, après celle du château de la Latte.

Bertrand II du Guarplic, dit *le Jeune,* l'un des ancêtres du fameux Bertrand Duguesclin, ayant abandonné son manoir appelé le *Château-Richeux,* en Saint-Meloir, sur la gauche du grand chemin actuel de Saint-Malo à Dol,

(*) « Pourquoi, insensé, viens-tu frapper cette maison? elle est la demeure de la » sainte paix. »
» Ce globe de fer a été lancé en cet endroit par un navire anglais, le 13 mai 1779, « sous le rectorat de Jean Le Moine, pensionnaire de l'abbaye royale de Soreze. »

et à l'entrée des grèves, manoir que sa famille possédait depuis près de cent ans, en fit construire un autre plus fort, en l'année 1160, sur le rocher dont nous parlons, et lui donna son nom. — L'an 1207, Pierre du Guarplic, fils du précédent, joint à quelques autres barons de Bretagne, partisans du roi d'Angleterre Jean-Sans-Terre, « garnit ledit chastel d'armes, d'hommes, de » vivres et engins de guerre, et recevoit dedans les Anglois, ennemis du » royaume de France, qui endommageoient la province. Sur quoy Juhaël de » Mayne (*), second du nom, homme noble, vaillant et loyal, alla au roy » Philippe-Auguste, et luy en fit complainte. A son instance, le monarque » françois, en 1209, rassembla exercite (une armée) à Mantes, et l'envoya » en Bretaigne, avec Henry comte de Saint-Pol, et le dit Juhaël, qui assailli- » rent vertueusement (*cum virtute*, avec bravoure) ledict chastel, le prin- » drent, et garnirent de leurs féaux : puis le bailla, ledict comte de Saint- » Pol, à garder audit Juhaël, vicomte de Dinan, par Gervaise sa femme. »

Dreux de Mello succéda à Juhel de Mayenne dans le commandement du château du Guarplic, et se démit de son gouvernement en 1284, par ordre du roi saint Louis, en faveur de Josselin (d'autres disent Solin ou Soliman) de Léon, du consentement de Henri d'Avaugour, à qui la garde de cette for- teresse avait été promise trois ans auparavant.

Depuis ce temps-là, il n'est plus parlé de ce château jusque vers l'an 1259, qu'étant peu à peu tombé en décadence, Bertrand, 3e du nom, l'aban- donna ; « et non loing d'icelluy, en la mesme paroisse de Saint-Colomb, en » fist bastir ung autre, qui de luy fust nommé le *Plessix-Bertrand*, ou » comme d'autres disent, le *Plaisir-Bertrand*. »

Ce ne fût cependant que sous le règne de Henri III, et par son ordre, que les restes du château du Guarplic, dit maintenant le *fort Duguesclin*, fu- rent à peu près entièrement rasés ; ainsi que le fût sous Henri IV, le château du Plessis-Bertrand lui-même. (**) — On n'y laissa subsister que les bases de

(*) C'est de ce seigneur, que Mayne, aujourd'hui Mayenne, ville du Maine vers les frontières de la Normandie, a tiré son nom.

(**) *Ancien château du Plessis-Bertrand* — Ce fut à la demande des Etats eux-mêmes, ouverts à Rennes le 18 mai 1598, que le Plessis-Bertrand, où les Malouins avaient commencé des démolitions dès le 28 septembre 1591, fut enfin réduit à l'état où il est maintenant, c'est-à-dire à quelques ruines absolument méconnaissables. — On n'y voit plus debout, du côté du nord où était le pont-levis, que la porte d'entrée, surmontée d'un pan de mur où était la cheminée principale, et accolée de deux mauvaises tours, l'une à droite, l'autre à gauche. Tout le surplus est, ou couvert d'arbres et de buissons, ou renversé dans les douves. — Ces restes sont à un quart de lieue du bourg de Saint-Coulomb, sur la gauche du chemin vicinal conduisant de ce bourg à la grande route; et à une portée de fusil avant d'arriver à la métairie du Fieu, qui est en Saint-Meloir.

deux ou trois tourelles , et le superbe puits de 10 à 12 pieds d'ouverture , creusé dans le roc vif à une très-grande profondeur, qu'on voit encore actuellement sur la cime même du rocher.

En 1589, Charlotte de Montgommery, douairière de Beaufort, vendit à Gui de Rieux, seigneur de Châteauneuf, la terre du Plessis-Bertrand , avec toutes ses dépendances, ainsi que l'emplacement du Château-Duguesclin, qui continua de rester à peu près désert.

La guerre ayant été déclarée à l'Angleterre par la France le 20 juin 1756 , M. le duc d'Aiguillon , alors commandant en Bretagne , donna ordre à M. de Mazin, ingénieur en chef à Saint-Malo, de relever au plus tôt les fortifications de l'île Duguesclin , ou , pour mieux dire , d'y en construire de nouvelles ; ce qui s'exécuta aux années 1757 et 58 , presque en la manière que nous le voyons aujourd'hui.

(41) *Fort de la Conchée.* — Ce beau fort à la mer, à 2,000 toises au nord-quart-nord-ouest de la partie la plus septentrionale de Saint-Malo , est un des chefs-d'œuvre de M. de Vauban. — Il couvre tout l'ancien roc de Quince, et est à double batterie. — Il fut commencé en 1689 : et sa dénomination lui vint du latin *concha* (conque, coquillage vasculeux), qui exprime sa configuration. — Les Malouins le regardent en quelque sorte comme leur principal palladium : et il n'est distant que de 100 toises à l'ouest de la passe à laquelle il a donné son nom. — Il croise fort avantageusement ses feux avec plusieurs autres points ; et sert beaucoup pour la correspondance des signaux en temps de guerre. — On prétend que sa construction entière a coûté plus d'un million à l'État. Elle souffrit en effet les plus grandes difficultés, tant par l'embarras du transport des matériaux , que par le fracas de la mer, qui y est presque toujours dure et houleuse. Tandis que l'ouvrage dura , ce fou-

— La terre du Plessis-Bertrand , avec parc et bois de décoration , relevait noblement des évêques de Dol; et fut érigée en comté au mois de juin 1702 , en faveur de M. Jacques-Louis de Béringhem , déjà cité à la page 75. Sa haute justice s'étendait sur plusieurs paroisses environnantes ; et venait, comme nous l'avons dit plus haut (page 5) , jusqu'à la Hoguette, ou plutôt jusqu'à la croix de pierre dite *de mi-grève* , qui est sur les sables proche du dernier moulin, laquelle en faisait la séparation d'avec celle des seigneurs ecclésiastiques de Saint-Malo. Ses principaux bailliages étaient ceux du Lupin , de Saint-Ydeuc , de Paramé et de Rotheneuf. Son chef-lieu était à Cancale : mais elle avait droit d'auditoire dans le bourg de Saint-Coulomb; droit de bris sur la côte voisine ; droit de percevoir une redevance de 3 livres par an, connue sous le nom de *palotage* , sur chaque vaisseau , gabarre , et bateau pêcheur, qui s'amarraient sur les palots ou pieux de bois établis dans le havre de la Houle , en Cancale même. — Il est inutile de dire que la révolution a mis fin à tout cela , comme à bien d'autres choses.

gueux élément en emporta à diverses reprises pour plus de cent mille francs : et aujourd'hui encore, dans les grandes tempêtes qui soufflent du nord-ouest, il n'est pas extrêmement rare de voir les vagues le couvrir entièrement de leur écume ; et même bouleverser sur sa plate-forme des pièces d'artillerie d'un certain calibre, quoique cette plate-forme ait 33 pieds au-dessus de la plus haute mer, et 78 au-dessus de la plus basse, si bien qu'on y est quelquefois trois ou quatre jours sans sortir des souterrains, ni oser paraître sur le haut fort. Il y avait d'ailleurs dans le contour du roc des défauts si profonds, et si malaisés à remplir pour l'arrondissement du lieu, qu'on n'y pouvait guère consacrer que douze heures par an, lors des basses mers d'équinoxe, quand encore l'impétuosité des flots ne s'y opposait pas. — Les Anglais essayèrent en vain de le ruiner dans son commencement, lorsqu'ils vinrent bombarder la ville de Saint-Malo les 26 novembre 1693 et 14 juillet 1695.

(42) *Ile de Césambre, et tout ce qui y est relatif.* — L'île de Césambre ou *Sezembre*, depuis son entier isolement par la mer, n'a guère que la moitié de l'étendue qu'a l'enceinte de notre ville, qui l'a en vue à 2,300 toises vers le nord-nord-ouest. — Sa pente est au midi ; ce qui lui est commun avec plusieurs autres points de cette côte : et sa longueur est et ouest, est comme partagée en deux montagnes, par un vallon intermédiaire. — Derrière, au nord, est un rocher extraordinairement élevé, escarpé perpendiculairement, et dont les amoncellemens en amphithéâtre sembleraient avoir été faits artificiellement, en entassant des pierres énormes les unes sur les autres. Du reste, toute cette partie septentrionale est bordée de précipices plus ou moins affreux, qui en rendent l'accès très-difficile de ce côté-là, surtout quand la mer est agitée : cependant, en temps de guerre, et dans des jours calmes, on a vu des péniches anglaises se nicher dans les rentrans des récifs qui longent ces falaises, pour y tenter quelques surprises sur nos bâtimens de commerce à leur sortie. — Deux autres rochers également colossaux, d'un aspect imposant, et pareillement détachés, s'y font aussi remarquer de Saint-Malo même ; l'un à l'orient, et l'autre à l'occident. Les flots sont presque continuellement autour d'eux dans une grande occupation, et travaillent avec acharnement à les détruire. — En retour, la plage méridionale offre plusieurs points accessibles : spécialement vers son centre, où est une grève de sable belle et commode. On y débarque ordinairement dans une espèce de crique qui peut avoir 100 pieds de profondeur sur 60 de largeur, par une entrée formée, à l'est, de pierres jactices placées sans art ni ciment, et à l'ouest, par les rochers de la côte.

6.

En général , tout paraît dans cette île muet et sans vie ; excepté l'herbe , qui y est si épaisse en quelques endroits, qu'on croirait marcher sur un matelas. — Cette herbe , trèfle et foin, est par-ci par-là entremêlée de fougère, de vipérine, de mauve, et de quelques touffes de jan. — Le surplus du terrain , absolument nu et dépouillé , n'offre qu'une surface monotone, où l'on voit courir beaucoup de petits lézards gris (*), qui ne font aucun mal , et quelques lapins blancs et noirs. — On y trouve aussi du talc en feuilles, blanc, uni, et transparent ; et deux fontaines d'une fort bonne eau, dont l'une au sud près de la maison dont nous parlerons bientôt, et l'autre dans l'ouest, également en face de la ville.

Depuis l'an 709, que l'Océan commença à réduire ce rocher à l'état où il est présentement, il n'a jamais eu qu'un très-petit nombre d'habitans fixes : et il faut avouer que sa stérilité naturelle , jointe à la difficulté de ses communications avec la terre-ferme, s'opposera toujours à ce qu'il se couvre , du moins pour y faire un long séjour , d'une population considérable.

En l'an 1108, qu'il tenait encore au continent, ou à peu-près, il fut occupé par quelques anachorètes qui ne désiraient que d'y vivre inconnus au monde ; et sur lesquels l'histoire ne nous a rien transmis.

Le 22 mai 1420, il le fut par un prêtre de Saint-Malo nommé Raoul Boisserel, à qui l'évêque et le chapitre, seigneurs conjoints de cette île, et qui y avaient en ce temps-là leur garenne, permirent d'y mener la vie érémitique. — La cellule de ce dévot personnage ne subsiste plus depuis long-temps : mais on voit encore l'oratoire qu'il avait dédié à Dieu sous l'invocation de saint Brandan, père spirituel du saint évêque Malo, et son compagnon de voyage lors de son arrivée en nos contrées. Ce n'est à proprement parler qu'une grotte

(*) Ce reptile à quatre pattes (*lacerta minor et vulgaris*), dont la longueur totale n'excède pas cinq pouces, est commun dans nos alentours, et est absolument sans venin. — Il est assez familier ; ne s'effraie point de la présence de l'homme ; court avec beaucoup de rapidité ; supporte volontiers la plus grande ardeur du soleil ; et fait sa retraite dans le creux des rochers ou des murs. — Il reste comme engourdi dans l'hiver ; se réveille au retour du printemps ; et ne fait la guerre qu'aux petits insectes. — Il lance avec beaucoup d'agilité sa langue innocente et fourchue : ce qui n'empêche point les enfans d'en faire leur jouet, soit en l'enfermant dans des boîtes pleines de son , soit en le faisant battre avec quelqu'un de ses pareils. — Si l'on met dans sa gueule un peu de tabac en poudre, il entre aussitôt en convulsion, et meurt quelques momens après. — Une singularité remarquable qui le distingue, c'est qu'on en rencontre quelquefois qui ont deux ou trois queues : bonne fortune pour les personnes superstitieuses, qui regardent cette trouvaille comme le présage d'un bonheur prochain ; mais bifurcation qui est due probablement à l'extrême fragilité des vertèbres de la queue principale, que le moindre accident suffit pour déranger.

irrégulière et fort petite, située vers le haut et le nord de l'île. Sa longueur en dedans n'est guère que de dix pieds ; sa largeur moyenne de cinq ; et son élévation sous voûte, de six à sept. Deux rochers qui se rapprochent vers le dessus, en ont fait à l'extérieur presque tous les frais : mais son intérieur est crépi à chaux et à sable.

A ce pieux ecclésiastique, succéda un autre individu que les auteurs n'ont désigné que par le nom de Pierre le Solitaire ; lequel y subsistait encore pauvrement, lorsqu'une colonie de cordeliers de l'Observance, sortie de L'île-Verte proche Bréhat, obtint de notre évêque Jean l'Espervier, en 1469, d'y venir fonder un couvent, dont on ne voit plus aujourd'hui que quelques faibles restes.

La vie austère et réformée que menaient ces bons pères, ne tarda pas à leur attirer de grandes aumônes de la part de notre cardinal Guillaume Briçonnet, des Malouins, et d'autres habitans du diocèse : ce qui les mit en état de se bâtir en fort peu de temps une maison si considérable, qu'ils purent y tenir le chapitre général de leur province les 12 avril 1497, et août 1583. — Ce monastère, situé vers le bas de l'île entre les deux montagnes précitées, était distribué ainsi qu'il suit : l'église, de vingt toises de long, faisait face à la ville ; les jardins étaient à l'est de ce temple : et les bâtimens claustraux étaient derrière l'église et les jardins ; le cloître avait environ seize toises en tout sens : les autres logemens, à proportion. Il ne reste plus aujourd'hui de tout cela que quelques pans du mur de clôture, moitié debout, moitié renversés. — Il y avait en outre aux quatre coins de l'île quatre petites chapelles : celle de Saint-Sauveur, dans la partie est ; celle de Saint-Michel, au nord ; celle de Saint-Joseph, sur le haut de la partie ouest, où était aussi le Moulin des Moines ; et enfin celle de Notre-Dame de l'île, au sud, sur ce rocher au milieu de la grève qu'on voit de Saint-Malo.

Cet ordre de choses continua à peu près tel que nous venons de dire, jusqu'au 4 octobre 1518, que le roi de France François Ier, présent en nos murs, eut la dévotion d'aller honorer son patron sur Césambre, le jour même de son arrivée. — Pendant qu'il fut sur ce rocher, on lui fit remarquer un endroit assez proche, où quelques vaisseaux richement chargés d'or et d'autres effets précieux avaient depuis peu fait naufrage. Le prince y fit attention ; et donna quelque temps après ordre à un habile plongeur nommé Barthélemi de Candie, Grec d'origine, de retirer du sein des eaux le plus qu'il pourrait de ces matières ; avec promesse qu'il aurait pour lui la moitié des marchandises, et les deux tiers des espèces monnayées. — Le lendemain, le monarque daigna faire tenir en son nom sur nos fonts de baptême, par Galéas de Saint-Severin, son grand-écuyer, le fils d'un des principaux habitans de cette ville, dont voici mot pour mot l'extrait de naissance. « Le 5e jour

» d'octobre, l'an mil-cinq-cent-dix-ouict, fut baptizé ungn filz à Jehan
» Grout et Jehanne Brulle sa femme ; et fut grant compère, noble homme
» Franczoys Galleaze, grand écuyer de France ; et fut nommé Franczoys
» au nom du roy, lequel est alors présent en Sainct-Malo ; et petit compère,
» Michel Brulle, et commère, Perrine Chenu ; baptizé par le vicaire-curé
» Maîstre Lancelot Ruffier. »

Le 2 mai 1544, les Anglais descendirent sur Césambre ; et, à la manière des
nouveaux évangélistes, ils firent toutes sortes d'outrages aux religieux. — Ils
avaient déjà emballé les ornemens de l'église, et tout ce qu'ils avaient trouvé
à leur bienséance, lorsqu'une troupe de jeunes Malouins, M. de Bouillé leur
gouverneur à leur tête, tombèrent sur les pillards, en tuèrent la meilleure
partie, et recouvrèrent ce qu'ils voulaient emporter.

Pendant la ligue, les habitans de Saint-Malo entretinrent à leurs frais une
garnison de vingt hommes sur ce roc, et élevèrent tout autour quelques mé-
chans retranchemens en terre, dont il ne subsiste plus le moindre vestige.

Le 22 juin 1606, M. Philippe de Béthune, duc de Rosny, et frère puîné
du grand Sully, lieutenant-général de Henri IV dans les évêchés de Rennes,
Saint-Malo, Dol et Vannes, qui était venu par curiosité voir notre ville, eut
la fantaisie d'aller s'amuser sur Césambre. — Il était accompagné de Bertrand
Duguesclin, surnommé *le Sage-Roberie*, de plusieurs autres gentilshommes
de marque, et d'une certaine quantité des principaux habitans. Mais, tandis
que l'on était en fête, il se leva un fort vent, qui dégénéra en une tempête
véritable. — L'avis des plus prudens était qu'on restât dans l'île, jusqu'à ce
que le ciel se fût éclairci. M. de Béthune, au contraire, impatient de regagner Saint-Malo, ordonna le rembarquement. — Il se fit : et déjà l'on était
au large, quand tout à coup la mer s'enfla d'une manière beaucoup plus fu-
rieuse. — Malgré l'habileté des pilotes et des équipages, plusieurs des bateaux
ne purent résister à la violence des vagues, et s'engloutirent misérablement
à la vue du chef de cette déplorable expédition, qui n'échappa lui-même
qu'avec la plus grande peine au danger. — Dix-sept ans plus tard, c'est-à-dire
le 16 juin 1623, Bertrand Guillaume, sieur de la Corbinais, alors syndic, et
Thomas Cochon, sieur des Lauriers, pour perpétuer le souvenir de cette catastrophe, et remercier le ciel d'en avoir réchappé, fondèrent à perpétuité
dans notre cathédrale la fête de Saint-Aaron au 22 du même mois (jour du
naufrage) ; et firent peindre à leurs frais cet événement, dont le tableau se
voyait encore en 1790 dans la sacristie du chapitre.

En 1612, les récollets de Bretagne remplacèrent les cordeliers sur Césambre : et la ville fournit à leurs besoins, comme elle avait fait à ceux de leurs
prédécesseurs. — Alors la dévotion de se faire enterrer dans cette solitude
s'établit chez beaucoup de nos concitoyens : tels que le père Launay, jésuite,

le 8 octobre 1628 ; Marie Thumbrel, le 28 mars 1632 ; Colette le Veilleux, le 14 décembre 1635; Catherine Bernard, le 20 juin 1636 ; Perrine Porcon , le 22 novembre 1639 ; Jean Le Gouverneur, le 21 février 1640 ; Etiennette Fleuriot, veuve Duval, le 17 février 1655 , etc.

En 1668 , le chapitre provincial des nouveaux religieux tint en ce lieu : et c'était à cette époque la coutume, que chaque navire qui revenait du long cours leur donnât tout ce qu'il lui restait de vivres.

Les récollets bretons se maintinrent sur ce pied dans l'île , jusqu'au 27 septembre 1683, que ceux de la Haute-Bretagne commencèrent à vouloir s'incorporer à leurs confrères de la province d'Anjou, autrement dite de *Sainte-Marie-Magdeleine*, tandis que les autres s'obstinèrent à rester tels qu'ils étaient. — Par l'effet de cette division, qui tourna selon les vœux des religieux magdelons, ces derniers, qui avaient déjà un hospice dans l'enceinte de Saint-Malo , furent admis dans la maison de Césambre : et le 29 avril 1688 , ces deux couvens furent pourvus chacun d'un gardien de la province d'Anjou.

Sous leur nouveau nom , les récollets continuèrent de résider paisiblement sur leur rocher, jusqu'au 27 novembre 1693 , que les Anglais, venus la veille pour bombarder Saint-Malo , incendièrent en entier leur couvent. — Deux simples frères , dont un goutteux et l'autre sourd, et un jeune père irlandais fou, étaient restés pour garder ce local: la peur avait fait prendre la fuite à tous les autres. Les ennemis, qui ignoraient la faiblesse de cette garnison, commencèrent par une décharge de mousqueterie , et s'avancèrent en bon ordre: mais ils ne purent s'empêcher de rire , quand ils aperçurent notre goutteux, vieillard d'ailleurs de 62 ans, et fort simple , qui venait leur faire la révérence , et les prier d'entrer au refectoire. — Ils s'y rendirent en effet : et après s'être régalés à leur aise , ils se livrèrent dans le monastère à toutes sortes d'excès. Les uns s'amusèrent à arracher tous les légumes et tous les arbres du jardin ; d'autres à renverser les croix et les images à coups de mousquets et de sabres ; d'autres encore à briser toutes les bouteilles qu'ils n'avaient pu vider ou emporter ; d'autres enfin , revêtus de frocs et d'aubes, à danser autour d'une statue sur la tête de laquelle ils avaient allumé un cierge : après quoi ils mirent le feu partout, et emmenèrent le pauvre frère à bord du vaisseau amiral. Les chefs de l'expédition l'y interrogèrent sur les motifs qui avaient déterminé les religieux à quitter l'île ; lui demandèrent par plaisanterie où étaient ses trésors, et le renvoyèrent ensuite avec civilité, après lui avoir fait prendre malgré lui quelques rafraîchissemens.

Depuis ce désastre, qui obligea ces moines à évacuer Césambre pour se retirer à Saint-Servan, ce roc demeura à peu près désert : et il ne fut plus visité que de fois à autres par les habitans des villes et des paroisses voisines, qui y vont par curiosité, ou en partie de pêche.

Dans l'année 1696, M. de Vauban fit quelques fortifications en ce lieu, qui avait précédemment été réuni au domaine royal : et l'on y voit encore quelques faibles portions du mur qu'il avait destiné à faire la fusillade.

La jouissance de l'île entière fut depuis cédée par l'état-major du château de Saint-Malo aux employés dans les fermes royales, moyennant une faible rédevance annuelle : et ceux-ci, en 1720 et 1736, y firent bâtir, pour ceux de leurs agens destinés à donner la chasse aux fraudeurs, et sur l'emplacement de l'ancienne communauté, deux édifices, qui ont depuis subi diverses métamorphoses.

Le 4 septembre 1720, on éleva plusieurs baraques au même endroit, pour loger les marchandises suspectes de la peste qui avait cours à Marseille. — On projeta aussi dès-lors d'y construire un vaste lazaret pour les malades attaqués de ce fléau : mais ce dessein échoua par la cessation totale de la maladie.

Dans la guerre de 1756, une batterie de canons de 18 livres de balle fut établie au nord-ouest de l'île : et l'on ferma la partie méridionale par une muraille crénelée dont les débris permettent encore de suivre la trace. — L'anse sablonneuse qui est au centre de cette partie là, fut aussi couverte par deux bouts de jetée, destinés, comme nous l'avons déjà dit, à favoriser l'atterrissage des embarcations de communication avec Saint-Malo ; et défendue à droite et à gauche par deux autres petites batteries de deux pièces de 6 chacune. — Enfin le commerce renouvela alors la demande d'un lazaret en ce lieu (*), pour la quarantaine des équipages venant de la Méditerranée ; mais cette demande resta sans effet, ainsi que plusieurs autres moyens de défense proposés par messieurs du Génie.

Au mois d'avril 1779, on fit camper sur Césambre la légion de Nassau, forte de 13 à 1400 hommes, et destinée à une attaque contre Jersey ; mais cette opération avait pour but principal d'empêcher les désordres de cette troupe, composée de déserteurs, de pillards, et d'autres mauvais sujets, dont les moindres défauts étaient l'insubordination et l'indiscipline. — On donna

(*) Presque toutes les fois qu'il s'est agi depuis d'une pareille mesure de sûreté, notamment le 28 octobre 1821, ç'a été le Grand-Bé qui a été désigné pour cet objet : sans réfléchir suffisamment sur les suites terribles que pouvait avoir pour nos deux villes un tel voisinage ; car indépendamment de la difficulté d'empêcher toute communication d'individu à individu entre des endroits si rapprochés, on devrait savoir, d'après une trop fatale expérience, que la contagion peut se transmettre par le simple mouvement atmosphérique, lors, surtout, que la direction presque constante des vents le détermine sur un point particulier.

à cette légion quelques pièces d'artillerie pour son instruction ; mais elle n'éleva dans cette île aucune batterie nouvelle. — Elle n'y fit d'autres exploits, que d'y diminuer considérablement la race des lapins, qu'elle ne put cependant parvenir à éteindre tout-à-fait.

En l'an 2 de la république, aucun projet d'occupation militaire n'eut lieu pour Césambre ; mais la direction des Douanes sollicita, pour la sûreté du poste qu'elle y avait établi, une garnison de 30 hommes, qui fut prise dans les compagnies de canonniers. — Ces prétendus défenseurs y commencèrent la dévastation intérieure des bâtimens, que les pêcheurs et quelques vagabonds ont presque consommée depuis.

Nous n'avons rien dit des deux corbeaux qui servaient de pourvoyeurs au bon Pierre le Solitaire ; « et qui, depuis, aussi privés avec ses successeurs que » poules et chapons, ont toujours persévéré en nombre égal, de sorte que, » quand on en tue un, soudain un autre revient en sa place ; et que quand » tous les deux meurent, deux autres leur sont à l'instant substitués. » — Ce sont là de ces contes propres à amuser les Bonnes ; que nous laissons au crédule François de Gonzague, général des cordeliers, dans l'histoire des couvens de son ordre ; et à M. de Querci, dans son livret de 111 pages sur l'*Antiquité de la ville d'Aleth*, lequel vaut encore moins.

(43) *Fort de l'île Harbour.* — Le fort actuel de l'île Harbour, parfaitement situé pour défendre les passes du Décolé et des Deux-Portes, et dont nous avons déjà dit un mot à la note 20 précédente, remplaça, en 1689, sous la direction suprême de M. de Vauban, la méchante batterie qui y avait été établie jusque-là. — Il porte des canons de 36 et des mortiers. — Ses feux croisent avec ceux de la Conchée, des deux Bés, et de la côte voisine ; et il voit très-bien dans la Grande-Rade. — Les roches qui l'environnent, et la rapidité des courans dans l'est, en rendraient les approches difficiles aux vaisseaux qui voudraient le réduire. — L'autre partie, à l'ouest, est encore moins accessible, par la violence des marées, et le peu d'eau qui reste, de basse mer, entre l'île et la terre. — Il est placé sur l'ancienne île Saint-Antoine, à 1600 toises vers l'ouest-nord-ouest de la place, qui l'a en vue. — Sa plate-forme est élevée de 18 pieds au-dessus de la haute mer en vive eau ; et il est bien pourvu de tous les logemens nécessaires à sa garnison.

C'est spécialement sur les bancs de gros sable qui l'environnent en partie, ainsi que sur les gravois de Césambre et de la Pointe de Dinard, que se fait notre principale pêche du lançon, ou esquille ; petit poisson fort délicat, et fort effilé, dont le premier nom semble exprimer celui de *petite lance*. — On le prend, de mer à peu près basse, avec une sorte de seine qui a ordinairement 3o à 35 brasses de long, et 15 à 16 pieds de chute ou de hauteur ; et dont les mailles sont de 4 à 5 lignes en carré. — Au milieu de cet engin est une chausse, ou sac de serpillière, d'environ deux brasses de long, destinée à recevoir la proie qui se trouve dans l'enceinte du filet. — Cette pêche commence communément à la fin de mai, et dure jusqu'aux derniers jours d'août. — Lorsque la mer est tout-à-fait retirée, les pauvres gens, armés d'une bêche ou d'une faucille, vont déterrer, sur les parties qu'il fréquente, ce lançon, qui est extrêmement prompt à s'y ensabler de nouveau dès qu'il se sent découvert. Cette opération a même lieu de nuit ; car on aperçoit fort aisément ce poisson au milieu des ténèbres, pourvu qu'elles ne soient pas trop épaisses, tant il est luisant.

(44) *Arbres sous-marins dans nos grèves.* — A peine, au grand bas de l'eau, ces arbres sous-marins sont-ils recouverts de deux pieds de vase dans les grèves de Saint-Suliac, et dans l'anse de Dinard, en tirant vers le petit port, s'il faut en croire M. Brisart, qui atteste en avoir vu plus d'une fois. — Dans presque toutes les autres échancrures qui bordent la côte de l'ouest, ces souches ne sont guère plus enfoncées ; surtout dans les anses du Port-Blanc, de la Garde-Guérin, de la Fosse-au-Veau en Saint-Lunaire, et du Port-Hue en Saint-Briac.

(45) *Saint-Suliac, et ânes de Rigourdenne.* — L'église de ce bourg est immédiatement sur le bord de la rive droite de la rivière. — Elle renfermait, avant la révolution, un tableau en relief, où étaient représentés des ânes dits *de Rigourdenne*, qui est une métairie sur la rive gauche, presque en face, et à plus de 1200 toises. Tous ces ânes y étaient figurés la tête retournée en arrière ; effet, selon l'ancienne légende, de la malédiction que leur avait donnée le bon abbé Suliac, contemporain et cousin de saint Malo, pour les punir d'être venus plusieurs fois manger ses légumes dans son jardin. — « Quoi qu'il en soit de ce fait, dit fort bien M. Deric (t. III, p. 141), on ne » l'a supposé que dans un temps où les eaux de la Rance n'étaient pas encore » mêlées avec celles de la mer ; » car il n'est nullement croyable, si les choses avaient été dans le même état qu'aujourd'hui, que ces tant fameux animaux, qui probablement n'aimaient pas plus à se mouiller que tous ceux de leur espèce (Pline, *Hist. nat.*, l. VIII, ch. 43), eussent pu ou voulu faire à la nage un trajet d'une forte demi-lieue, pour se donner le plaisir d'aller brouter quelques herbages sur la plage voisine. Ainsi la fiction elle-même vient ici à l'appui de la vérité.

A quelque distance de ce bourg, vers le sud, et buttant à la rivière, est la Pointe ou Flèche de Garrot (*); qui est si élévée, que de dessus on découvre en partie six de nos anciens évêchés, savoir : ceux de Saint-Malo, Dol, Saint-Brieuc, Rennes, Avranches et Coutances. Son sommet est parsemé de gros blocs de quartz ; tandis que dans le reste de la montagne se trouvent d'autres pierres de diverses qualités. On remarque aux environs deux principales masses de rochers : l'une appelée *la Dent de Gargantua*, située sur le bord du ruisseau qui coule au pied de cette Pointe ; l'autre, beaucoup plus proéminente, et ayant un faux air d'un monument celtique, debout au milieu du Champ-Chabley, proche les marais salans de la Goutte, et à un demi-quart de lieue de la métairie du Bignon.

Enfin, à l'ouest de ce même bourg, et au milieu de la rivière, gît le Banc du Néril, sorte de banche ou de nappe de glaise durcie, peuplée, entre autres coquillages, d'excellentes huîtres, qui méritent, à tous égards, l'éloge que le poète Ausone a fait en général de toutes celles dont sont tapissés divers bas-fonds de l'Océan armorique et des côtes du Poitou et de la Saintonge.

> *Sunt et Aremorici*, dit-il (*Paulo*, epist. 9), *qui laudent ostrea Ponti ;*
> *Santonico quæ tecta salo ; quæ nota Genonis ;*
> *Et quæ Pictonici legit accola littoris ;* etc.

(46) *Abbaye et paroisse de Saint-Jagu.* — Saint Jagu, Jacut, Jacob ou Jacques, fils de Fracan, qui était cousin-germain de Conan, premier roi de notre Petite-Bretagne, est, selon Morice (*Mém.*, t. 1, p. 25 de la préf.), l'un des premiers solitaires dont les monastères nous soient connus en cette province, où il avait passé de la Cambrie vers l'an 418. — Saint Cast, évêque et martyr, fut un de ses disciples ; et a laissé lui-même son nom à l'une des paroisses limitrophes.

La belle abbaye que notre saint avait fondée, presque aussitôt son arrivée, dans la presqu'île actuelle de Lan-Doüar, à plus de trois lieues vers l'occident de Saint-Malo, fut richement dotée en l'an 440, par Grallon, autre roi du pays : et, pendant long-temps, on n'y reçut que des personnes nobles, de même que dans celle de Saint-Melaine de Rennes.

D'après l'histoire manuscrite que le père Noël Mars, bénédictin, nous en a donnée, et que nous avons vue à la Bibliothèque royale à Paris ; cette mai-

---

(*) Le nom de ce promontoire peut lui être venu, selon Lobineau (Gloss., article *Garots*), de sa forme allongée ou de sa ressemblance grossière avec le garrot d'un cheval, qui est cette partie supérieure aux épaules, haute et tranchante, quand l'animal est bien conformé : mais il peut aussi l'avoir emprunté de ces garrots ou canards-pies, qui viennent s'y reposer en hiver par voliers.

son, lors de sa fondation, « était de l'évêché de Quidaleth, que l'on nomme
» maintenant Saint-Malo... Environ l'an 555, du temps de Saint-Samson II,
» les évêques bretons, désirant avoir un archevêque, s'offrirent d'unir à l'é-
» vêché de Dol quelques-unes de leurs paroisses, pour accroître le nouveau
» diocèse; et ce fut alors que l'abbaye de Saint-Jagu y fut mise » avec plusieurs autres églises de nos alentours.

Cette abbaye elle même vit avec le temps diverses cures entrer sous sa juridiction : et elle en eut jusqu'en Angleterre ; telles que celle de Sainte-Mar-
guerite de Hysclan, et celle de Linton ou Linthone.

Dans le cours des siècles, ce lieu saint éprouva différentes spoliations de la
part des Saxons, des Anglais et des Normands : et le père Gui Lobineau, l'un
des meilleurs historiens de notre province, y mourut le 3 juin 1727.

En 1789, il existait deux autres communes de son nom dans les évêchés de
Vannes et de Saint-Brieuc.

Par acte passé le 7 juillet 1646, entre Pierre de Francheville, alors abbé
commendataire de cette abbaye, et dom Morel, prieur de Saint-Melaine
de Rennes, la réforme de Saint-Maur y fut introduite le 29 mars de l'année
suivante.

Ses religieux, entre autres droits féodaux, avaient jadis celui de se faire
apporter, par les pêcheurs de la paroisse, qui sont en grand nombre, le poisson pris sur leurs côtes; et de choisir, en payant, ce qui pouvait être à leur
convenance, avant qu'aucune portion de cette marchandise pût être conduite ailleurs; mais depuis un certain temps cette sujétion avait cessé.

En 1450, leur abbé Guillaume avait obtenu du pape Nicolas V la permission de porter à l'office les ornemens pontificaux.

Ces bons pères, en 1535, n'ayant pas la volonté de rebâtir une maison rui-
neuse à eux appartenant, située sur la rue du Puits-Aubret et celle des Pe-
tits-Degrés en la ville de Saint-Malo, en firent l'abandon à quelques bourgeois,
moyennant 12 livres de rente annuelle, payables à leur communauté.—Cette
baraque portait en son temps le nom d'*abbaye de Saint Jagu* ; ou celui de
cour de Saint-Jagu, à cause d'une cour qui était au-devant.

Leur maison conventuelle, placée à l'extrémité septentrionale de la Pé-
ninsule, était un superbe bâtiment de 267 pieds de long d'orient en occident.
—A son midi, étaient la cour d'entrée et le principal jardin; car, à l'ouest, il
y en avait encore un autre de 87 pieds de longueur.—L'église, à l'est de cet
édifice, faite en forme de croix latine, mesurait 105 pieds, sur 78 dans la
croisée, et était fort belle.—Tout cela a été complètement ruiné par nos
démolisseurs de 1793.

L'église paroissiale, qui existe encore tout proche, porte dans tous les vieux actes le titre de *Notre-Dame de Lan-Doüar.* — Elle est petite et en mauvais état. — Elle était présentée par l'abbé.

Toute cette paroisse, dans son état actuel, forme une langue de terre en labour de 220 journaux. — Elle ne contient que le bourg, sans aucun village; et compte au plus 400 communians. — La mer l'entoure deux fois en 24 heures; de façon qu'on n'y peut entrer librement en tout temps que du côté du sud, qui la lie à la terre-ferme.

On y fait surtout la pêche du maquereau, depuis environ la Saint-Jean jusqu'au commencement d'août. — Les bateaux destinés à cette opération s'éloignent plus ou moins de la côte, suivant que le poisson s'en tient lui-même éloigné.—Chaque bateau, par jour favorable (qui est ordinairement le temps d'orage) peut en prendre jusqu'à 4 à 5 mille.—Cette pêche se fait avec les folles, les demi-folles ou roussetières, ou même à la ligne au doigt. — Les pêcheurs effarent, ou boitent, avec des sauterelles de mer et autre menu fré- tin, que leurs femmes et enfans ramassent de marée à autre pour en fournir les équipages : ou bien ils substituent à cet appât de petits morceaux de ma- quereau même, qu'ils lèvent vers la queue. — Quand il y a abondance, on en sale, qu'on envoie jusqu'à Paris, pour la nourriture du pauvre peuple de cette immense ville. — Ses raves ou rogues se gardent pour la pêche des sardines, auxquelles ces œufs servent d'amorce. — Quelques gens habiles dans l'archi- tecture navale veulent que la forme de ce poisson soit celle qui peut le mieux servir de modèle pour la construction des bâtimens de mer. — Au printemps, il en part des mers du Nord des légions, qui, semblables à des chaînes de montagnes et de nuages roulans à la file, cotoient l'Islande, l'Écosse et l'Ir- lande; et se jettent dans l'Océan atlantique : là, il se fait une division : une colonne passe devant le Portugal et l'Espagne, et se rend dans la mer Médi- terranée; l'autre entre dans la Manche au mois d'avril; et avance toujours vers le Pas-de-Calais, à mesure que l'été approche; en sorte qu'en mai, comme nous l'avons dit à la page 26, elle est aux côtes de Bretagne; et en juin et juillet, à celles de Normandie et de Picardie; d'où elle visite ensuite la Baltique, et repasse de là dans les glaces du Nord. — Les insectes marins qui se trouvent en différens temps dans ces parages, sont vraisemblablement sous l'action de la Providence, dont l'intention est de faire participer divers peuples à cette manne, la principale boussole qui dirige ces voyageurs dans leurs marches admirables. — (Voyez ci-après, note 65.)

(47) *Ancien culte de la terre.* — Le culte de la terre, dit M. Deric (t. IV, p. 472), était encore fameux dans les Gaules au second siècle de notre ère. Le jour de sa fête, on portait sa statue dans les rues, sur un char traîné

par des bœufs : on la félicitait sur sa fécondité, sur le moment heureux où elle avait enfanté le genre humain ; et l'on remarque à ce sujet, que ce fut pour avoir refusé de rendre à cette idole les honneurs divins, que saint Symphorien fut mis à mort par les païens d'Autun, vers l'an 179.

Lorsque la récolte était menacée de quelque accident fâcheux, on promenait cette même statue autour des champs et des vignes; et la cérémonie finissait par le grand sacrifice du taurobole, dont nous avons déjà dit quelque chose en la note 35 précédente.

Voici comme se faisait cet acte solennel de religion, au rapport du poète Prudence, dans son hymne sur le martyre de saint Romain. — On creusait d'abord une fosse assez profonde, où le chef des prêtres descendait, avec des bandelettes sacrées à la tête, une couronne d'or, et d'autres ornemens mystérieux. — Cette fosse était recouverte de planches ou de pierres plates, percées de quantité de trous. On amenait ensuite sur cette table le taureau, orné de fleurs ; on l'y égorgeait, et son sang, qui, selon l'expression du Saint-Esprit (*Deut.* 12, v. 23), tient lieu d'ame aux animaux, coulant à travers les trous, tombait sur l'homme précité. — Celui-ci recevait ce sang avec la plus profonde vénération sur toute sa personne; après quoi, il sortait de la fosse. — Quoique hideux à voir, dans l'état où il s'était mis, chacun alors se prosternait devant lui, comme s'il eût été la déesse même : et ses habits ensanglantés étaient conservés avec le respect le plus religieux.

Summus sacerdos nempè sub terram scrobe
Actâ, in profundùm consecrandus mergitur,
Mirè infulatus, festa vittis tempora
Nectens, coronâ tùm repexus aureâ, etc.
Tabulis supernè strata texunt pulpita, etc.
Scindunt subindè, vel terebrant aream, etc.
Hùc taurus ingens, etc., sertis revinctus, etc.
Deducitur, etc.
Pectus sacrato dividunt venabulo, etc.
Tùm per frequentes mille rimarum vias
Illapsus imber, tabidum rorem pluit,
Defossus intùs quem sacerdos excipit,
Guttas ad omnes turpe subjectans caput,
Et veste, et omni putrefactus corpore.
Quin, os supinat, obvias offert genas,
Supponit aures, labra, nares objicit,
Oculos et ipsos perluit liquoribus, etc.
Donec cruorem totus atrum combibat, etc.
Postquàm cadaver sanguine egesto rigens,
Compage ab illâ Flamines retraxerint,
Procedit indè pontifex, visu horridus;

Ostentat udum verticem , barbam gravem ,
Vittas madentes , atquè amictus ebrios.
Hunc inquinatum talibus contagiis , etc.
Omnes salutant; atque adorant eminùs
Vilis quòd illum sanguis , et bos mortuus ,
Fœdis latentem sub cavernis laverint.

(48) *Principale cause de la hauteur et de la rapidité des marées sur nos côtes.* — « Les marées, dit le père Regnault, dans ses *Entretiens physiques,*
» t. II, p. 238, vont toujours en augmentant depuis Brest jusqu'à Saint-
» Malo, etc. La situation des lieux y contribue : car, comme le canal de la
» Manche est beaucoup plus étroit que l'Océan atlantique, et qu'il va tou-
» jours en se resserrant depuis Brest; les eaux qui y affluent, et qui sont tou-
» jours poussées par celles qui les suivent, sont forcées de prendre en hauteur
» ce que le canal leur refuse en largeur, d'autant plus que les côtes d'Angleterre
» et de Normandie, qui en reçoivent une partie, les réfléchissent avec impé-
» tuosité dans l'espèce d'encognure qu'occupent la ville de Saint-Malo et ses
» environs. »

Cette compression, qu'augmente encore le rapprochement des pointes de
Cancale et de Granville, est si forte dans l'état présent, surtout aux équinoxes, qu'elle fait monter la mer sur les grèves unies et plates du mont
Saint-Michel, avec une vitesse à laquelle le cheval le plus agile échapperait à
peine.

Ce phénomène est une espèce de mascaret, ou reflux violent, réglé sans
doute ; mais néanmoins les gens sages du pays ne l'affrontent jamais, et encore moins les étrangers prudens que leurs affaires ou la curiosité appellent
au mont. — Ces derniers profitent d'ordinaire, pour exécuter ce voyage,
du temps des mortes-eaux, où la grève est d'ailleurs plus raffermie, parce
que ce rocher entoure peu ou point alors; et des services que ne manquent
guère de leur offrir, pour un salaire modique, quelques guides des paroisses
voisines, accoutumés à faire ce trajet presque tous les jours.

Au surplus, il y a toujours infiniment moins à craindre par Pont-Orson,
où le chemin est tout à la fois plus court, moins mouvant, et exempt de ces
filières perfides que le flot remplit déjà, lorsqu'on croit avoir encore une
longue issue devant soi.

(49) *Territoire qui fut épargné en 709 sur la côte de la Normandie.* —
On assure, dit M. Rouault (*Vie de saint Gand*, préf.), que, tout le long
de ces hauteurs, la forêt de *Sciscy* conserva encore long-temps à peu près une

demi-lieue de large. — Un anonyme prétend même que ce ne fut qu'au mois de mars 1163 , que la mer acheva totalement ses ravages vers Pont-Orson, le Pont-Aubaut, et le Gué de l'Épine, sous Avranches. — Ce qu'il y a de certain , c'est que nous avons une constitution de Louis-le-Débonnaire, de l'an 817, où , parlant des couvens de son royaume qui ne devaient à son ost ou armée que des dons en argent, sans milices , il met en tête de ce dénombrement le monastère de Saint-Michel du premier marais (*monasterium sancti Michaelis maresci primi*) : expressions qui semblent indiquer qu'alors proche ce mont subsistait encore un de ces marécages entremêlés de bois, dont Ninnius , abbé de Bencor en Angleterre , a parlé au sixième ou septième siècle. (*Usserius , Brit. Eccl. Antiq.*, p. 107 ; et *Derie*, t. v. , p. 21.) — Ce ne peut donc guère être que depuis cette année 817 au plus tôt , que les choses , dans le fond de cette baie , ont achevé d'être entièrement réduites à l'aspect qu'elles présentent maintenant.

(50) *Traces de l'inondation précitée, jusque dans les marais de Boucé , etc. — Construction des digues de Bretagne , et conquête des marais en arrière.* — « Il est commun et notoire (dit messire Briand Bertrand, recteur de Saint-Guinou , dans le procès-verbal des commissaires envoyés le 23 août 1606 par le parlement de Bretagne , pour constater l'état de ces con- » trées), qu'anciennement la mer couvroit tous les marais de Dol à toutes les » marées ; donnoit jusqu'au bourg de Carfantin , contre le cimetière , et » pour cette cause étoit appelé le *port de Carfantin* : et soutiens que si elle » reprenoit ce qu'elle a autrefois occupé , elle y donneroit encore , et noye- » roit tous les prés qui sont le long de la rivière qu'ils appellent *Guyou*, pas- » sant à Dol , etc. »

On peut en dire autant de ce village aussi nommé *le Port*, qui est à 5 ou 600 toises au sud de Cendres , près Pont-Orson ; et où , en preuve qui dispense de toute autre , on ne rencontre pas encore , à beaucoup près, la terre noire , mais cette fange blanche qui atteste le long séjour de l'Océan sur tous les lieux dont nous avons parlé.

Il y a plus ; c'est que les marais de Boucé , d'Aucé et autres tirant vers Antrain , portent eux-mêmes les caractères des terribles invasions de 709 et 811 ; et c'est un fait aussi curieux qu'il est authentique , qu'en 1789, lors des clôtures du premier de ces marais, on y trouva, ensevelis dans la Tangue, les débris d'une barque , avec quantité de coquilles de la même espèce que celles dont les grèves du mont Saint-Michel sont remplies...

Un grand laps de temps s'écoula , sans qu'on cherchât à regagner sur l'élément destructeur, la moindre portion de l'espace qu'il avait envahi. La difficulté d'une entreprise si considérable, en écartait les particuliers; et il ne fallait pas moins que le pouvoir des souverains pour la tenter : aussi est-ce à ceux de la Bretagne que nous sommes redevables de ce bienfait.

La première époque de leurs travaux sur cet article est fixée à l'an 1024 ; mais une longueur de digues de plus de six lieues, c'est-à-dire depuis Château-Richeux jusqu'au Pas-au-Bœuf, ne pouvait être construite d'un seul jet. — On se borna donc à des enclaves successives; et l'on eut soin, de distance en distance, surtout à l'embouchure des Essais, d'y ménager des ponts à clapets ou portes de flot, propres tout ensemble à laisser couler librement les eaux douces du pays à la mer, et à fermer à celle-ci tout passage dans l'intérieur des terres qu'on lui disputait.

Pour mieux s'assurer de cette conquête dans l'intérêt de l'agriculture, cette longue levée de sable et de vase fut revêtue extérieurement, en quelques endroits, de maçonnerie en pierres sèches, et, en d'autres, de simples enrochemens de blocages tirés des vaux de la côte, et contretenus au pied, soit par une file de pilots ou brise-mer destinés à rompre en même temps l'effort des vagues, soit par divers épis ou chèvres de fascines, en forme de palissades.

Différens bourgs et villages s'établirent, durant le cours des années, sur ou proche ce sillon : et la chapelle de Sainte-Anne en particulier (*), située à l'extrémité orientale de Chérueix, sur le sommet de la digue même, fut élevée

(*) *Chapelle Sainte-Anne, proche Chérueix.* — Ce vénérable monument religieux, quoique plus près de Chérueix, est néanmoins en la paroisse de saint Broladre, qui le fit réédifier à ses frais, et en la même place, il y a 145 ans, selon qu'en fait foi une pierre incrustée dans son mur occidental, où sont gravés ces mots : *Rebâtie par aumosnes de F. D. M. C. I. Barbot, R. de Saint-Broladre, et paroissiens.* 1684. — Depuis son origine, chaque année, le jour sainte Anne (26 juillet), tous les habitans des diverses paroisses des marais, pleins de confiance dans la protection de cette illustre patrone, avaient coutume d'y aller processionnellement, pour rendre en commun de solennelles actions de grâces à celle qu'ils regardaient, après Dieu, comme la tutélaire de leurs fortunes et de leurs vies. — Dans la révolution, l'intérieur en fut ravagé : mais ses murailles furent épargnées, pour y loger les outils et ustensiles nécessaires aux travaux des digues. — Le 31 décembre 1817, les gens de Saint-Broladre présentèrent requête au préfet de Rennes, à l'effet que ce lieu saint leur fût remis, pour le rendre à sa destination primitive; et le 28 février 1818, M. de la Villegontier écrivit à M. Garnier du Fougeray, alors président du conseil d'administration des marais, qu'il attendait de sa piété et de sa justice qu'il ferait droit à cette pétition. — Effectivement, dès le mois de mars suivant, tous les obstacles furent levés; et le jour sainte Anne de la même année, selon l'antique usage, y fut faite la procession générale, à laquelle assista M. le préfet lui-même, à cette époque en tournée dans le canton. Cependant, en 1820, M. Mannay, évêque de Rennes, instruit que cette procession causait quelques désordres, la supprima : ce qui fit d'autant plus murmurer le peuple, qu'il attribua à cette suppression les ravages que la mer causa dans les environs au mois d'octobre suivant.

7

par la piété publique, dans l'intention de mettre toutes les propriétés submer_
sibles sous la protection spéciale de l'aïeule du Sauveur du monde.

Devenus ainsi les maîtres de ce vaste polder, ou terrain reconquis sur l'O-
céan, les princes bretons en firent comme trois grandes lotties, qu'ils concé-
dèrent aux seigneurs limitrophes ; savoir ceux de Combourg, de Dol et de
Châteauneuf. — Ceux-ci firent à leur tour de nombreux sous-afféagemens
aux habitans du littoral, à la charge entre autres aux nouveaux propriétaires,
d'entretenir la clôture chacun endroit soi, de curer les bieds ou canaux de dé-
noiement, de construire enfin et maintenir en bon état les ponceaux, et les
dicks ou chemins intérieurs nécessaires au desservice commun ; et ne demeu-
rèrent eux-mêmes astreints qu'à concourir au réparations majeures, pour
lesquelles, de leur côté, les États de la province faisaient assez régulièrement
chaque année un fonds de 5 à 10 milles livres, sauf plus forte somme dans les
besoins urgens.

Cette division, qui émanait de la féodalité, cessa par l'effet de la révolution ; et depuis, ces marais ne se sont plus partagés qu'en deux parties : la
première, à l'orient du Guyoul, jusqu'à Pont-Orson ; la seconde, à l'occident de la même rivière, jusqu'à Châteauneuf et Château-Richeux.

Avant cette même révolution, qui ne fut pas le moindre fléau pour ces digues qu'elle laissa se détériorer complètement, leur inspection et leur administration étaient confiées à la commission intermédiaire des États, c'est-à-
dire à une commission qui, dans l'intervalle des tenues, était chargée de certaines affaires et de la correspondance générale. — Les États ayant été sup-
primés, cette surveillance fut dévolue à l'administration centrale du département d'Ille-et-Vilaine, qui en demeura pourvue jusqu'au 15 pluviose an
7.de la république (3 février 1799), par l'entremise du district de Dol.—Enfin, à cette dernière époque, le gouvernement, voulant s'affranchir des soins
et dépenses de ce gardiennage, résolut de remettre tout cela au compte des
propriétaires, en les formant en association. Vingt-trois communes se réuni-
rent donc ce jour-là pour cet objet, savoir : Dol, comprenant l'abbaye et Carfantin, Mont-Dol, Saint-Georges de Gréhaigne, Pleine-Fougère et Cendres, Ros-sur-Couësnon, Saint-Marcan, Saint-Broladre, Chérueix,
Baguer-Pican, Ros-Landrieux et Vildé-Bidon, l'Isle-Mer, Hirel et Vildé-la-
Marine, la Fresnaye, le Vivier, Plerguer, Miniac-Morvan, Saint-Père, Saint-
Guinou, la Gouësnière, Bonnaban, Châteauneuf, Saint-Benoît-des-Ondes,
et Saint-Meloir-des-Ondes; et se créèrent un conseil d'administration, qui,
après avoir d'abord été établi à Dol, fut, par arrêté du préfet du 7 juillet
1813, transféré en la ville de Saint-Malo, où résident les sept huitièmes des
plus grands propriétaires des marais en question. — Les fonctions des membres de ce conseil sont gratuites; et il fut réglé par le préfet, le 4 pluviose

an 11 (24 janvier 1803), que, pour en faire partie, il faudrait posséder au moins, dans les paroisses exposées au péril de la mer, une propriété de 300 francs de revenu. — Quant aux simples administrés, outre la contribution foncière dont ils sont passibles envers le trésor public, comme tous les autres citoyens, ils sont encore obligés d'en supporter une seconde, sous le titre de *taxe d'entretien*, pour la conservation de leur chose.

Ces marais, dans leur totalité, renferment 20,599 journaux et 13 cordes submersibles (le journal de 1280 toises carrées) : espace dont la majeure partie, en excellent rapport, forme un des principaux greniers de la Bretagne, et donne surtout un cidre qui seul a la propriété de se perfectionner à la mer en s'y clarifiant.

On sait, du reste, que c'est de la prodigieuse quantité d'insectes et de plantes de toute espèce qui meurent et pourrissent dans ceux de ces terrains qui ne sont pas encore dénoyés, que naissent ces matières grasses, sulphureuses, phlogistiques et subtiles, qui, venant à s'enflammer dans les chaleurs, produisent assez fréquemment en ces contrées ces singuliers météores connus sous le nom de *feux errans* ou *follets*, dont le peuple a toujours à citer quelque conte ridicule. — Ces vapeurs, dont M. de Volta attribue aussi en partie l'origine à l'air inflammable (*) qui se dégage des terrains bourbeux, étaient nommées par les Latins *ignes fatui et ambulones*. Ce sont de petites flammes faibles qui paraissent aller çà et là à l'aventure, à peu de distance de la terre. elles ressemblent à la lueur d'une chandelle dans une lanterne. C'est surtout en été, et au commencement de l'automne, qu'elles se font voir ; elles sont

(*) On peut obtenir facilement ce gaz, à l'aide d'une bouteille pleine d'eau, et armée d'un entonnoir, dont on tient le goulot renversé, et à demi plongé dans l'élément liquide que renferment toutes les douves de ces lieux bas. Aussitôt que, de l'autre main, on farfouille avec une baguette le limon qui est au-dessous de cet entonnoir, l'air inflammable s'en sépare, monte en bouillonnant, sous la forme de petites bulles, dans la bouteille, où il prend peu à peu la place de l'eau. Quand le vase paraît tout vide, on le bouche dans l'eau même, et on le garde ainsi pour l'usage qu'on veut en faire. — Si on désire le voir brûler, on débouche la bouteille ; on approche à l'instant de son ouverture une bougie allumée ; un feu bleuâtre paraît dans le moment ; et l'on continue de le faire sortir en entier, en versant doucement par inclination de nouvelle eau dans la bouteille, jusqu'à ce qu'elle en soit remplie. Pour se procurer un spectacle encore plus curieux, il suffit de faire, avec une gaule qu'on retire précipitamment, divers trous rapprochés les uns des autres, dans le terrain fangeux qui environne ces douves, et de présenter sans délai à l'une de ces ouvertures un flambeau allumé. Au moment même, la flamme se montre ; court lentement d'un trou à l'autre, et les allume tous successivement, surtout si l'on a soin d'y verser un peu d'eau, et de piétiner à l'entour. — C'est probablement l'exhalaison de ce gaz, qui est la principale cause des maladies fiévreuses dont ces cantons sont affligés, lorsque vient la saison humide.

7.

la terreur des gens de la campagne , parce qu'elles fuient ceux qui les poursuivent , et poursuivent ceux qui les fuient ; effet tout naturel , produit par
l'air que refoule et comprime la personne qui court au-devant ; ou par le
vide qu'elle fait en s'encourant , et dans lequel se précipite la matière phosphorique. Lorsqu'on saisit ces *feux-coureurs* , on trouve qu'ils ne sont autre chose qu'une exhalaison glaireuse comme le frai de grenouille , et qui
n'est ni brûlante , ni chaude. Ils s'éteignent d'eux-mêmes , dès que ce qui en
fait l'aliment leur manque.

Cinq bourgs sont assis immédiatement sur l'utile levée qui défend ces marais , et qui sert en même temps de chemin de communication entre Pont-
Orson , Dol , et Saint-Malo. — Plusieurs autres sont en arrière ; toujours en
crainte que cet antique boulevard , quelque solide qu'il soit maintenant , ne
vienne à se rompre par l'impétuosité des vagues qui le battent sans cesse , ou
par les sourdes attaques du Couësnon , dont la course folle le menace constamment d'affouillemens funestes jusqu'aux environs de Chérueix , comme
l'histoire en offre tant d'exemples (*).

(*) *Nouvelles irruptions de la mer dans les marais reconquis.* — En 1163 et 1169, la
mer s'y fraya un passage par plusieurs trouées , et pénétra jusque sous Dol et Châteauneuf. — Aux années 1604 et 1605 , de nouveaux déchiremens eurent lieu ; et firent noyer
une grande partie du territoire de Ros-sur-Couësnon et de Saint-Broladre. — La marée
de mars 1606 causa de plus grandes ruptures encore vers Chérueix : de manière qu'il
fut impossible de réparer ces brèches sans le secours , non-seulement des autres communes des marais , mais même des paroisses des hauteurs à trois ou quatre lieues de
distance ; et qu'on fut obligé de faire la part aux flots , en leur abandonnant toute l'échancrure qui forme aujourd'hui le coude de la Croix-Morel. Les vagues , dans cette même
tourmente , n'épargnèrent pas non plus le voisinage de Saint-Benoît , et se portèrent , de
devant la chapelle Sainte-Geneviève , jusque dans le bourg de Saint-Benoît même , ainsi
que dans celui de Hirel. — En 1629 et 1630 , depuis le village des Grévottes , près l'éperon
du Pas-au-Bœuf , jusqu'au-delà de Dol , sept paroisses furent inondées , et menacées d'une
submersion entière ; et l'épitaphe d'Antoine Revol , évêque de Dol , relatée par D. Morice
(*Catal. des Ev. de Bret.* , p. 66), nous apprend que ce fut des soins que se donna ce
prélat pour remédier à ce grand désordre , qu'il contracta la fièvre dont il mourut le 6
août de la première des deux dites années. — Dans l'affreuse nuit du 9 au 10 janvier 1735,
ce fut encore bien pis. Le batillage et la bavette des flots eurent bientôt surmonté , dans
plusieurs points , le sommet des digues ; et gonflé de telle sorte la Banche , le Guyoul,
et le Bied-Jean , qu'une vaste nappe d'eau se répandit sur toute la surface des marais ,
où des pluies continuelles et abondantes vinrent encore ajouter , par les torrens qui descendaient des hauteurs voisines , aux désastres de cette inondation , qui dura six mois
dans sa grande force. — Enfin (car il serait ennuyeux d'articuler mille autres faits) ce
beau rempart que l'industrie humaine a opposé aux assauts de l'Océan toujours en action,
n'a point cessé jusqu'à notre temps d'en recevoir quelques insultes ; spécialement en 1791
et 1792 , où près de douze mille journaux furent couverts , et privés de récolte pendant
trois ans ; et où des dégradations évaluées à près de deux millions , furent le triste ré-

Ce dernier bourg, occupé presque exclusivement par des pêcheurs, a dans sa longueur près d'une lieue et demie d'habitations à peu près contiguës. — C'est de là que nous vient le meilleur poisson, et surtout les meilleures soles, qu'on porte également à Dol et à Rennes.

Projets divers d'enclorre quelques autres parties des grèves de Cancale et du mont Saint-Michel. — Avant de terminer cette note, quelque longue qu'elle soit, il ne sera peut-être pas inutile d'apprendre au lecteur, qu'au mois de mai 1609, deux Hollandais, Umfroy et Bradley, proposèrent à Sully de construire à leurs frais, dans la baie du mont Saint-Michel, une seconde digue, depuis la pointe de Carolles à celle de Château-Richeux. — Ils ne demandaient en dédommagement que la cession en propriété de la moitié du terrain qu'ils auraient enclos: mais la retraite du ministre, après la mort funeste de Henri IV, arrivée le 14 mai 1610, empêcha l'exécution de cette hasardeuse entreprise.

En 1779, le sieur Quinette de Cloisel offrit lui-même aux États de Bretagne d'enceindre, aussi à son compte, toute la partie des mêmes grèves en avant de la digue de Dol; au moyen d'une autre jetée parallèle, et distante de 500 toises dans toute son étendue, laquelle aurait pris depuis le pont de Blanc-Essai jusqu'au terrain herbu dépendant de la Normandie. — Mais ce projet, livré sans garantie par un individu présumé sans talens, fut faiblement accueilli, et resta au nombre de plusieurs autres rêves qui avaient déjà été formés antérieurement sur cet objet.

Les désastres des 5 et 6 janvier 1791 cités plus haut, déterminèrent le conseil-général du département d'Ille-et-Vilaine à transiger provisoirement, le 14 décembre de la même année, avec le sieur Quinette de la Hogue, pour l'ouverture du canal de dérivation du Couësnon dont nous avons déjà parlé en la note 8; à condition qu'après la confection de ce travail, une nouvelle digue serait conduite depuis le mont Saint-Michel jusqu'à la digue actuelle, de manière à renfermer le Pont-Robert en Ros: mais les événemens ma-

sultat de l'imprévoyance et de l'insouciance de ces jours malheureux. — Depuis cette dernière époque, l'espèce de bonace et de relâche que la mer et le Couësnon donnent de nos jours à ces parages, ont encore été cruellement interrompus plusieurs fois: surtout les 4 et 5 octobre 1793; 18 avril 1794; février 1798; 10, 11, 12, 13 septembre même année; 12, 13, 14 octobre 1802; 21 février 1811, etc.; où les contre-digues de garantie de Sainte-Anne et de Mauny, ainsi que les perrés vers Château-Richeux, ne furent pas toujours eux-mêmes à l'abri de ces assauts. — (Voyez, à l'appui de ce que nous venons de dire, les procès-verbaux de Bertrand d'Argentré, du 25 août au 20 septembre 1560; de MM. Duplessis, Le Fébure, et autres, du 23 août au 7 septembre 1606; de Pierre Descartes, depuis le mois de novembre 1643 jusqu'au mois de février 1644; de M. Picquet de la Motte, de juin et juillet 1736; de M. Anfray, du 5 janvier 1792, etc.)

jeurs de la révolution ayant fait perdre de vue cette spéculation , à laquelle
néanmoins on revint plusieurs fois depuis , le projet ne fut repris sérieuse-
ment qu'en vertu de l'arrêté des consuls du 13 août 1800 ; et le traité d'exécution fut enfin passé le 3o prairial an 10 (19 juin 1802), entre M. Cretet ,
directeur-général des ponts et chaussées , et les sieurs Combe , frères , agis-
sant au nom de leurs amis Quinette et Savergne , entrepreneurs. — Nous
avons rapporté dans la même note 8 , quelle fut la triste issue de cette entreprise , qui avait été commencée le 15 juillet 1803 (26 messidor an 11), et
qui devait être terminée au solstice d'hiver de l'an 16.

Le gouvernement d'alors étant , par cet événement , rentré en possession
de la partie des grèves concédées , qui appartenaient auparavant aux religieux
du Mont en vertu de leur baronie d'Ardevon , alloua par pure bienveillance
au sieur Combe , resté seul entrepreneur , de fortes indemnités : et pour
surcroît de générosité , celui du roi , par ordonnance du 20 août 1817 , oc-
troya au même personnage 89,145 francs , pour frais d'outils, matériaux, etc.,
outre 150 mille autres pour ses peines et vacations.

En 1818 et 1819 , les ingénieurs Bouëssel et Richer proposèrent sur ce
même objet un plan différent de celui qui venait d'échouer , et qui avait
été dressé par leur confrère Foulon. — Le canal , d'après leurs vues , aurait
pris depuis la Ferme des Milardières , un peu au-dessous de Pont-Orson ; et
aurait été , à travers le terrain solide au sud des grèves, déboucher à la
Roche-Torrin , en Courtils. — Mais leurs combinaisons n'ayant point été
goûtées , la rivière vagabonde dont il s'agit est restée libre des entraves qu'on
voulait lui donner ; et, depuis ce temps-là , n'a discontinué ni ses antiques fo-
lies , ni son cours capricieux.

(51). *Lieux épargnés aussi par le cataclysme de 709 sur la côte de Bretagne , mais qui ont disparu depuis.* — Outre les environs de Herpin et des
Fillettes , qui ont fini par être sapés à leur tour, la mer épargna encore alors,
selon que nous l'avons déjà dit, la petite villette de Porz-Pican, et une certaine
étendue du territoire voisin , qui ne s'y trouve plus.

Les principales paroisses qui , depuis ce temps-là , ont successivement payé
tribut à sa rage , sont celles de Saint-Louis, de Mauny et de la Feillette , qui
existaient encore au commencement du treizième siècle , suivant que nous
l'attestent diverses donations de biens situés dans leurs enclaves, faites à
l'abbaye de la Vieuxville en Épiniac , et les livres synodaux du ci-devant évêché de Dol, qui ont continué d'en référer les noms jusqu'en 1664. Et à ce
sujet, nous rapporterons une anecdote assez plaisante , racontée par l'auteur
des *Observations sur le désert de Scisey* , qui la place sous la date de l'an

1685... « Un prêtre du diocèse de Dol, dit-il, ayant appris de la tradition qu'il
» y avait eu autrefois, dans le lieu occupé aujourd'hui par la mer, une pa-
» roisse appelée Saint-Louis, manda malicieusement en cour de Rome, que
» cette cure était vacante *per obitum* dans les mois du pape. Sur cette nou-
» velle, on consulta les registres : et l'on trouva qu'effectivement cette pa-
» roisse avait été présentée par les papes précédens. On la mit donc au con-
» cours : et elle tomba à un prêtre de Basse-Bretagne, qui partit de suite
» pour en venir prendre possession. Mais quelle fut sa surprise, lorsqu'ar-
» rivé en face du mont Saint-Michel, on lui montra sur la grève l'endroit
» où était jadis posée sa prétendue paroisse! Tout son recours fut de prendre
» une attestation de l'état des choses, et de s'en retourner à Rome chercher
» un autre bénéfice. »

On cite en outre la paroisse de Bourgneuf (*Lectionn. Dol.* 16 oct., lect. 6),
qui a subsisté jusqu'au treizième siècle aussi, et dont les tempêtes découvrent
encore quelquefois sur la grève les malheureux restes ; celle de Tommen,
relatée ci-devant page 8 ; enfin celle de Saint-Étienne de Paluel, qui n'a été
submergée que la dernière, au commencement de 1630. — Dans le terrible
ouragan du 9 janvier 1735, dont nous avons déjà parlé à la note 26 précédente, la mer nettoya tellement la fange qui couvre maintenant cette commune infortunée, qu'on distingua encore les rues du bourg, et jusqu'aux or-
nières que les charrettes y avaient tracées autrefois. On y découvrit aussi,
parmi les débris de quelques maisons, un puits où étaient quelques vases d'é-
tain ; le bénitier de l'église, et divers ustensiles de ménage. — (Voyez Du-
paz, *Hist. généal. des mais. ill. de Bret.*, p. 526 ; Deric, t. I, p. 89, 91 ;
Ogée, t. II, p. 42, etc.)

Nous ne disons rien du grand village de Sainte-Anne, au-devant duquel
étaient plusieurs salines, et que la mer orageuse et rapière a emporté pièce à
pièce depuis l'an 1583 ; non plus que du Moulin du Buot en Chérueix, et
d'une quantité de maisons particulières qu'on chercherait en vain aujourd'hui
le long de ce rivage qu'elles bordaient anciennement. — On peut consulter
sur ces divers articles le procès-verbal de M. Descartes, et ceux des autres
commissaires des États de Bretagne cités ci-dessus ; et nous terminerons par
cette exclamation sensée d'un des amis de l'orateur romain: « Hélas ! faibles
» mortels que nous sommes, comment osons-nous nous plaindre de la mort
» de quelques hommes passagers sur la terre comme nous, lorsque nous
» voyons dispersés dans un si petit espace du globe tant de débris de villes et
» de montagnes qui en ont disparu ? *Heu ! nos homunculi, indignamur*
» *si quis nostrûm interit, cùm uno loco tot oppidorum et montium ca-*
» *davera projecta jaceant ?* » (Sulp. ad Cic.)

Nous renvoyons à M. Blondel, p. 88, à détailler quels étaient les villages dont, selon lui, on trouve encore de nos jours les fondations enfoncées sous les sables vers Moidray, Beauvoir, etc.

(52) *Pointe du Nez en Saint-Servan.* — On a continué jusqu'à présent, surtout en Normandie, à qualifier du nom de Nez, ces angles de terre ou pointes avancées que les Gaulois appelaient *Conk* ou *Gwep*; et les Latins, *Nasus*, *Cuneus*, ou *Rostrum.* Ainsi l'on y dit encore le Nez de Jobourg, le Nez de Flamanville, le Nez de Carteret, etc. — C'est par erreur qu'on a cru que notre *Nais* ou *Naye*, comme on l'écrit d'ordinaire actuellement, avait été nommé ainsi du verbe noyer; parce qu'on avait coutume autrefois de noyer certains malfaiteurs dans une fosse qui subsiste encore en partie proche les derniers rochers qui forment cette pointe, selon que nous l'avons rapporté amplement dans nos grandes *Recherches.* « On reviendra facile- » ment de ce préjugé, dit avec raison M. Deric (t. III, p. 116), si l'on veut » bien faire attention que, sur la côte de Saint-Coulomb même, à deux lieues » de Saint-Malo, il y a deux collines, les grands et les petits Nais, auprès » desquelles on n'a certainement jamais fait subir à des criminels aucune es- » pèce de supplice. » — On peut en dire autant de cette butte de même nom qui est en face du bourg de Saint-Lunaire, et à peu de distance du Décolé.

(53) *Digues de clôture des marais de Saint-Malo.* — C'était effective- ment jusque-là que la mer montait encore, dans les marées d'équinoxe, avant qu'on eût enclos ces divers marais au moyen des digues actuelles; dont les dernières furent élevées en 1712, etc., et réduisirent le port principal de Saint-Malo aux dimensions qu'il présente maintenant. — Ces marais, au sur- plus, si improductifs jusqu'à l'époque de leur desséchement, offrent de nos jours la plus riche culture; sont couverts de belles métairies; et forment la partie rurale de la ville précitée, qui y entretient un vicaire pour le desser- vice du culte. Ils peuvent contenir ensemble 500 journaux au moins, tout d'une tenue. — Dans celui dit le Grand-Marais, se voit, proche la grande digue, le petit étang de Marville ou des Bas-Sablons, qui n'a rien de remar- quable; et dont le trop plein se dégorge dans le ruisseau de Routouan, qui l'accole au nord.

(54) *Sillon, ou chaussée principale de cette ville.* — Nous croyons avoir donné une preuve incontestable de cette largeur, dans le chapitre 6 de notre grand ouvrage (juin 1378), en parlant du siége de la ville de Saint-Malo par le duc de Lancastre.

Que s'il était nécessaire d'ajouter encore à la certitude de ce fait historique, nous renverrions les incrédules, 1° à la permission accordée par le pape Sixte IV au duc de Bretagne François II (même chap., 1er mai 1475), de prendre sur le domaine de la seigneurie ecclésiastique l'emplacement de notre château actuel, à condition que ce prince, selon ses offres, aurait fourni à l'église un échange excédant en valeur celle du terrain qu'il convoitait ; condition qui eût été absurde, si cette plage n'eût été alors qu'un sable submersible : 2°, au témoignage rendu par M. Brisart et autres, qu'ils ont vu se faire le reculement de nos moulins du sillon de dedans la Grand'Grève vers la petite, à plus de cent pieds des précédens, que la mer avait gagnés ; témoignage que nous-mêmes avons eu occasion de vérifier en partie le 3 novembre 1824, où un abaissement extraordinaire des gros sables nous permit de remarquer, à fleur de sol, à environ 60 pas dans l'est-nord-est du moulin à patte, les restes du massif d'un de ces moulins anciens : 3° enfin, à ce dont chacun de nos concitoyens n'eut que trop lieu de se convaincre le 22 octobre 1820, où, entr'autres désastres, les flots emportèrent une lître de 20 à 30 pieds de large sur toutes nos mielles, jusqu'à Rochebonne.

(55) *Anciennes prairies de Césambre.* — « Il se trouve, dit d'Argentré,
» dans son *Histoire de Bretagne* (préf. p. 44 ; et Hist. l. 1, p. 51), qu'au
» passé la ville de Saint-Malo n'estoit pas de toutes parts environnée de la
» mer ; laquelle toutes fois depuis a gaigné bien loin au-deçà, en sorte que le
» pays qui est entre la ville et Sesembre, etc., estoit terre-ferme. Et voit-on
» par les comptes des revenus de l'évesché et du chapitre de cette église, que
» les receveurs en font chapitre en deniers comptez et non receus. Et se
» trouve au registre de la sénéchaussée, qu'autrefois il y eust procez entre
» le duc et les évesques, pour le pasturage desdits marests, où le duc préten-
» doit que ses hommes avoient droit de mener leur bestail en commun. »

Ce que l'historien de Bretagne avance ici s'être pratiqué long-temps, pour conserver la possession de ce terrain au cas que la mer s'en fû retirée, est de la plus grande vérité, et parfaitement conforme aux pièces originales dont nous allons citer quelques extraits. — Un regître capitulaire en effet, commencé en 1415, porte formellement qu'un particulier fût condamné, pour avoir laissé échapper ses bêtes dans les Prez de Césambre. — Sous la date de 1425, ce même regître contient un compte rendu l'année précédente au chapitre par le nommé Jean Billart, receveur de la manse capitulaire, lequel s'y charge d'avoir reçu 21 livres 8 sols de Colas Gochard, fermier des Prés de Césambre. — Il conste d'un autre état signé par Dom Pierre Billart en-

1437, qu'à cette époque, la dernière probablement de ces prairies était encore affermée trente sols à un appelé Charles Cauchart. — Enfin, en 1486, ce même Pierre Billart, ou un autre de même nom, « ne compte et ne se charge de la ferme de Césambre, parce que ledict recepveur n'en a point jouy. »

On pourrait, s'il en était besoin, ajouter à toutes ces démonstrations historiques et physiques, que, dans les différens aveux rendus aux ducs et aux rois par nos évêques (*) jusqu'au 29 décembre 1689, tout le rang des rochers nommés les Portes, les îles de Césambre, Harbour, Grand et Petit-Bés, les Marais, Talards, etc., sont désignés comme étant des dépendances de la seigneurie ecclésiastique de Saint-Malo, et non des appartenances du domaine ducal ou royal comme les autres îles situées dans la mer et les rivières; et que ces aveux ont toujours été reçus par la chambre des comptes sans blâme ni contestation : ce qui n'aurait certainement pas eu lieu, si les prétentions de nos prélats n'eussent reposé sur un fait notoire, savoir, que ce squelette d'un continent dévoré avait, de toute antiquité, fait partie du territoire des églises d'Aleth et de Saint-Malo.

(56) *État de la côte depuis le Couësnon jusqu'à Château-Richeux ; pêcheries dormantes à Cancale et autres lieux.* — Depuis le Pas-au-Bœuf jusqu'à Château-Richeux, la grève est demeurée plate, et sans aucune pierre. La mer s'y retire si loin de la digue artificielle qui défend tout le pays en arrière, les vases y sont si profondes et les sables en général si mouvans, qu'on n'a lieu d'y craindre aucune descente de l'ennemi; parce qu'il ne pourrait s'y engager sans courir les plus grands périls : aussi n'y a-t-on élevé aucune batterie. — Quelques faibles barques peuvent seules aborder en certaines méchantes crevasses au Pas-au-Bœuf même, ainsi que dans les lits étroits et boueux de la Banche, du Guyoul, et du Bied-Jean.

Du reste, des pêcheries exclusives, appelées *parcs de clayonnage* ou *bouchots*, sont situées sur les grèves de cette baie, à une demi-lieue en avant de la digue. On y prend quantité de poissons plats, tels que soles, plies, turbots, barbues, raies, etc.; d'autres poissons ronds, tels que rougets, mo-

(*) L'aveu et le dénombrement, en matière de fiefs, était une déclaration des héritages que l'on possédait, et qui relevaient d'un seigneur féodal. — Chaque vassal devait, une seule fois dans sa vie, fournir authentiquement cette description exacte et détaillée : et cette formalité avait été établie, afin que le seigneur, instruit de la consistance de son fief, pût en conserver l'unité et l'intégrité. — Cet aveu, lorsqu'il était reçu, servait respectivement de titre aux deux parties intéressées, et faisait foi en justice.

rues , anguilles , roussettes ou chiens de mer , etc. , et même quelquefois des marsouins, des thons, des saumons, des esturgeons, et autres grosses pièces (*). Chacune d'ailleurs produit par an une certaine somme d'argent en moules, qui s'y attachent avec plaisir (**) ; car ce coquillage préfère, pour végéter, le bois aux rochers. Elles commencent à la pointe du Bec du Puy, sous Cancale , et se prolongent jusqu'au-delà de Chérueix. Toutes , au nombre d'en-

(*) Entre autres poissons rares pris sur ces grèves, M. Blondel (*Not. hist. sur le mont Saint-Michel* , p. 74) en cite un fort singulier, qui y fut un jour laissé à sec, et dont M. de Buffon ni ses continuateurs n'ont parlé. — Cet animal avait trois pieds et demi de longueur. Sa tête était large, et beaucoup plus grosse que le corps. Sa gueule s'ouvrant d'un pied de haut, présentait des dents aiguës et rangées comme celle du requin. Le milieu de son palais était hérissé d'un amas de pointes très-piquantes. Sous son collet, de droite et de gauche, sortaient deux mains ; et de dessous son ventre, deux pieds qui lui servaient de nageoires. Il portait le long de son dos comme trois petits mâts mobiles , de la grosseur d'un faible tuyau de blé, dont le plus haut, celui du milieu, pouvait avoir huit pouces de hauteur. Chaque de ces mâts était orné, à la pointe , d'une espèce de guidon carré long, d'une peau bleuâtre, mince, transparente, et de 6 lignes de long sur 3 de large. Le corps de ce poisson était blanchâtre ; et sa queue se terminait en pointe, comme celle des saumons et des morues. Le peuple ne sachant quel nom lui donner, l'appela un diable de mer. Les pêcheurs qui le montraient en plein jour pour de l'argent, ne voulurent le vendre, que lorsqu'il ne fut plus possible de le conserver.

Une capture à peu près pareille eut lieu, le 24 juin 1785, sur nos parages. Notre bateau-pilote, en faisant sa tournée, prit, à six lieues au large, un de ces monstres aussi inconnus. qui pesait environ 500 livres. Sa tête tenait également de celle du requin ; mais elle était plus pointue. Ses yeux étaient grands. Il avait cinq ouvertures de guignes de chaque côté, et deux grandes nageoires au-dessous. Au bas de son ventre étaient deux espèces de fuseaux, formés d'os et de chair, et vides dans toute leur longueur. Sa mâchoire inférieure était armée dans le devant de quatre rangées de dents fort aiguës, et sa mâchoire supérieure de deux rangs seulement. Sa peau était brune, et pas si rude que celle du chien de mer. Sa queue était singulièrement faite, et aucun de nos naviguans et pêcheurs n'en avait vu de semblable. Avec lui, on risqua de prendre un petit de son espèce, qui l'avait suivi jusque sur la vase, où, à coups de gaffes et de perches , on l'avait contraint de s'échouer. — On en envoya la description au journaliste de Bruxelles, qui l'inséra dans sa feuille du 6 août suivant.

(**) Il ne faut qu'environ un an pour peupler de moules un bouchot, pourvu qu'on y laisse un dixième de la peuplade. — Il passe, après tout, pour constant, que ce coquillage est malsain dans tous les mois où la lettre R n'entre pas, et encore plus quand le frai des étoiles marines vient l'infecter. Dans ce dernier cas, les vomitifs , et surtout le vinaigre, sont les antidotes les plus efficaces. (Voyez sur ce sujet le mémoire de M. de Beunie, inséré dans la *Collection de l'abbé Rozier*, année 1779, p. 384.)

viron 50, sont construites de branchages entrelacés fort épais autour de pieux solidement enfoncés dans le sable, et élevés hors de terre de plus de six pieds vers le fond. Toutes sont placées à 40 brasses de distance les unes des autres, d'après l'arrêt du conseil du 11 août 1736 ; et toutes présentent leurs ouvertures vers la terre. Leurs ailes, pannes, ou côtés, peuvent avoir 100 à 130 brasses de longueur. A l'extrémité de l'angle qui fait le fond de chaque pêcherie, est une ouverture ou égout, de quelques pieds de large sur toute la hauteur du clayonnage : c'est là qu'est la cage, où sont tendus divers engins, tels que verveux, guideaux, tonnelles, basches ou bonastres, nasses, gonnes, et autres, formés de rets, ou de verges d'osier ; dans lesquels s'arrête définitivement le poisson. D'après l'arrêt déjà cité, ces diverses pêcheries ne peuvent être établies qu'à 200 brasses au moins du passage ordinaire des vaisseaux, à peine de démolition aux frais des propriétaires. Toutes, à l'époque de la révolution, étaient du ressort et sous la surveillance de l'amirauté de Saint-Malo : mais par ordonnance du roi du 24 juillet 1816, la police supérieure de tout ce qui est relatif à la pêche dans cette baie, fut dévolue à l'intendant de la marine à Brest, par l'intermédiaire de l'administrateur en chef de la marine à Saint-Servan. Malgré les réglemens sages qui ont fixé la grandeur de la maille du filet qui les ferme, et qui ordonnent de les tenir ouvertes dans la saison du frai, on ne peut se dissimuler qu'elles ne détruisent sans remède une quantité énorme de jeune poisson.(car comment l'autorité la plus vigilante pourrait-elle, afin d'obvier aux contraventions des pêcheurs, visiter chaque marée, de jour et de nuit, les pieds dans la vase, souvent la pluie ou la grêle sur la tête, et toujours aux risques de s'enliser, si l'on s'écarte trop de la vraie route signalée par quelques branchages fichés de loin à loin dans le sol, les sacs de ces parcs disséminés sur une aussi grande étendue ?) : mais cet inconvénient est-il une raison bien suffisante pour abolir toutes ces pêcheries, comme l'ont proposé dernièrement quelques hommes à systèmes ? C'est ce que nous laissons à décider à de plus habiles que nous. Ce que nous nous permettrons seulement de dire sur cette matière, qui intéresse si particulièrement presque toute la population de la côte, c'est que tel des économistes cités ci-dessus qui regrette de ne pas voir sa table fournie à meilleur marché, pourrait bien lui-même, si ses vœux se réalisaient, se repentir d'avoir fait comme ces sauvages, qui, pour avoir deux ou trois noix de coco de plus, abattent l'arbre qui les porte.

Suite de l'état de la côte, depuis Château-Richeux jusqu'à la Rance.— Depuis Château-Richeux au contraire jusqu'au Groin, et depuis cette pointe jusqu'à celle de la Varde, la côte est communément très-rapide, très-escarpée, et de très-difficile abord ; si ce n'est dans quelques-unes des anses qui l'accolent, et où les échouages sont plus ou moins plats et nets, mais qui sont toutes défendues par des batteries de terre.

Quant aux deux bords de la Rance, ils sont aussi presque partout fort élevés, et renferment quelques mouillages et atterrissemens excellens, dont nous avons parlé ailleurs. — Ils n'offrent plus maintenant de gués, même dans les plus basses mers, en-deçà de Saint-Suliac : et, indépendamment des captures plus considérables qu'on y fait, l'on y pêche la chévrette, comme sur tout le reste de ces parages, au moyen d'une truble ou trouble, dite vulgairement *havcneau*. C'est une sorte de petit filet qui ressemble à un capuchon à pointe arrondie, et dont l'ouverture est attachée à un cerceau, ou à quatre bâtonnets que l'on suspend à volonté au bout d'une perche. On promène doucement cet engin dans les mares, et le long des rochers que ce crustacée recherche ; et en le relevant, on fait rafle sur tout ce qui s'y trouve renfermé.

Tour de Solidor, et prieuré de Dinard. — Ces deux bords, outre ce que nous avons déjà rapporté à la page 42, offrent, vers l'embouchure de la rivière, deux monumens à l'œil investigateur des amateurs d'antiquités, savoir: le château de Solidor sur la rive droite, et le prieuré de Dinard, sur la gauche. — Le premier est une grosse liasse de trois tours formant l'as de trèfle, et haute de 54 pieds ; qui fut bâtie, en 1382, par le duc de Bretagne Jean V, surnommé le *Conquérant*, pour forcer l'évêque malouin, Josselin de Rohan, qui lui refusait l'obéissance (*). — Le second est une ancienne ministrerie, qui avait été fondée, en 1324, par Olivier et Geoffroi de Montfort, pour des religieux trinitaires ou mathurins ; en reconnaissance de ce qu'ils avaient été délivrés, par ces pères de la rédemption des captifs, de la main des Turcs (**).

(*) Ce bâtiment, d'une structure très-solide et bien entendue, est assis sur la pointe d'un roc avancé qui fait la séparation des ports de Solidor et de Saint-Père. Il est divisé en 4 étages, y compris celui du machicoulis et le rez-de-chaussée ; et, en temps de guerre, il sert de dépôt pour les prisonniers ennemis, en attendant qu'on les transfère dans l'intérieur du pays, ou qu'on les renvoie chez eux. — Le prince qui l'avait construit, avait fait graver sur la porte l'écusson de ses armes, avec son clam ou cri de guerre ordinaire : *Malo au riche duc ;* mais ce scandale était trop fait pour offusquer nos hommes de 1793 ; et ils ont pris soin qu'il disparût. — La capitainerie de ce château avait été long-temps distincte de celle de Saint-Malo ; mais elle lui fut réunie au mois de novembre 1663, ce qui a duré jusqu'à la révolution. — Comme cette tour n'a pas été faite pour l'usage du canon, c'est une de ces forteresses dont on pourrait mettre la clé en poche en temps de paix ; et sa position isolée entre les deux ports, y produit un effet vraiment pittoresque.

(**) Cet hospice, où les deux fondateurs avaient leur sépulture, est à peine aujourd'hui reconnaissable, par les changemens qu'y a faits l'acquéreur révolutionnaire. — On

Suite enfin de la côte, depuis la Rance jusqu'au cap. — Château du Guildo. — Enfin, depuis la pointe de Dinard jusqu'au cap Fréhel, tout le littoral est bordé d'âpres falaises, au pied desquelles la mer bat d'ordinaire avec fracas ; ou de vastes grèves plates, peu sûres en certains endroits (*). — Les divers havres que l'on y voit, ont presque tous leurs entrées hérissées de roches et d'écueils ; ce qui, joint aux mauvais vents qui y soufflent, et au peu de hauteur d'eau qui reste dans la plupart d'entre eux, les rend, en général, peu commodes pour les petites embarcations qui seraient forcées de s'y retirer. — Cependant il faut en excepter surtout le petit port de Saint-Briac, qui, au danger des roches près, est bon, et sert habituellement d'asile à plusieurs moyens bâtimens destinés au cabotage.

Les principaux ouvrages de l'art qu'on y remarque, et dont nous n'avons encore rien dit, c'est l'ancienne communauté des carmes du Guildo, fondée le 20 mars 1620 par Jean d'Avaugour, seigneur du bois de la Motte, et aujourd'hui presque entièrement détruite ; le vieux château du Guildo même, ruine spécialement célèbre dans les fastes de la province, par la détention, en 1446, de l'infortuné Gilles de Bretagne, et qui depuis long-temps ne loge plus d'autre garnison que des orfraies et des hiboux ; en un mot, plusieurs gen-

l'a nommé long-temps l'*Hôpital Béchet* : mot qui n'exprime pas un Hôtel-Dieu destiné à recevoir des malades ; mais une simple hôtellerie honnête, où les voyageurs étrangers, et spécialement les confrères des religieux de cette maison, trouvaient gratuitement, durant quelques jours, ce que nous nommons vulgairement *la passade*, c'est-à-dire tous les secours d'une charité généreuse.

(*) La grève de Saint-Jagu, en particulier, est fort patouilleuse ; et celle de Dinard, en avant du village de ce nom, ne l'est pas moins, pour peu qu'on s'éloigne de la côte.

Grande grève de Saint-Malo. — La grande grève de Saint-Malo, tout au contraire, joignant la ville à l'orient, est de toute solidité, et d'un beau sable fin sur un fond de marne. — Elle sert de promenade ordinaire aux habitans, lorsque le temps les y convie, et qu'elle s'est un peu égouttée : mais dans certaines tempêtes, la mer y roule des lames monstrueuses, qui en haussent ou en baissent le niveau. — Dans les mortes eaux, elle ne couvre pas tout entière : de façon que le sable, qui y sèche, en est fréquemment emporté par le vent jusque sur les dunes, et même dans la petite grève, qui n'en est séparée que par la largeur du sillon ; transport dont la répétition durant des siècles finira probablement par élever d'une manière fort nuisible le sol du port, déjà malheureusement trop comblé en plusieurs endroits, malgré ce que chaque marée en entraîne. — Les flots déposent quelquefois sur cette grande grève quelques traînées de ce mica brillant qu'on appelle or ou *argent de chat*, selon sa couleur, et qu'on emploie pour mettre sur l'écriture fraîche. Ils y roulent aussi de temps en temps, parmi le gros gravier qui forme la partie haute du rivage, certaines pierres creuses nommées *géodes*, dont l'intérieur est tapissé de l'améthiste rougissante : mais ces primes de pierreries, pour parler en style de lapidaire, n'ont d'autre valeur que leur rareté ; et ne peuvent guère intéresser que les amateurs de l'art spagyrique, curieux d'en deviner la nature.

tilhommières plus ou moins élégantes, mais dont aucune n'a laissé de grands souvenirs historiques.

(57) *Approches du port de Saint-Malo.* — Ces approches peuvent être divisées en deux classes : les lointaines, en dehors de la ligne visuelle qui s'étend du cap Fréhel jusqu'à Granville; et les voisines, en-deçà de cette ligne.

Les premières, qui ne sont pas, à proprement parler, de notre sujet, se prennent des sept îles sur la côte de Bretagne, jusqu'au cap de la Hague, qui termine la Normandie. — Elles offrent une zône de syrtes presque aussi remarquables par leur nombre, que l'est dans le ciel la voie lactée par celui de ses étoiles. — Aurigny, Jersey, Guernesey, Herms, Serck, les Minquiers, les Roches-Douve, et une multitude infinie d'autres îles petites et grandes tapissent cet archipel, et présentent aux navires venant du large une première barrière, à travers laquelle la prudence ne leur permet guère de passer que par quatre endroits. — Le premier de ces passages éloignés est celui du raz de Bréhat, à la côte de notre province, lequel se réduit à une lieue seulement de large entre les pierres appelées *la Horaine* et *Harlouin*, et qui, quoique très-périlleux, est le plus pratiqué. Le second, celui nommé *le Grand-Canal*, qui, pour avoir quatre à cinq lieues au moins de large entre les Roches-Douve et Guernesey, n'est pas beaucoup fréquenté, à cause de certains vents qui ne permettent guère de rallier la terre sans tomber sur les Minquiers ou sur la Derrée. Le troisième, dit *le Grand-Ruel* ou *Ruau*, entre les îles d'Herms et de Serck, qu'on n'a qualifié du titre de *Grand*, que par comparaison à un autre de même nom, mais plus étroit, qui en est proche. Enfin le quatrième, appelé *la Déroute*, que quelques-uns prolongent depuis le raz Blanchard, tout le long de la côte de Normandie, jusqu'à Granville, mais qui n'embrasse proprement que l'espace compris entre Jersey, Carteret, et les rochers nommés les *Senequets* et *le Bœuf*; et où, de mer basse, il reste aussi peu d'eau, qu'il est hérissé de bancs de sable et de pierres.

Les secondes approches qui se présentent sur les avenues de Saint-Malo, lorqu'on est en dedans du rideau ci-dessus, n'offrent pas des obstacles moins multipliés. — Indépendamment de ce que nous en avons dit dans ce Mémoire, nous en avons donné le plan détaillé, avec la manière de s'en tirer avec succès, dans la carte hydrographique et à grand point qui fera suite à cet ouvrage.

De tout cela, il résulte que la ville de Saint-Malo, située en l'un des fonds de ce vaste cul-de-sac, peut être comparée à un château beau par lui-même; mais dépourvu de routes spacieuses, commodes et sûres pour y arriver.

(58) *Difficultés de l'accès de sa rade pour les vaisseaux de ligne.* — Une fois engagé dans ces passes, si le vent venait à changer, ou qu'il fût sur-

pris de calme; un de ces gros vaisseaux s'en tirerait d'autant plus difficilement, que depuis les portes jusqu'en rade, il ne pourrait ni mouiller, ni virer de bord; tant à cause de la nature du fond, qui n'est, pour ainsi dire, que de roche, que des courans qui s'y font sentir, et de la largeur du canal, qui n'a à peu près qu'un quart de lieue de mer haute, et environ cent toises de mer basse : car il ne faut pas juger d'un vaisseau de ligne comme d'un navire marchand. L'espace pour virer, et le temps qu'exige pour cette opération la manœuvre de leurs évolutions respectives, sont dans la proportion de plus d'un à trois. A cinquante pieds d'un rocher, avec 15 à 18 pieds d'eau au plus, un bâtiment ordinaire change de bord avec succès; tandis qu'un navire du premier ou du second rang, dont le tirant d'eau peut aller jusqu'à 26 pieds quand il est armé, est presque sûr de briser misérablement. — Au surplus, une fois entrées sur notre rade, c'est en Belle-Grève, dans la rivière, que ces lourdes masses, qui ne nous visitent que quand elles y sont absolument contraintes par l'ennemi, ou par quelques avaries, doivent aller chercher abri pour se refaire. Ce fut ainsi qu'en agirent les 22 vaisseaux de M. de Tourville, échappés au fatal combat de la Hogue, qui eut lieu le 29 mai 1692, et *le Téméraire*, de 74 pièces, le 29 janvier 1795.

(59) *Marée remarquable par son excessive hauteur.* — L'histoire de notre ville a conservé en particulier la mémoire de la marée équinoxiale de mars 1608, où le vent fut si violent, que les flots submergèrent le Sillon, la chaussée de Routouan, et celle du Marais-Rabot, dans lequel ils entraînèrent trois bâtimens d'une certaine grandeur, qu'on ne put en retirer. Tous les blés ensemencés dans cet espace furent perdus; et l'on y trouva beaucoup de poisson mort, quand la mer s'en fut écoulée. La grande et la petite digue actuelles n'existaient pas encore à cette époque; mais il est évident, vu leur hauteur, qu'elles auraient elles-mêmes été surmontées de beaucoup en cette occasion. — Nous ne perdrons aussi jamais le souvenir de la marée extraordinaire du 24 février 1811, où tous nos quais furent couverts, les maisons de la Grande-Rue et de la Poissonnerie inondées, la chaussée du Sillon emportée en partie, et nos deux digues surmontées en plusieurs points, ainsi que les dunes jusqu'à la Hoguette; de façon que si le vent, qui soufflait bon frais, eût secondé la violence de la mer, ou si elle-même eût demeuré plus long-temps à son plein, ses ravages auraient été incalculables.

(60) *Hauteur des marées ordinaires dans cette rade.* — Aux autres grandes marées des nouvelles et pleines lunes, la mer ne monte chez nous que de quarante pieds verticaux seulement; et dans les mortes eaux, de vingt à vingt-six pieds huit pouces au-dessus de son plus bas, mais toujours en

retardant chaque jour d'environ 3 quarts-d'heure, comme nous l'avons dit.
— Ces vicissitudes et ces élévations sont merveilleuses, sans doute, selon que
s'exprime le Psalmiste (*Ps.* 92 , v. 6): mais combien plus, poursuit-il, est
admirable celui qui habite dans les cieux; « et dont la puissance, ajoute
» Job (ch. 38 , v. 9), en jetant ce fougueux élément comme dans un berceau,
» l'a, pour ainsi parler, emmaillotté de bandelettes qu'il ne peut rompre
» sans la permission expresse de son maître, et lui a dit avec cet empire qui
» ne connaît point de résistance : Tu viendras jusqu'à ce grain de sable, qui
» te servira de barrière; là, tout épouvantables qu'ils paraissent; tu briseras
» en une vaine écume l'orgueilleuse fureur de tes flots... *Hùc usquè venies,*
» *et non procedes ampliùs ; et hìc confringes tumentes fluctus tuos ! »*

(61) *Description des deux ports de Saint-Malo et de Saint-Servan.* —
Jusqu'à l'époque de l'entière séparation politique de nos deux villes,
le 13 décembre 1790, les ports de Saint-Malo et de Solidor, que l'envahissement de 709 a espacés en la manière qu'on les voit aujourd'hui, étaient
compris, dans l'usage civil, sous la dénomination unique de *port de Saint-
Malo*, dont Saint-Servan, depuis le 1er mai 1753, était le faubourg. —
— Mais pour ne rien confondre, nous allons les considérer à part, et sous
l'aspect physique que chacun d'eux présente maintenant.

Celui de Saint-Malo, situé à l'orient de nos remparts, et sous leur protection, a son entrée à l'ouest, en face, et à environ 600 toises de la rade.
— Cette entrée, qui, avant l'accroissement du mur d'enceinte dans cette
partie-là, était presque du double, n'a pas actuellement elle-même plus de
cent toises libres de tout danger. La porte de Dinan la forme au nord; et
les rochers du Pouget, ou pierres du Nez, la forment au sud. — La partie
septentrionale de ce port principal est abritée par le Sillon : sa partie orientale l'est par la grande et la petite digue, qui ont les Talards (*) entre
deux : enfin sa partie méridionale l'est par la côte de Saint-Servan. — Son
intérieur, de l'est à l'ouest, est traversé par deux ruisseaux, celui du Petit-
Marais au nord, et celui de Routouan, ou du Grand-Marais au midi;

(*) Ce mot, selon dom Le Pelletier (*Dict. celt.*, au mot *Talar*), exprime l'idée d'un
front de champ, ou sillon de front (*arvum frontale, quod in fronte agri est*); parce
qu'en effet cette presqu'île, qui s'avance vers l'occident dans le havre, peut être regardée,
par rapport à Saint-Malo, comme le front ou la tête des terres labourables qui sont en
arrière. « Ce nom propre, ajoute-t-il, a été mal à propos grécisé *talassium* par un moine
» anglais, comme signifiant *maritime*; car tous les gens du pays prononcent constam-
» ment *le talar*. » — Dans ce lieu sont établis les magasins de la marine royale, l'ancienne maison de santé de la ville, deux corderies particulières, etc.

8

lesquels se réunissent à l'entrée précitée, et coulent de là ensemble jusqu'à la mer. Sur ces ruisseaux sont établis sept ponceaux, composés, à l'exception d'un seul, de piles en pierres de taille, recouvertes avec de grandes dalles de même matière, assez larges pour donner passage à deux personnes, en se gênant un peu. Tous sont disposés de façon à ne pas nuire, par leur élévation, à la manœuvre des vaisseaux qui les franchissent : et à leur pied, dans les ruisseaux, règne un empierrement destiné à consolider le chemin des voitures. Des sentiers semés de menu cailloutage, conduisent sans risque le voyageur de l'un à l'autre : et le 8 avril 1791, il fut convenu à l'amiable que les trois de ces ponts qui sont sur le Routouan (ligne de démarcation du territoire des deux communes en cet endroit), seraient entretenus par elles à frais égaux. Ces trois ponts sont celui de l'Évêque, à l'entrée même du port ; et qui ne découvre pas de mortes eaux : le pont du Nez, vis-à-vis le lieu du même nom ; et qui est un des plus fréquentés : et le pont du Val, presque au fond du port, entre l'hôpital général et le grand Talard. Les quatre autres, situés sur les deux bras du ruisseau du Petit-Marais, sont à la charge de Saint-Malo seul : ils se nomment le pont de la Grand'-Porte, le pont aux Laitières, ou des Galets, le pont de la Balise, ou du Pot-ès-Chiens, et le pont de Rocabey. Ce dernier est percé de différens passages couverts de planches solides ; mais qu'on démonte à volonté, pour donner accès ou sortie aux navires qui vont ou viennent au-delà. — L'intérieur de ce port est encore traversé par les canaux sous-marins de la pompe, ou fontaine publique, qui viennent de près d'une demi-lieue déboucher proche la tour méridionale de la grand'porte de la place ; et dont nous avons déjà dit un mot à la note 24. — Le sol de ce port, dit aussi *la Petite-Grève*, est presque partout vaseux, et ne couvre pas en entier à chaque marée (*) : mais aux équinoxes, le flot y surmonte partout de 12 à 30 pieds, selon les inégalités du terrain ; de sorte que, si la mer n'y était contenue par les digues que l'art lui a opposées, elle inonderait encore, comme elle le faisait anciennement, tous les marais jusqu'au bas de Paramé et au-delà de Frotu. Il est tapissé, aux approches de la petite digue, d'une espèce de criste marine ou salicorne, que le peuple appelle de la *pétrelle :* et l'on en tire en cette partie, de même que du côté de la grande digue, mais à certaine distance, beaucoup de marne pour l'engrais des terres. — Quoique la marée entre avec rapidité dans cette espèce de bassin, les rochers du Nez, et l'éperon ou môle qui est accolé au bastion Saint-Louis, contribuent néanmoins tellement, avec l'interposition de la ville, à rompre l'effort des lames, qu'il est en général fort

(*) Dans les mortes eaux la mer reste 300 toises en arrière de la petite digue ; et 200 en arrière de la grande.

tranquille, excepté durant quelques tourmentes assez rares. — Il est reconnu qu'il serait de capacité à contenir au besoin 2 à 300 bâtimens; mais il a l'inconvénient, quand ces bâtimens arrivent du large dans la morte eau, qu'ils sont obligés de rester trois ou quatre jours à l'ancre dans les rades; ne pouvant alors pénétrer dans ce port faute d'eau, spécialement sur ces roches appelées *les Noires*, qui sont en dehors de l'entrée, et qui excèdent de 6 pieds en hauteur le niveau du pont l'Évêque. — C'est à l'abri de la partie orientale de la ville, depuis l'Éperon précité jusqu'à la Pointe du Château, que la plupart des vaisseaux marchands viennent se ranger le long des quais, pour commencer leur chargement, qui se complète en rade; ou pour achever leur désarmement, après s'être un peu allégés avant d'entrer: car on sait qu'un navire ordinaire de commerce de plus de 200 tonneaux, et à plus forte raison un bâtiment fin, ne peut guère échouer impunément, sans avoir été auparavant soulagé d'une partie de son poids. — Les chantiers et lieux de construction occupent le reste du Sillon, jusqu'à quelque distance de la petite digue. — Quant à ceux de ces navires qui ne peuvent ou ne veulent trouver place dans les endroits que nous venons de dire, ils vont atterrir, et se reposer sur leurs dragues, soit aux Talards; soit, de l'autre côté du Routouan, aux lieux appelés *Châles*, *le Val*, et *Trichet*, sous Saint-Servan : car, pour ce qui est de l'anse de la Montre ou des Bas-Sablons, sous la même côte, mais en dehors du port, quoique son ouverture soit de 300 toises, et sa profondeur moyenne de 250, elle est trop exposée aux mauvais vents, et sujette à trop d'autres incommodités pour leur servir de refuge, excepté dans des cas désespérés. — A mesure que la mer se retire de ce port, on le traverse, comme nous l'avons déjà dit, soit à pied, soit en charrettes couvertes (mauvais (*) haquets qui sont les carricks banaux du lieu), en suivant exactement les sentiers dont nous avons parlé ci-dessus, afin ne ne pas s'engager imprudemment dans les parties vaseuses. — Ce passage a lieu journellement pendant 16 heures au moins, par le pont de Rocabey, qui ne couvre point en morte eau; pendant 12 par le pont du Val; et pendant 8 par le pont du Nez.

(*) Ce fut au mois d'août 1798, qu'un certain Galopet (le nom est remarquable) mit en vogue pour la première fois ces tristes vélocifères, à l'aide desquels le capitaine Paulin n'aurait certes pas fait en 21 jours le voyage de Constantinople à Fontainebleau du temps de François Ier; ni le courrier d'Espagne Jean Bourochio, porté en trois jours et trois nuits, de Paris à Madrid, la nouvelle du massacre de la Saint-Barthélemy. — Avant cet obscur citoyen, qui valait incomparablement mieux que plusieurs notabilités d'alors, nos pères ne faisaient usage que de méchantes charrettes sans tentures ni ridelles, où le voyageur était exposé à toutes les injures de l'air, et au danger continuel, non-seulement d'être couvert de vase, mais même de tomber sous les roues.

8.

— Pour plus ample explication, voici une Table générale de la pleine et basse mer dans ce port, calculée sur le moyen mouvement de la lune, qui est d'environ 48 minutes de retardement par jour ; avec les heures du passage à pied sec au pont du Nez, où le gué rompt à deux heures de flot, tandis qu'il ne rompt qu'à trois à celui du Val. Nous la donnons à défaut de mieux, cette Table ; quoiqu'elle ne soit pas d'une exactitude rigoureuse, tant à cause du retour des marées, qui n'est pas entièrement uniforme dans les nouvelles et pleines lunes et dans les quadratures, que pour quelques autres raisons que nous passons ici sous silence.

Jours de la Lune. 🌑 . Et . 🌕	Plein de l'Eau.	Bas de l'Eau.	Gué au Nez.
1 16	6 heures. 0′	12 heures. 12′	10 heures. 0′
2 17	6 48	1 0	10 48
3 18	7 36	1 48	11 36
4 19	8 24	2 36	12 24
5 20	9 12	3 24	1 12
6 21	10 0	4 12	2 0
7 22	10 48	5 0	2 48
8 23	11 36	5 48	3 36
9 24	12 24	6 36	4 24
10 25	1 12	7 24	5 12
11 26	2 0	8 12	6 0
12 27	2 48	9 0	6 48
13 28	3 36	9 48	7 36
14 29	4 24	10 36	8 24
15 30	5 12	11 24	9 12

Le port de Solidor (vase et sable), beaucoup moins considérable pour son étendue que le port principal dont nous venons de donner la description, n'est séparé de celui-ci, vers le sud, que par une langue de terre d'environ 400 toises de largeur, qui forme une des parties les plus peuplées de la ville de Saint-Servan. — C'est le seul lieu propre à la construction des frégates, et où l'on en bâtit en ce moment deux superbes des plus vastes proportions, en attendant d'autres. — En 1773, M. Beaugeard, trésorier de la province, y fit construire *le Fitz-James*, du port de 1000 à 1200 tonneaux, et de l'échantillon d'un vaisseau de 74 (*). C'est le plus grand qui y ait jamais été fait; le ministère ayant depuis refusé son autorisation aux offres que fit M. Guillot, commissaire de la marine, d'en faire fabriquer d'autres de même volume, avec promesse de répondre sur sa tête qu'il les mettrait en état de suivre telle destination qui leur serait désignée. — Une seule portion de ce port assèche; tandis que l'autre conserve toujours assez d'eau pour tenir à flot une frégate même. — Le promontoire de la Cité, qui le couvre vers le nord, lui et le port Saint-Père, qu'on en doit regarder comme une dépendance, le met à l'abri d'un très-grand nombre d'accidens : cependant (indépendamment de la gêne qu'occasionne la basse du Château, qui est à une petite distance dans l'ouest de la tour de Solidor), les vents d'est et d'ouest y étant traversiers, et celui d'ouest spécialement y soufflant avec violence, il est de toute prudence de n'y pas tenir à la fois plus de deux frégates, par la nécessité où l'on est de les mettre à éviter, c'est-à-dire de tourner librement à la longueur de leurs câbles, selon le vent ou la marée, sans choquer les autres bâtimens; quoique, dans un moment de presse, on pût y en admettre le double. Il convient aussi d'y arrêter les autres navires à quatre amarres; c'est-à-dire de les fixer devant et derrière, afin de les retenir en situation, et qu'ils ne gênent pas leurs voisins. — Disons-le enfin, il est vraiment déplorable que ce port, pour lequel la nature avait tant fait, et où sont aujourd'hui les bureaux et l'arsenal de la marine du Roi (**), ait été pendant long-temps considérablement détérioré par l'insouciance ou l'imprévoyance des hommes. De sages réglemens avaient prescrit aux maîtres de barques et de navires, de verser leur lest dans des endroits destinés pour sa décharge; mais au lieu de se conformer à des ordres si prudens, on a souvent jeté une partie de ce lest le long du bord, et au plus tôt prêt : d'où il est résulté que ce qui n'a pu s'engraver (ce qui aurait déjà été un mal), a été entraîné dans le canal par les

(*) Ce beau bâtiment fut béni solennellement par M. Des Laurents, évêque de Saint-Malo, le 28 septembre de ladite année, lancé à l'eau immédiatement après, et conduit le lendemain en belle grève, pour y être mâté et équipé. — Le sieur Le Marchand, qui en était le constructeur, lui avait fait un berceau de son invention.

(**) Ce fut par un arrêté du 29 germinal an 12 (19 avril 1804), que ce port, celui de Saint-Père, et la tour de Solidor, furent mis à la disposition de la marine de l'État, qui y a aujourd'hui ses bureaux. — M. Bleschamp, chef de l'administration maritime de Saint-Malo, et l'allié de l'homme qui dans ce temps-là gouvernait la France, fut le principal agent pour ce nouvel ordre de choses.

flots. Ce canal s'en est trouvé insensiblement presque rempli ; de façon qu'il s'est formé en arrière du mouillage un banc de sable d'environ 240 toises de long, à peu près nord et sud, dont la hauteur est telle, qu'il ne peut plus être franchi que de quelques pieds par les frégates, lorsqu'elles passent par-dessus ; et que, de basse mer, dans les équinoxes, il ne reste plus entre lui et la terre, pendant quelques heures, que 15 à 16 pieds de profondeur d'eau ; ce qui est insuffisant pour nos frégates actuelles, qui tirent de 20 à 22 pieds. — Puisse la police beaucoup plus exacte qui se fait depuis quelques années, n'interrompre jamais son action surveillante sur cet article d'autant plus essentiel, que Saint-Malo et Saint-Servan, étant la seule station intermédiaire entre Brest et Cherbourg, pour les grands vaisseaux de l'État qui sont forcés par des circonstances majeures de s'y réfugier, la bonne tenue de leurs ports et rades mérite sous ce nouveau point de vue la plus haute considération !

(62) *Service des bateaux de passage entre ces deux villes.* — Ces bateaux de service, actuellement au nombre de 45, sont numérotés, et conduits par des marins pleins d'expérience. Leur police est aussi exacte qu'on puisse le désirer ; de sorte que les accidens dans ce trajet sont très-rares. Pour la légère somme d'un sou par individu, l'on est défrayé du passage, quand on veut attendre la batelée, ou, comme dit le peuple, *la batée,* qui est aujourd'hui fixée à six personnes ; et, pour six sous, quand on veut partir seul. Les soldats, les écoliers et les ouvriers passent à moitié prix ; et les premiers pour rien, quand ils sont en ordonnance.

Nos pitoyables phaétons, traînés par quelques haridelles assez ressemblantes au célèbre coursier du héros de la Manche (don Quichotte), succèdent à ces bateaux, dès que la mer est suffisamment retirée ; et peuvent être au nombre de 24 à 30. — Ils sont également aux ordres des habitans des deux communes et des étrangers que leurs affaires appellent sur l'autre rive ; et ne sont pas plus chers. — Les moyens de plainte contre leurs conducteurs, ainsi que contre les bateliers, en cas de contravention à la pancarte réglementaire, sont faciles ; et tout a été sagement prévu, pour que les débats concernant ce passage n'arrivent pas souvent.

On a plusieurs fois fait compter le nombre de gens qui font chaque jour cette navette d'une ville à l'autre ; et l'on peut statuer communément sur 1,500 à 2,000, tant de mer haute que de mer basse. — Le Mémoire imprimé par délibération de la municipalité de Saint-Servan du 1er octobre 1828, contre notre projet d'un bassin à flot au Grand-Bé, évalue ce nombre à 3,258 personnes, terme moyen : mais il y a certainement en ce point, comme en quelques autres, exagération.

(63.)   *Piscium summâ genus hæsit ulmo,*
          Nota quæ sedes fuerat palumbis.

                    (Horat. Od., l. 1, ode 2.)

(64) *Remarque de Voltaire sur les huîtres.* — « Les huîtres, remarque
» fort judicieusement M. de Voltaire (*Physique*, t. II, p. 197, édit. in-12
» de 1785), sont un grand prodige pour nous, non pour la nature... Un ani-
» mal toujours immobile, toujours solitaire, emprisonné entre deux murs
» aussi durs qu'il est mou ; qui fait naître ses semblables sans copulation, et
» qui produit des perles sans qu'on sache comment ; qui semble privé de la
» vue, de l'ouïe, de l'odorat et des organes ordinaires de la nourriture ; quelle
» énigme!... On les mange par centaines, sans faire la moindre réflexion sur
» leurs singulières propriétés... Sont-elles des zoophytes? quelles bornes divi-
» sent le végétal et l'animal? où commence un autre ordre de choses? quelle
» chaîne lie l'univers? mais y a-t-il une chaîne? ne voit-on pas une dispro-
» portion marquée entre la nature brute et l'organisée, entre la matière vé-
» gétale et la sensible, entre la sensible et la pensante? qui sait si elles se tou-
» chent? qui sait s'il n'y a pas entre elles un infini qui les sépare? qui saura
» même jamais seulement ce que c'est que la matière? »

On trouve quelquefois, mais très-rarement, dans nos huîtres de Cancale,
de menues semences de perles, d'un blanc faiblement argenté, et qui y forment une espèce de bézoart. Elles sont pour la plupart adhérentes à l'intérieur de l'écaille, comme autant de verrues ; et doivent, selon toute apparence, leur origine à l'extravasion de la nacre de leur coquille, produite par
la piqûre de la scolopendre de mer, ou de quelque autre insecte. — Elles sont
absolument de nulle valeur.

(65) *D'où le poisson appelé maquereau a-t-il tiré son nom?* — Belon
(*de Piscis.*) prétend que le nom de ce poisson lui est venu de ce qu'il fait,
dit-il, dans la mer, à l'égard des jeunes aloses qualifiées de pucelles, et de leurs
mâles, le même métier que ces corrupteurs de la jeunesse qu'on appelle en
latin *lenones* : mais c'est une imagination qui a plus l'air d'une fable que
d'une opinion bien fondée. — Il paraît bien plus probable qu'il n'a été
nommé ainsi qu'à cause de ce bariolage de nuances dont son dos est couvert ; et qui ressemblent assez à ces taches nommées aussi *maquereaux*, qui
surviennent aux jambes, quand on se chauffe de trop près : ou de la diversité

des couleurs dont était bigarré l'habit des anciens comédiens qui se char-
geaient de représenter le vil personnage de meneur. — (Voyez la fin de
la note 46.)

(66) *Description de notre poulpe commun.* — On présume que cette disparition fut occasionnée par une multitude considérable de poulpes communs ou polypes, qui se montrèrent en ce temps-là, vers la fin du printemps, sur nos rivages: car on sait que ces animaux membraneux, voraces et
omnivores, qui ne s'épargnent pas même entre eux, sont des ennemis re-
doutables pour tous les autres êtres qui habitent les rochers. — Ils sont, si
j'ose m'exprimer ainsi, le requin de nos côtes; et, dans leurs accès carnassiers,
tout leur est bon. Ils se jettent même sur les hommes qui font naufrage, ou
qui en se baignant se mettent à leur portée; et tâchent de les enlacer dans
leurs longs bras armés chacun d'un double rang de suçoirs, qui, en faisant le
vide, adhèrent en un moment à ce qu'ils ont saisi. Nos marins les appellent
cornets ou *encornets ;* nos bonnes vieilles malouines *encônas ;* et les enfans, *minars , margaux* ou *diables de mer.* — Leur figure globuleuse imite
assez celle d'une bourse, d'où pendraient huit filets de 2 pieds au plus de
long. — Leur corps tout charnu, est privé de nageoires et d'os, et couvert
d'une peau musculeuse. — Au haut du sac, mais en dedans, est la tête de
l'animal, pourvue de deux gros yeux flamboyans, et d'un bec corné comme
celui du perroquet. — Tout autour de cette tête sont rangés les huit bras
nerveux que nous avons dits, terminés en pointe, unis à leur base par une
membrane commune, et garnis jusqu'à leurs extrémités de papilles ou ven-
touses qui forment comme autant de piéges que la bête contourne en tout
sens avec une singulière agilité. — Chasseur aussi obstiné qu'intrépide et
vigilant, ce mollusque destructeur ne recule point devant le péril, à moins
qu'il ne sente absolument son infériorité ; et il choisit communément pour
sa demeure quelque anfractuosité entre les pierres, où il guette et épie tout ce
qui passe dans son voisinage. — Il tue bien plus qu'il ne consomme; et il ne
suce d'ordinaire que le sang et les liqueurs de l'objet dont il fait sa pâture. —
C'est surtout la nuit qu'il sort de ses repaires pour exercer ses brigandages :
et, quand il ne se sent pas en mesure d'attaquer avantageusement, il souffle,
recule en faisant la roue, frappe de ses bras comme d'un fouet, fait, en un
mot, autant qu'il peut, une retraite honorable — Pour dernière ressource,
semblable à certains hommes vils qui joignent à l'extrême cruauté la lâcheté
et la ruse, il sait au besoin contrefaire parfaitement le mort, assez long-
temps pour donner lieu de croire qu'il l'est en effet. — Les anciens faisaient

usage de sa chair sur leurs tables, et en envoyaient même en présent à leurs amis : mais chez nous, il n'y a que les plus pauvres gens qui en mangent ; encore faut-il qu'ils la mortifient beaucoup à coups de bâton avant de la cuire, car elle est dure, coriace, et, pour ainsi dire, indestructible sous la dent.—Il y en a de monstrueux pour leur grosseur ; et nous avons rapporté dans nos grandes *Recherches* (année 1173), l'épouvantable combat qu'un de cette espèce livra en 1661, sous la côte d'Angole, à l'un de nos vaisseaux, qu'il risqua d'entraîner au fond des mers.

PREMIER SUPPLÉMENT

À LA

DESCRIPTION DES LIEUX ENUMÉRÉS CI-DEVANT.

> . . . . *Zancle quoque juncta fuisse*
> *Dicitur Italiæ, donec confinia pontus*
> *Abstulit, et mediâ tellurem reppulit undâ.*
>
> On dit aussi que Zancle (aujourd'hui Mes-
> sine) tint elle-même à l'Italie, jusqu'à l'époque
> où la mer rompit cette contiguïté, en interpo-
> sant ses eaux entre ces deux terres.
>
> (OVID., *Métam.*, l. 15 , n. 6.)

Afin de répondre au désir que la Société de Géographie nous a exprimé depuis le couronnement de notre
Mémoire , nous nous faisons un plaisir d'insérer ici quelques nouvelles notes qui seront comme le complément de
notre ouvrage.

Ancienne jonction présumée de tout l'archipel Anglo-Normand , au
Cotentin. — D'abord , c'est une présomption fondée sur les autorités les plus respectables (*), que, bien antérieurement à l'enva-

(*) Voyez quelques-unes de ces autorités , déjà citées à la page 15. — Voyez
aussi *Recherches sur les Antiquités de la Neustrie* , par Bourgueville,
(page 41) : Masseville (*Hist. de Norm.*, t. VII , p. 394) : Camden (*Britann.*
p. 856) : Trigan (*Hist. Eccl. de Norm.*, t. II , observat. , p. 12) : dom

hissement de l'Océan sur nos côtes, au mois de mars 709, détaillé ci-dessus, Jersey, Guernesey, et en général, tout le reste de cet archipel Anglo-Normand, appartenaient à la terre-ferme. — C'est même une tradition dans la première de ces îles (tradition appuyée sur de très-anciens manuscrits que nous avons lus), qu'encore au temps de Saint-Lo, mort le 21 septembre 565, Jersey n'était séparé du territoire de Coutances, dont il dépendait pour le spirituel, que par un simple ruisseau, sur lequel les habitans étaient tenus de fournir une planche à l'archidiacre de l'église-mère, lorsqu'il allait faire chez eux sa visite.

Mais quand même l'histoire serait demeurée muette sur ce point, la surprenante chaîne de rochers qui entourent cette île et ses pareilles, et qui se projettent plus ou moins sensiblement vers nos parages, suffirait seule pour convertir en démonstration ce que nous n'avançons pourtant que comme simple conjecture; car, c'est un fait qu'on peut vérifier tous les jours par les sondes, et dont le plan ci-joint donnera quelque idée, que si la Manche asséchait en entier, depuis Calais jusqu'aux approches du Havre-de-Grâce seulement, ce retirement des eaux laisserait également sec à peu près tout l'espace en-deçà du rayon visuel depuis l'île d'Aurigny inclusivement, jusqu'à celles de Batz et d'Ouëssant; de façon que,

Vaissete (*Géogr. hist.*, t. 1, p. 166): Adrien de Valois (*Notit. Gall.*, p. 219): Butler (*Vies des Saints*, t. VI, p. 238), etc. — Mais consultez surtout l'*Histoire détaillée de Jersey*, par M. Falle, traduite par Le Rouge (Paris, 1757, in-12, p. 91). « Il est assez probable, dit l'auteur, qu'une grande partie des rochers qui entourent cette île, étaient autrefois terre-ferme; mais que la violence de la mer a enlevé toute la terre qui était autour, et n'a laissé que ce qu'elle n'a pu dissoudre... Dans la paroisse de Saint-Ouen en particulier, ajoute-t-il, la mer a englouti un assez riche canton il n'y a que 400 ans. L'on aperçoit encore, quand la mer est basse, des restes de bâtimens entre ces rochers.. Les registres de l'Échiquier, poursuit-il toujours, font mention d'un peuple qui habitait cette partie de terre: et il y a environ 1100 ans, que la petite île où est bâti le château Élisabeth, fut détachée de la terre-ferme. Cette île est dans la baie de Saint-Aubin; et la terre la plus prochaine en est éloignée de 663 pas géométriques. »

dans cette hypothèse, tout l'Atollon dont il s'agit redeviendrait, comme il l'était dans le principe, une portion intégrante de la Basse-Normandie (*).

Description de l'île de Jersey. — Jersey (l'antique *Seroh, Gersuth, Gersich, Cæsarea, Resia, ou Lesia insula*) est à douze lieues de Saint-Malo, vers nord, et à cinq seulement de la pointe de Carteret, en Normandie. — Elle a environ douze lieues de tour, et son sol est très-fertile en blé, fruits, légumes, troupeaux. — Ses habitans l'ont embellie, en y plantant beaucoup de pommiers et de poiriers, dont ils font du cidre et du poiré; et nos émigrés français en particulier, pendant leur séjour, y ont singulièrement amélioré la culture.

L'air y est sain, malgré la très-grande multitude de crapauds qui y pullulent surtout dans les temps humides; quoiqu'on ne voie pas un seul de ces reptiles hideux dans l'île de Guernesey, qui en est distante de cinq lieues vers l'occident d'été.

Les côtes en sont aussi fort poissonneuses; mais la difficulté d'y aborder est très-grande, tant à cause des nombreux écueils qui l'environnent, que des fortifications d'art qu'on y a élevées de distance en distance.

On trouve dans son intérieur, ainsi qu'à Guernesey, de l'émeril, ou pierre à lime, dont les orfèvres, les vitriers et plusieurs autres artisans, se servent pour polir leurs ouvrages.

On y voit pareillement d'anciens restes du paganisme, qu'on y appelle Ponquelais. — « Ce sont, dit M. Falle (p. 141), des pierres » plates, d'une grandeur et pesanteur considérable. Il y en a d'o— » vales, d'autres quadrangulaires, élevées de trois ou quatre pieds

_____

(*) Pour achever de vous convaincre de ce que nous avançons ici, jetez encore les yeux sur la grande carte anglaise de la Manche, publiée en 1794 par Thomas Gefferys; ou mieux, sur celle de M. Buache, représentant le fond dudit canal, insérée dans les *Mémoires de l'Académie des Sciences*, année 1752, t. III, p. 628 à 634, in-12.

» de terre, et supportées par d'autres d'une plus petite taille. Il
» paraît par leurs figures, et la grande quantité de cendres qui se
» trouve à l'entour, qu'elles servaient d'autels. Elles sont presque
» toutes placées sur des éminences au bord de la mer. A dix ou
» douze pieds de distance de chacun de ces autels, on trouve une
» plus petite pierre en forme de dé à peu près, où l'on présume
» que le prêtre faisait quelques cérémonies, tandis que le sacrifice
» brûlait sur l'autel. »

Les pauvres, à défaut de bois, y brûlent du vraic, comme ils
le nomment par corruption, c'est-à-dire du varech, ou algue-
marine, dont les cendres servent à faire du gros verre; et ils s'y
appliquent tant à la contrebande, qu'à fabriquer divers objets d'es-
tame.

On y parle un très-mauvais français; et, quoique descendus
pour la plupart de réfugiés normands et bretons, les gens du
peuple n'y connaissent point de plus grosse injure contre les
étrangers, que de les appeler chiens de Normands. — En retour,
ceux de Guernesey croient les insulter eux-mêmes au superlatif, en
les qualifiant de crapauds de Jersey, par allusion à ce que nous
avons rapporté plus haut.

L'île entière peut contenir 20 à 22 mille ames; et elle s'abaisse
du nord au sud, à la différence de Guernesey, qui incline du sud
au nord.

Dans sa partie méridionale sont deux petites villes situées dans
le même golfe, savoir: Saint-Aubin à l'ouest, et Saint-Hélier à
l'est. — Ce sont les deux meilleurs ports.

Cette dernière est la capitale, et le séjour ordinaire du gouverneur, qui occupait autrefois le château de Montorgueil, assis à l'o-
rient de l'île, sur un roc très-escarpé.

Ce gouverneur, qui représente la personne du roi, son bailli,
douze jurés, douze ministres et douze connétables, pris un dans
chacune des paroisses ci-après, forment les États ou le Corps-
Législatif du pays: et depuis peu, cette magistrature a révoqué

certaines lois anciennes très-sévères, que la prétendue réforme y avait établies contre le catholicisme.

Toutes ces paroisses datent de loin; et elles ont été consacrées dans l'ordre qui suit : Saint-Brolade ou Broladre, le 27 mai 1111 ; Saint-Martin, le 4 janvier 1116; Saint-Clément, le 29 septembre 1117; Saint-Ouen, le 4 septembre 1130; Saint-Sauveur, le 30 mai 1154; la Trinité, le 3 septembre 1163; Saint-Pierre, le 29 janvier 1167; Saint-Laurent, le 4 janvier 1199; Saint-Jean, le 1er août 1204; Sainte-Marie, le 5 octobre 1320; Grouville, le 25 août 1322 ; et Saint-Hélier, le 15 août 1341.

Saint Hélier, disciple de saint Marcou cité ci-devant (pag. 56), et solitaire au désert de Nanteuil, dans le Cotentin, est le patron de la principale des deux villes de l'île, où il s'était retiré pour vivre plus en solitude, et où il fut massacré en 558 par une troupe de barbares.

Saint Magloire, évêque de Dol après saint Samson II, et titulaire de Saint-Magloire de Paris où ses reliques furent portées en 963, y fit aussi bâtir un monastère, et y termina ses jours le 24 octobre 575.

Cette île a été ravagée diverses fois par les Normands païens et par les Français; et en 1445, selon l'*Encyclopédie* (art. *Wight*), Henri VI, roi d'Angleterre, l'érigea en royaume, conjointement avec celles de Wight et de Guernesey, en faveur de Henri Beauchamp, comte de Warwick, son favori; mais ce royaume, ou soi-disant tel, qui rappelle assez ceux de Maude, de Man, et d'Yvetot (*), ne dura que deux ans.

Jersey, après avoir été donné momentanément par Childebert,

(*) Le prétendu royaume de Maude ne renfermait qu'un seul village, dépendant moitié du Hainaut et moitié du Tournaisis : celui de Man (petite île de la mer d'Irlande), n'en contenait que 17 ; et l'on dit que ses rois se servaient de couronnes d'étain, n'ayant pas le moyen d'en avoir d'or ou d'argent (*Vanités hist.*, t. 1, p. 212; et Vertot, *Mém. des inscript.*, t. VI, p. 572): quant à celui d'Yvetot, tous les bons critiques l'ont réduit à une simple baronie privilégiée, tenue depuis l'an 1370 en franc-aleu noble.

roi de Paris, aux évêques d'Avranches et de Dol, rentra bientôt sous la juridiction de ceux de Coutances, et y resta jusqu'à la dixième année du règne d'Élisabeth, qui, le 11 mars 1568, l'annexa au diocèse de Winchester; mais les prêtres catholiques qui y résident comme missionnaires, prennent aujourd'hui leurs pouvoirs de l'évêque de Londres.

La religion qui y domine depuis le schisme est le calvinisme de Genève, que des ministres français y introduisirent.

Cette île, et ses voisines, sont tout ce qui reste aux monarques anglais de l'héritage de Guillaume-le-Conquérant, duc de Normandie, qui les avait portées en 1066 à l'Angleterre, à laquelle elles furent définitivement réunies par Henri Ier, en 1108.

Le chevalier de Beaurain en a dressé, en 1757, trois excellentes cartes topo–hydro–graphiques.

Idem de celle de Guernesey. — Guernesey ou Garnesey, et mal Grénésey (l'ancienne *Sarnia* ou *Angia*), la plus étendue de tout cet archipel après Jersey, n'a que dix paroisses, et est moins grande, moins saine, moins fertile que sa rivale : mais la police y est la même. Elle est plus riche; et elle a de plus un excellent port, capable de contenir les plus gros vaisseaux, proche la petite ville de Saint-Pierre, qui en est la capitale.

Cette ville n'est pas belle; et l'avidité du gain y est à son comble. — Il n'est pas rare d'y trouver des gens qui tirent vanité de ne jamais boire d'eau; et elle a pour défense, entr'autres points, le Château-Cornet, situé sur la partie orientale.

En général, son sol est de la même nature que celui de nos côtes, et que celui des autres moindres syrtes qui hérissent tout cet espace : syrtes dont Aurigny, Serck et Herms sont les plus remarquables; et dont nous ne dirons qu'un mot en note (*), pour rentrer dans le cercle spécial de nos investigations.

(*) *Idem enfin des autres moindres îles voisines.* — Aurigny ou Alderney (*Ebodia*), à environ trois lieues vers l'ouest du cap de la Hague en Nor-

Nouvelle notice sur les différentes villes de la côte. — Nous avons déjà dit à la page 18, que Granville, Avranches, Pont-Orson, Dol, Saint-Malo, et Saint-Servan, sont les principales villes qui bordent immédiatement le vaste bassin que nous avions entrepris de décrire. — On n'attend sûrement pas de nous que nous donnions ici un tableau circónstancié de chacune d'elles : ce serait avoir l'air de chercher des matières, et sortir par trop de notre sujet primitif, qui n'embrassait que la partie submergée, ou submersible.

Il nous suffira d'apprendre en masse à ceux de nos lecteurs qui pourraient l'ignorer, que la première de ces six places est assise en partie sur un roc fort élevé, du sommet duquel la découverte est superbe, et qui a au pied un bon port qu'on travaille actuellement à améliorer encore davantage (*) : que l'activité la plus remarquable y règne même parmi les enfans : et qu'on est presque assuré de trouver, à plusieurs lieues de distance, sur toutes les grandes routes, quelques-unes de ses femmes en gros sabots, ou même marchant sur leur chrétienté, pour aller chercher avec une peine extrême le plus léger profit.—Que la seconde de ces villes (*Abrin-*

mandie, dont elle n'est séparée que par le raz Blanchard, n'a pas plus de 4 lieues de tour ; et n'a dans son milieu que le bourg de Sainte-Anne, qu'on appelle la ville.

Serck, Sarck ou Cers (l'*Arica* des anciens), a elle-même trois lieues au plus de circuit : et ce fut Jean de Saint-Ouen, habitant de Jersey, qui obtint de la reine Élisabeth d'y transporter une colonie.

Enfin, Herms ou Arms n'a qu'une demi-lieue de longueur, et sert comme de parc au gouverneur de Guernesey, pour y faire paître ses moutons.

Toutes, dans l'antiquité, ont servi de retraite à quelques-uns de ces hommes angéliques que le monde corrompu regarda comme ses balayures ; mais qui, en retour, lui rendirent ses mépris, en l'oubliant profondément, pour s'occuper de cet ordre éternel où il n'y a ni petits ni grands phénomènes, et où la disparition future du soleil lui-même ne fera pas seulement l'effet de ces étoiles artificielles qui brillent et s'éteignent en un clin d'œil.

(*) Dans sa séance du 29 mai 1829, la chambre des députés autorisa le gouvernement à emprunter une somme de 600 mille francs pour l'approfondissement de ce port, et l'achèvement du môle neuf. — Conformément à la dé-

ca, Abrincœ ou *Abrincatœ*) repose également sur un plateau fort
exhaussé, d'où la vue plonge avec délices sur toute la baie du mont
Saint-Michel, et sur plusieurs autres lieux : qu'elle est une de nos
plus jolies communes du troisième ou quatrième ordre, connue
originairement sous le nom d'*Ingena;* qu'en somme, ses habitans
sont polis, pleins d'esprit et d'adresse, aimant la guerre, et très-
propres aux sciences, qui doivent spécialement beaucoup à ses
deux évêques Cénal et Huet (*). — Que Pont-Orson (*Pons-Ur-*

libération de son conseil municipal en date du 2 mai 1828, la ville demeura
chargée de payer les intérêts des fonds empruntés pour cet objet. (*Gazette de
Fr.*, 30 et 31 mai 1829.)

(*) « Il paraît, dit M. Blondel (p. 120), que les Romains avaient érigé un
» temple à Avranches; car on a trouvé de nos jours dans certaines démoli-
» tions quelques bases de colonnes en granit, dont le diamètre peut donner
» 25 pieds de hauteur à la colonne. » — Sa cathédrale, rebâtie par Henri Ier,
roi d'Angleterre, fut dédiée, en présence de ce monarque lui-même, sous
l'invocation de saint André, le 17 septembre 1121. — Cet édifice, dont on
avait enlevé les plombs, les couvertures, etc., acheva de s'écrouler en 1803.
— Saint Louis, en 1236, avait acheté la ville d'Avranches de Robert de
Praer, qui en était vicomte; et y fit les fortifications dont on voit encore les
restes. — Cette place s'agrandit tous les jours, et se glorifie d'avoir donné
naissance à plusieurs grands hommes, tels que Jacques Parrain, François
et Adrien Richer, Roger Valhubert, etc.—Le terrain environnant, quoique
d'un médiocre revenu, est aussi bien cultivé qu'on puisse le désirer; et ses
habitans, fort adonnés à l'agriculture, vivent de peu, et travaillent beaucoup.
Ses cidres sont réputés des meilleurs de la Normandie; et ses chevaux, quoique d'une taille moyenne, y sont préférés par les cultivateurs aux étalons
que le gouvernement y envoie pour améliorer la race. — Les deux grandes
routes de Caen et de Cherbourg forment leur embranchement à Avranches,
pour n'en faire ensuite qu'une seule, dirigée sur Brest par Pont-Orson et
Lamballe.—Enfin, une filature considérable de coton a été établie dans l'ancienne abbaye de la Luzerne, qui fait partie de l'Avranchin : et l'on présume
qu'en la commune de Saint-Loup, au lieu dit le *Bois-Grimault*, est une
mine de cuivre, dont on a fait l'essai il y a quelques années. — Il y a à Avranches une sous-préfecture, un tribunal de première instance, un très-beau
collége, un jardin des plantes, une bibliothèque publique, des boulevards
spacieux; et beaucoup de familles anglaises qui y ont été attirées par l'agrément du lieu.

sonis), bâtie en 1028 par Robert Ier, duc de Normandie, pour ramener à la raison le duc de Bretagne Alain III, qui lui refusait l'hommage, a toujours eu depuis quelque importance par son passage d'une province à l'autre : qu'elle était jadis tout entourée de murs élevés en 1157 par Henri II, roi d'Angleterre ; mais que Louis XIII, voulant ôter aux seigneurs de Montgommery-Lorge, qui s'en étaient emparés durant les troubles du calvinisme, toute occasion de soutenir ce parti, la fit entièrement démanteler : qu'enfin elle a vu naître Michel de Pont-Orson, évêque d'Avranches, mort le 13 décembre 1311 ; et M. Louis de Godefroy de Ponthiou, gentilhomme de la chambre du roi, à qui Louis XIV dut la vie sur le pont de la Fère, alors sans parapets (*). — Que Dol (*Dola* ou *Dolum*), si connue par ses prétentions au titre de métropole de la Bretagne depuis l'an 555 jusqu'au 1er juin 1199, quoique un peu élevée au-dessus de ses marais, n'a mérité que trop long-temps le triste éloge que Strabon faisait de Caune, ville de Carie, dont l'air est très-malsain, que les *morts s'y promenaient au milieu des rues*, tant on y rencontrait de gens au teint jaune et fiévreux : et qu'elle n'a rien digne d'attention que sa cathédrale, l'un des plus beaux monumens religieux de notre province. — En un mot, que Saint-Malo et Saint-Servan offrent une multitude de sites infiniment agréables : que les aspects du côté du nord et de l'ouest y sont sans cesse variés par le spectacle mouvant d'une mer tantôt basse, tantôt haute, aujourd'hui unie comme une glace ou légèrement sillonnée par les vents, demain écumante et soulevée

(*) Ce prince, jeune encore, se rendant à la Fère en 1654, avec la reine sa mère, et le duc d'Orléans, son frère unique, les chevaux fougueux de leur carrosse s'emportèrent sur le pont dont il s'agit, et allaient se précipiter dans la rivière, lorsque M. de Ponthiou eut le bonheur de couper les traits assez à temps pour sauver du danger les illustres voyageurs. En récompense de cette action, et des services que ce brave officier avait rendus dans les armées, le Roi, par lettres-patentes du mois de décembre 1655, lui déféra tous les droits honorifiques de l'église paroissiale de Pont-Orson, qui était du domaine royal ; droits dont ses successeurs ont joui jusqu'à la révolution.

par les tempêtes : que du côté de la terre, se présente un rideau, sinon supérieur, du moins égal aux perspectives les plus vantées, et qui a fait en 1779 l'admiration de M. de Buffon lui-même : que le sol en est riche, fertile, excellent en tout genre ; et que le changement de culture est le seul délassement qu'on lui donne : que le tabac surtout y réussit à souhait, ainsi que le froment, la luzerne, et toute espèce de fruits et de jardinages : que les nombreuses maisons de plaisance cernées de murs, qui y sont répandues dans toutes les directions, contrastent singulièrement avec les approches misérables, pour ne pas dire hideuses, de plusieurs de nos plus célèbres cités : enfin, que, sous la distance d'une lieue et demie seulement, on y trouve quatre fontaines d'eaux minérales d'une qualité éprouvée, savoir : celles de Launai-Quinard, de Cancaval, de la Vicomté, et du Vaugarny ; sans compter plusieurs autres, enfoncées, comme celles de Dinan, plus dans l'intérieur des terres.

Le genre d'industrie le plus particulier à Avranches, Pont-Orson et Dol, c'est le commerce intérieur. — Celui de la mer occupe spécialement Granville et nos deux places.

La pêche de Terre-Neuve surtout n'y a jamais discontinué, depuis la découverte de cette île par les habitans de Saint-Malo, en 1495 ; mais cette pêche n'exclut ni les grand et petit cabotages, ni les voyages de long cours dans les quatre parties du monde, ni la course en temps de guerre, ni même les petits bénéfices du pavillon neutre, quand il n'y a pas de sûreté à déployer sur l'Océan les enseignes françaises.

Pour nous borner à ce qui regarde nos deux villes, c'est un fait que, depuis l'an 1783 inclusivement, jusqu'au 31 mai 1790, la première, tant pour son compte particulier que pour celui des étrangers, expédia au long cours seulement six cent soixante-dix navires, et la seconde deux cent dix-sept : et que, dans les neuf derniers mois de 1827, il sortit de notre port seul deux cent un bâtimens, dont huit aux Indes, quatre à l'Amérique méridionale, dix à l'Amérique septentrionale, quatre-vingt-trois à la pêche de la morue, un aux côtes d'Afrique, trente-cinq au grand cabotage, et soixante au petit.

Quant au caractère des anciens Malouins, dont nous avons déjà touché quelque chose à la page 18, mais sur lequel la Société géographique nous a témoigné désirer plus de détails, il est universellement connu que c'était un composé fort intéressant de bravoure, de patriotisme, de piété, et d'une loyauté à toute épreuve, que rembrunissait seulement un certain oubli des manières, que presque tous les marins contractent aisément.—En général, leurs parchemins n'étaient pas vermoulus; mais leurs belles actions, dont nous avons donné le précis dans notre *Biographie* imprimée en 1824, profitaient plus à l'État, que n'eût fait la noblesse qu'ils dédaignaient. « S'ils sont Hollandais (avaient-ils coutume de dire sous Louis XIV, qui les avait adoptés, le 18 mars 1655, pour former exclusivement l'équipage du vaisseau-amiral de ses flottes destiné à porter le premier pavillon de la chrétienté (*)), nous nous battrons; s'ils sont Anglais, nous les battrons (**); » et leur austère probité ne le cédait en rien à cette chaleur aventureuse. — Fonds si riche de sévérité dans les affaires, de courage et de vertu, espérons que tu ressortiras, tout rayonnant de ta *pristine* gloire, de dessous les cendres où l'égoïsme et l'impiété révolutionnaire ne réussirent que trop à t'étouffer !

(*) Les 4 janvier et 5 mars 1667, et les 14 janvier et 10 mars 1668, MM. le duc de Beaufort, amiral de France, et le ministre Colbert, leur renouvelèrent eux-mêmes le même honneur, qui leur fut continué, pour ainsi dire, durant tout le règne du grand roi.

(**) C'est à quoi n'a pas manqué en particulier notre fameux René Troüin, sieur du Gué, dont la statue vient de décorer récemment le pont de Louis XVI à Paris; et à qui sa ville natale, encouragée par S. M. Charles X, qui en a fourni le marbre, en a enfin érigé une autre, sur notre place de la Commune, le 16 février 1829. — Ce héros est trop connu, pour que nous nous étendions ici sur son éloge; il nous suffira de dire, que notre cité s'enorgueillira à jamais de lui avoir donné le jour, comme Mantoue s'applaudira éternellement d'avoir vu naître Virgile.

Autre notice sur la minéralogie de cette même côte.

Entre les masses très-élevées et presque continues de roches qui forment en général toute la côte depuis le cap de la Hague jusqu'à celui de Fréhel, domine, pour ainsi dire, exclusivement un moellon dur et de bonne assiette, très-propre aux ouvrages rustiques, et même à fonder dans l'eau.—Quoique d'un grain grossier, on peut néanmoins le piquer, et le faire servir de parement aux maisons ordinaires; mais il est bon, avant de l'employer, de le laisser quelque temps en tas.—C'est un assemblage de matières vitreuses, liées par un ciment mêlé de paillettes de mica, qui y sont quelquefois réunies en petites feuilles assez brillantes.

On y trouve aussi d'espace en espace une autre substance du même genre, mais mieux formée et plus parfaite, appelée vulgairement *pierre de taille*. — C'est une sorte de granit, qu'on détache de la carrière en blocs souvent considérables; dont le tissu est fort et serré; qui donne des étincelles quand on le frappe vivement avec l'acier; et qui est susceptible d'un poli suffisant pour revêtir agréablement à l'extérieur les édifices somptueux, surtout quand il est d'un œil bleuâtre. — On ne remarque dans son intérieur, non plus que dans le précédent, aucuns débris d'animaux ni de végétaux: mais on y voit quelquefois, entre certaines de ces fissures, des traînées de quartz, qui présentent quelques rudimens de cristallisations polyèdres.

Il n'est pas rare encore de rencontrer sur toute cette lisière des veines de terre-franche, de banche ou feuilletis; et spécialement d'un schiste bleu tirant au noir, assez ressemblant à la fausse chrysite, lequel ne fait pas feu avec le briquet, et reçoit très-facilement la trace des métaux qu'on y frotte. — Mais on sait, entre autres, y apprécier la pierre lamellée dite de *Saint-Cast*, dont les tablettes, quelquefois de plusieurs pieds en tout sens, servent merveilleusement à paver avec autant de solidité que d'élégance nos cours, nos magasins et nos églises.

Enfin, au commencement de septembre 1828, un Anglais, nommé *Odjar*, a découvert près le Petit-Port, en Saint-Briac, quel-

ques indices de mines très-confus, qu'on présume recéler du cuivre
et du plomb.—On en poursuit toujours l'exploitation à petites jour-
nées ; mais il est bien à craindre que cette fouille n'ait le sort du
prétendu filon d'argent mêlé de plomb, que le citoyen Renoul avait
cru apercevoir sous les glacis du fort de Châteauneuf, le 12 mars
1795, et qui n'a pas même eu la durée éphémère de nos précieux
assignats.—*Le Lis de Navarre* et *la Rose d'Angleterre* sont les noms
que les doctes du lieu ont cru devoir donner aux deux mines qui
s'annoncent à un quart de lieu l'une de l'autre ; la première, dans
un terrain appartenant à M. Le Mœuf, maire de la commune ; la
seconde, en un champ du sieur Joseph Savary, cultivateur.

Du reste, l'humus ou terre végétale, qui couvre cette longue
bande, est ordinairement d'un brun foncé, dans toutes celles de
ses parties qui ne sont ni vaseuses ni sablonneuses; et les cavités naturelles qui flanquent quelques-unes de ses falaises, n'ont absolument
rien de comparable aux grottes d'Arcy, de Lombrives, de Minor-
que ou d'Antiparos.—Ce ne sont que de simples crevasses communes, dans plusieurs desquelles même le flot entre à une petite
distance.

*Plantes marines; êtres intermédiaires entre l'animal et le végétal, etc.,
qui couvrent tous les rochers à la mer enclos dans cet espace.*—Ceux
des innombrables écueils que renferme cette enceinte, et que la
mer surmonte, sont tous couverts de fucus, d'algues et de varechs
de différentes espèces, dont on pourrait, comme à Jersey et Chausey, tirer parti, par leur incinération, pour la fabrication du gros
verre ; mais qu'on se contente d'aller couper au large, ou de ramasser sur le rivage quand la vague l'y pousse, pour en engraisser
les champs, en y mêlant une légère partie de fumier d'étable, de
gadoue ou matières fécales, et de marne. — C'est un trésor que la
Providence a mis sous la main des riverains ; et dont divers réglemens ont déterminé le mode, le temps, l'étendue de la récolte,
afin de laisser à cette précieuse excroissance la faculté de se renou-

veler suffisamment, et de ménager, par contre-coup, le frai de poisson qu'elle protège.

Il serait facile de compter près de vingt sortes de ces goëmons ;
hygromètres naturels, dont les uns ressemblent aux feuilles de
chêne, d'autres à la javelle des pois et à la cosse des fèves, d'autres encore à de la fraise de veau et à des boucles de cheveux, d'autres
enfin, tant à de menus filets qu'à de longs et larges rubans attachés
à un pédicule de la grosseur d'un doigt, qui sert moins à les nourrir qu'à les ancrer au fond contre le tumulte des tempêtes.

Tous ne demeurent droits sur leurs tiges qu'autant qu'ils sont
couverts d'eau.—Dès que la mer les découvre en se retirant, ils se
couchent sur le rocher qui les porte ; et alors il est très-difficile d'y
marcher, ces plantes, surtout celles qui sont garnies de vessies,
contenant une certaine viscosité qui les rend fort glissantes.

Tous, ou à peu près, sont le domaine que se partagent une quantité prodigieuse d'animalcules, au-delà desquels commence un autre
univers sur qui nos yeux n'ont de prise qu'à l'aide des meilleurs
microscopes ; et dont la vie instantanée n'est qu'un enchaînement
merveilleux de métamorphoses toutes plus singulières les unes que
les autres.

Il croît en outre, sur plusieurs de ces mêmes écueils, différentes
corallines articulées, d'usage en médecine ; des lichens graveleux et
d'autres lytophytes calcaires, que l'art n'a pas jusqu'à présent mis
à profit ; quelques petits madrepores de fort peu de mérite ; en un
mot, certains méandrites anfractueux, et autres productions poly-
pières, qui, n'étant pas susceptibles d'aller chercher leur substance
dans les corps durs qui les soutiennent, la tirent, selon toute apparence, des atomes animés qui les habitent, ou de ce limon gras
et onctueux que la mer dépose continuellement, comme les eaux
douces se déchargent elles-mêmes de cette vase adamique qu'on
estime si propre à la végétation des plantes terrestres.

Enfin ces mêmes bas-fonds, plus ou moins proéminens, semblent être le rendez-vous favori d'une multitude étonnante de
poissons saxatilles, et d'oiseaux marins, qui viennent y pondre ou

y chercher pâture ; mais principalement celui d'incalculables pha-
langes d'insectes, de coquillages et de mollusques, aussi variés
dans leurs formes que dans leurs mœurs, qui, tout faibles qu'ils
sont, ont pourtant l'instinct de s'y cramponner avec succès contre
l'effort des flots. — On y distingue entr'autres, parmi ces dernières
espèces, les étoiles, les orties, les méduses, les galères, les gelées,
et autres holothuries, qui paraissent n'avoir en général qu'un sentiment très-obscur d'existence : la scolopendre, la téthye, la cré-
vette ou puce, et autres vermisseaux taillés sur diverses échelles,
qui, quoiqu'ils jouissent un peu davantage de la faculté loco-mo-
tive, n'en confondent pas moins nos séduisantes analogies, et nos
prétendues chaînes des êtres : l'oscabrion, le crabe, le pointclos
ou poupart, la moule, l'huître, l'écrevisse, le homard, la chévrette, le soldat ou l'hermite (simple locataire de sa demeure
d'emprunt), l'oursin, l'hyppocampe ou cheval marin (*), le buc-
cin à pourpre (**), le murex, la sabote, le burgau, et une foule
d'autres suce-rochers, qui font admirablement, chacun à sa façon,
leur partie dans le tout harmonique : en un mot, l'oreille de mer,
ormier ou ormais (***), et le lépas, berlin, bercet ou benit, dont

(*) Cet être singulier, qui n'est que de pure curiosité, pourrait être appelé
chenille de mer, plutôt que *cheval marin ;* car il n'a de ressemblance avec
celui-ci que par sa partie antérieure, tandis qu'il se rapproche de l'autre
conformation par les inflexions de son corps, et par les anneaux parallèles
dont il paraît composé. — Sa longueur sur nos côtes, où il n'est pas si commun que dans la partie méridionale de la Bretagne, n'est que de 3 ou 4 pouces. — Il porte assez ordinairement la queue contournée en spirale : et quand
il est mort, on fait communément prendre à tout son ensemble la figure d'un
S romaine, qu'il conserve étant desséché.

(**) Le réservoir de cette liqueur purpurine, dite *burgaudine*, est un petit vaisseau à côté du collier de l'animal. — Ce vaisseau ne contient qu'une
bonne goutte de ce fluide, qui, de la couleur jaunâtre, passe à celle de pourpre, lorsqu'il a été exposé au grand air, ou à un soleil vif, pendant un certain temps. — Quelques gens s'en servent pour marquer leur linge en caractères ineffaçables.

(***) L'écaille de ce coquillage est enduite extérieurement d'une couche de

l'industrie propre est de faire tellement le vide sur la masse à laquelle ils adhèrent, qu'on ne peut les en détacher qu'avec un fer, ou en brisant la coquille pierreuse qui leur sert comme de bouclier.

Autres créatures vivantes qui en habitent ou parcourent les grèves. — Dans toutes les grèves adjacentes où la mer s'étend (grèves formées sans aucune règle apparente de sable, de vase, de tangue, de marne plus ou moins fine), s'enfouissent, stationnent, rampent, nagent et volent, des myriades d'autres créatures vivantes, d'organisations, d'appétits, de sensations, d'habitudes toutes différentes de celles que nous venons de dire; et qui, toutes, trouvent la joie et le bonheur où l'homme et les autres habitans de la terre ne trouveraient qu'une mort aussi prompte qu'assurée. — Telles sont, au risque de nous répéter un peu, la came, le douceron, la phollade, la nérite, la telline, le coutelier ou solène, les sourdons et divers cœurs, la pélerine, ou ricardeau, le pétoncle, et autres du genre des peignes, la sèche ou margate, le calmar, la raie, la roussette ou chat-marin, le flettan, la sole, la plie et la limande, l'ange ou moine, le mulet, le surmulet, l'anguille, le congre, le merlan, le turbot, la lotte, l'orphie, le rouget ou grondin, la sardine, le hareng, le lieu, le bar, la loche, la vieille, la vive, la perche, le carrelet, la morue, le grasdos ou petit-prêtre, l'alose, la pastenague ou altavelle (*), l'éperlan, le haulbar, le chien de mer, le souffleur ou

tartre marin concret, d'une couleur grise-brune : mais lorsqu'à l'aide des acides on a enlevé toute cette matière terreuse, on voit briller, aussi bien au dehors qu'au dedans, une nacre d'une beauté inimitable, qu'on fait entrer dans divers ouvrages de bijouterie. — Cette coquille, argentée et orientée comme les perles, est fort recherchée des conchyliophiles, et fait le principal ornement des grottes artificielles.

(*) La queue de cette espèce de raie à baïonnette, comme on l'appelle encore, est armée d'un aiguillon réputé venimeux même après la mort de l'animal : mais il paraît que cet instrument n'agit que mécaniquement, et que tout son prétendu poison se réduit à déchirer les tendons de la main qui veut le saisir, d'où résultent des panaris, des convulsions, et d'autres symptômes

marsouin, et une quantité d'autres dont l'énumération ne serait que ridicule; enfin le cormoran, la mouette, le castagneux ou petit-plongeon, le courlieu, le cravant, et, à peu d'exceptions près, tous les autres oiseaux ichtyophages ou mangeurs de poisson qu'on trouve sur le reste des côtes de France.

Insectes, reptiles, oiseaux, quadrupèdes, etc., qu'on trouve sur le terrain environnant. — Sur le terrain qui environne tout ce golfe, se voient, parmi les insectes et les reptiles, l'achée ou ver de terre commun, le lampyre ou ver luisant, le perce-oreille, le grillon des champs, le grillon domestique ou criquet, la sauterelle, la cigale et la procigale, le fourmilion, la loche ou limace blanche et rouge, la punaise des jardins, la blatte, la calandre ou charançon, la tique, la cantharide, l'escarbot, la salamandre, le puceron, la chenille, l'abeille, le frêlon, la guêpe, le cancrelas ou kakerlaque, les jules, la scolopendre, le taret ou ver perce-bois, le bourdon, la teigne, la fourmi, le hanneton, la mouche, le cousin à la trompe assassine, le cloporte ou porcelet, l'araignée, le papillon, le bousier, le dermeste ou scarabée-disséqueur, l'aselle ou cloporte aquatique, le taupe-grillon (*) ou courtilière, le scorpion, le taon, le cinips, la cicindelle, la bruche, la monocle ou puce d'eau, le bupreste ou enfle-bœuf, la galle de chêne, le proscarabée, le limaçon ou escargot, la stercoraire ou mouche des latrines, l'asile ou le fléau des troupeaux, la coccinelle ou bête au Bon-Dieu, le pou pulsateur ou vrillette, dit *horloge de la mort*, la punaise domestique, et autres vermines plus propres à exciter la curiosité de l'homme qu'à satisfaire son amour-propre; la couleuvre, la vipère, l'aspic, le crapaud, la grenouille, la raine ou rainette (espèce d'hygromètre ou

funestes. — Quoi qu'il en soit, les pêcheurs ont soin de couper cette partie avant d'exposer le reste au marché : car tout le corps de la bête se mange impunément.

(*) Le taupe-grillon, grillon-taupe, ou taupette, assez commun en Normandie, est inconnu en Bretagne.

d'hygroscope vivant), l'orvet ou anvoie, le lézard, la sangsue, le staphylin ou ancelèse, le sourd ou mouron, et autres êtres hideux ou malfaisans que nous serions tentés de rayer du sublime tableau de la nature, mais que l'Esprit-Saint (*Daniel* 3, v. 57) admet cependant à figurer dans le grand concert des louanges de Dieu, dont il n'exclut que le seul pécheur. — Parmi les quadrupèdes grands et petits, innocens ou sanguinaires de naissance, la souris, le rat, la musaraigne, le mulot, la taupe, le hérisson, l'écureil, le loir, le campagnol, le blaireau, la tortue de terre, la marte, la belette, la fouine, la loutre, le putois, l'hermine, le furet, le chien, le chat, le renard, le loup, le lièvre, le lapin, le porc, le bouc, le bélier, le bœuf, le cheval, l'âne, etc. — Parmi les poissons d'eau douce, le brochet, la truite, le saumon, la carpe, le têtard, la tanche, la brême, le dard, etc.—Parmi les oiseaux, tant de jour que de nuit, la caille, la grive, la pie, le friquet ou moineau des champs, le moineau de muraille, le mauvis, la sarcelle, la corneille, le corbeau, le geai, la linote, le pinçon, le loriot, le pivert, le merle, la perdrix, la tourterelle, le pigeon, l'étourneau, le martin-pêcheur, le pouillot, le pluvier, le râle, le rossignol, le cul-blanc ou motteux, le vanneau, la mésange, le verdier ou bruant, la fauvette, le coucou, la bergeronnette ou lavandière, dite aussi *hochequeue*, l'oie, le canard, le coq, le dindon ou coq-d'Inde, le grimpereau, la hupe, la pintade, le paon, le biset ou pigeon sauvage, la traie, la bécasse, la bécassine, l'oiseau Saint-Martin, l'alouette commune, l'alouette huppée ou cochevis, la calandre ou grande alouette (qui a le talent d'imiter le chant d'autres oiseaux), la corneille cendrée ou mantelée (*), le serin, le choucas, le chardonneret, le tarin, le ramier, le bec-croisé, le bouvreuil ou pivoine, le sansonnet, le gorge-rouge, l'hirondelle, le martinet, la gelinotte,

---

(*) Cet oiseau, qu'on surnomme encore corneille jacobine ou meunière, et qui nous tient si fidèle compagnie en hiver, a le plumage d'un noir violet ; et est comme affublée d'un mantelet cendré varié de taches noires. — Il se retire en été dans les contrées septentrionales, où il niche sur les pins. — Il est omnivore, et se laisse approcher d'assez près sur nos grandes routes.

le gros-bec, la grisette ou fauvette grise, la foulque commune ou
poule d'eau, la chauve-souris, la buse ou lanier (dite aussi *bundrée*),
la pie-grièche, la frésaie, le duc, l'émérillon, l'épervier, le hibou,
la chouette, l'orfraie, le roitelet ou troglodyte (appelé encore *ber-
ruchet*), l'émouchet ou cresserelle, le bihoreau, et autres puissan-
ces des airs.

Flore, etc., des mêmes lieux. — Quant à ce qui regarde le règne végétal, toute la côte (indépendamment de la casse-pierre, des mousses,
des hypnes, des amanites, des gramens, des capillaires et polypodes,
des champignons et autres fungus, des bruyères, etc., qui la bordent
immédiatement), produit en plus ou moins grande abondance, dès
qu'on entre dans l'intérieur des terres, l'ache, l'aiguille à berger ou
scandix, l'angélique, l'anémone, l'aster ou astre, l'anis, l'armoise
ou herbe Saint-Jean, l'amaranthe ou jalousie, l'ail, l'alpiste, l'avoine,
l'aubifoin ou bluet, l'arroche (bonne-dame ou follette), l'asperge,
l'ancolie, l'amourette des prés ou fleur de coucou, l'auronne, l'aloës,
l'absynthe, l'asclépias (plante à soie de Syrie, ou apocin soyeux),
l'adonide, l'aristoloche ou sarrasine, l'artichaut, l'acanthe ou bran-
che-ursine, l'aigremoine ou eupatoire, l'alleluia, l'arrête-bœuf,
l'airelle, l'ache d'eau ou berle, l'apocin ou ouate, l'astragale ou
réglisse sauvage, l'aunée, l'aune, l'arbousier, l'azerolier, l'abrico-
tier, l'albergier, l'asphodèle ou bâton de Jacob, l'altea-frutex ou
guimauve-arbre, l'argentine, l'aune noire ou bourdaine, l'acacia
vrai et faux, l'aubepin, l'alisier, l'amendier, l'agnus-castus, etc. —
Le basilic, la bette ou poirée commune, la buglose ou bourrache, la
benoîte ou récise, le bec de grue, le bouton d'argent, la bourbon-
naise, la barbe de Jupiter, la blattaire ou herbe aux mites, la bella-
dona ou belle-dame, la bugle ou consoude, la barbe de bouc, la
bétoine, le buis, la balsamine, la belle de nuit, la bardane ou
glouteron, le bouillon-blanc ou molaine, la berce ou fausse bran-
che-ursine, le bassinet ou grenouillette, le béhen-blanc, la boursette (mâche ou salade de blé), le blé noir ou sarrasin, le balisier
ou canne d'Inde, le bois-gentil ou sain-bois, la betterave, la berle,

le barbeau, le groseiller à grappes et l'épineux, le blé de Turquie ou maïs, le buisson-ardent, le bouleau, la bourdaine, le bouton d'or, le baguenaudier ou faux-sené, le brugnonier, le baumier ou balsamier, etc. — Le coquelicot ou pavot sauvage, le chanvre, le chou, la chicorée, la courge ou calebasse, le cresson, la carotte, la chiche, le concombre, la citrouille, le cumin, le cerfeuil, la ciguë, la cive, le cornichon, la coquelourde, la cardinale, le chapeau-d'évêque, la couronne impériale, le chrysanthemum, la coloquinte, le cochléaria ou herbe aux cuillers, le caille-lait ou petit-muguet, la cataire ou herbe au chat, la grande chélidoine ou éclaire, la petite chélidoine ou scrophulaire, la corne de cerf d'eau ou cresson sauvage, la cocrête ou crête de coq, le curage ou persicaire âcre, la cynoglosse ou langue de chien, la consoude ou bugle, le cétérach, la cuscute de bruyère et de genet-épineux, la camomille, le catalpa de Virginie, le cierge, la centaurée, la couleuvrée, le chèvrefeuille, la clématite, la crapaudine, les chardons et autres diverses plantes épineuses, le cyclame ou pain de pourceau, la campanule, le cabaret ou oreille-d'homme (vraie panacée des fièvres-quartes), le chervi, la ciboule, la capucine, le celleri, le colzat ou colsa, le cartame, la centinode, la clandestine, la citronelle, le colchique ou tue-chien, le citise, le cerisier, le charme, le cassis, le caillebotier, le coignassier, le châtaignier, le coudrier ou noisetier, le cornouiller, le cormier, le chêne, le cyprès, etc. — La dent-de-lion ou pissenlit, la doucette ou boursette, la doronique, la douve, la digitale ou gant Notre-Dame, la dentaire, le dictame blanc ou fraxinelle, l'escourgeon ou orge carré, etc. — L'épinard, l'éclaire, l'eufraise, l'épine, l'épurge, l'ers, l'euphorbe, l'eupatoire ou aigremoine, l'échalotte, l'ellébore, l'épautre, l'estragon, l'épine-vinette, l'espargoute ou matricaire, l'éternelle ou bouton blanc, l'épimedium, l'érable, etc. — Le froment, le fenouil, le filaria, la fritillaire, la fraxinelle, la fève, le fénugrec, le frégon, le fraisier, la filipendule, la fumeterre, le framboisier, la fougère, le fusain, la fleur de la passion ou grenadille, le frêne, le figuier, le fouteau ou hêtre, etc. — La guimauve, le gui, dont la vie est un

larcin continuel, le genet, la gentiane, la germandrée ; la gratiole
ou herbe au pauvre homme, le gloutteron, la gaude, les glayeuls,
le groseiller, la genstelle, le géroflier ou violier jaune, le gazon de
Mahon, la guernésiaise ou lys de Guernesey, le garais, le giraumon,
le gratteron, le géranium ou bec de grue, la guimauve de marais,
la guède ou pastel, le gloutteron, la garance, le grenadier, le ge-
névrier, etc. — Le havron ou avoine stérile, l'héliotrope, l'herbe
au charpentier ou de Sainte-Barbe, l'hyèble ou petit sureau, le houx,
le petit houx ou housset, l'hysope, l'héliante ou fleur du soleil, le
houblon, l'hyacinthe, l'herbe aux puces, l'hépatique des marais,
l'hydropiper ou poivre aquatique (dit aussi curage), le hêtre, etc.
— L'iris de marais et autres flambes, l'impératoire ou benjoin
français, l'ivraie, l'immortelle, l'arbre de Judée, l'if, etc.—La ja-
cée ou ambrette sauvage, la jalousie, les joncs de toutes les sortes,
la jacinthe, la joubarbe, le jasmin, la jacobée ou herbe Saint-Jacques, la jacobée marine, la jusquiame, la julienne, la jonquille,
le jujubier, etc.—La laitue, le laiteron, la lampsane ou herbe aux
mamelles, la lavande, la lentille, la langue de cerf, les lierres,
le liseron et autres convolvulus, le lilas, le lupin, le lin, la lentille
d'eau, la langue de chien, le lierre terrestre, les lychnis maritimes,
le laurier, le laurier-rose et à fleurs, le laurier-thym, les divers lis,
le lucet, la linaire ou lin sauvage, la larme de Job, le liége, etc.
— Les myrthes, le mil ou millet, le mélilot, la mauve, la morelle
ou solanum, le melon, la moutarde ou sénevé, la menthe, le mu-
guet ou lis des vallées, la marguerite, la mercuriale, la millefeuille
ou herbe aux coupures, le maïs, la marjolaine, la melisse ou citronelle, la masse ou typha aquatique (dit encore roseau en scep-
tre, dont la cime présente une poignée de graine comme couverte
de velours brun), la mélongène (aubergine, ou plante qui pond,
dont le fruit ressemble à un œuf), la muscipula (ou attrappe-mou-
che), le mouron d'eau, la molaine, le martagon, la matricaire,
le millepertuis, le marronnier d'Inde, le mufle de veau, le melèze,
le mérisier, le mûrier, etc. — Le navet, la nielle ou poivrette, le
nénuphar ou lis d'étang, le nid d'oiseau, le noisetier, le narcisse,

la nicotiane ou tabac, le nerprun, le néflier, le noyer, etc.—L'œillet, l'orge, l'auricule ou oreille d'ours, l'œillet d'Inde, l'origan,
l'oignon, l'orobe, l'oreille de souris, l'orvale ou toute bonne,
l'œnante ou filipendule aquatique, l'oseille ou surelle (dite aussi
vinette), l'ortie, l'œil de bœuf, l'ortie blanche, l'osier, l'orme,
l'obier, etc.—La paumelle, le pois, le persil, le panis ou petit millet, le potiron, le pépon, la pivoine, le pain de pourceau, le pour-
pier, le panais, la pomme d'amour, la pervenche, la primevère ou
primerole, la pulsatille, le pié-d'alouette, la perce-neige, le pié-
d'oiseau, le pouliot, le pissenlit, la presle, le poivre d'eau, la
pensée ou hépatique des fleuristes, le pavot, le psyllium ou herbe
aux puces, la ptarmique ou sternutatoire (dite encore herbe à éter-
nuer), la persicaire ou curage, le pas-d'âne ou tussilage, le plantain,
le plantain d'eau, le plantain de mer, le pied de lion, la pyrèthre ou
salivaire, le pied de veau, la passe-fleur, la patte de lion, le pei-
gne de Vénus, la pimprenelle, la pulmonaire, le porreau, la passe-
rage ou thlaspi, le pain de pourceau, le paliure ou épine du Christ,
la pariétaire, le piment, la pédiculaire, le pétasite, le panais cultivé et sauvage, la passe-rose, le pain-d'oiseau ou vermiculaire
brûlante, le palma-christi, la patate ou pomme de terre (*), la patience aquatique ou parelle des marais; la grande patience des jardins ou rapontic de montagne, le pistachier, le peuplier, le plane,
le poirier, le pommier, le pin, le prunier, le prunellier, le picéa ou
pesse, le pêcher, etc. — La queue de lion, la quinte-feuille, la
queue de renard, etc. — Le raifort, la rave, la roquette, la ronce,

(*) « La Bretagne, dit M. Valmont-Bomare (t. ii, p. 124, édit. de
» 1791), est, après l'Irlande, l'endroit où cette plante croît le mieux, etc.
» Elle y fait, durant l'hiver, la nourriture d'une partie du peuple, surtout
» des enfans, qui ne deviennent pas des hommes moins robustes que nos
» autres Français, nourris avec le plus beau froment, etc. Sa culture mérite
» d'être traitée avec d'autant plus de soin, qu'un arpent qui produirait douze
» quintaux de blé, peut en rapporter deux cents de pomme de terre : outre
» que ses tiges fournissent une excellente nourriture à nos animaux domes-
» tiques, etc. »

le rosier sauvage et cultivé, la rocambole, le romarin, le ruban-
d'eau, le raisin d'ours, la rabioule (ou turneps), le radis, la rai-
ponce, le réveille-matin ou péplus, la rhubarbe, la rue, la
reine des prés, la ravenelle ou violier jaune, le roseau cultivé ou
canne de roseau, le roseau de marais, le raisin de renard, la reine-
marguerite, le ray-gras (ou fromental), la renouée ou traînasse, la
renoncule, le rapontic, la réglisse, le ricin (ou palma-christi), la
rue-des-murailles ou sauve-vie, le réséda, le rapuntium, etc. —
Le sarrasin ou blé noir, le seigle, le sainfoin, le séneçon, le souci,
la sabine, la salicaire, le samole ou mouron-d'eau, la salicorne
ou criste-marine, le safran, la spergule, la soyeuse (ou ouate), la
squille, la sensitive ou mimeuse, la serpentaire ou vipérine, le serpolet, le sumach, le sersifis (cercifix, salsifix ou scorsonère),
le staphisaigre, la sauge, la scamonée, les souchets, le souci de
marais, la scabieuse, la scrophulaire, les sidérites, le satyrion, la
saxi-frage, la scolopendre, la sarriette ou savourée, la sapon-
naire ou savonière, la salsepareille, le soleil ou tournesol, la sauve-vie, la savicle, le sain-bois, la sternutatoire, la surelle, le
saule, le sureau, le sorbier, le sapin, le syringa ou seringa, le
saule-pleureur, le sycomore, etc. — La tubéreuse, le trèfle, le
thlaspi, le thalitron, la trémaine, le turneps, la tomate ou pomme
d'amour, le thym, la tanaisie, le tabouret ou bourse à berger, la tu-
lipe, le topinambour, le tournesol, le tussilage, la toute-bonne,
le tue-chien, le tabac, le thé du pays, formant arbrisseau; le tithy-
male, le troëne, le térébinthe, le tremble ou peuplier noir, le til-
leul, le tulipier, etc.—Le vaciet ou camarigne, la violette, la vesce,
le violier, la valériane, la vipérine, la vigne, le vitex, la verge
dorée ou herbe aux punaises, la véronique ou thé d'Europe,
la verveine, le violier de mer, la vulnéraire, la vinette, la
vanille, la vigne de la passion, la vermiculaire, la viorne ou bour-
daine-blanche (dite aussi *l'herbe aux gueux*), etc.—L'yeuse ou chêne-
vert, l'yèble ou petit-sureau, etc. — Sur nos mielles arides, la
gaudine, sorte d'herbe que ses feuilles longues et roulées feraient
prendre pour du petit jonc, mais qui n'en a que l'apparence : par-ci

par-là quelques églantiers nains qui donnent de petites roses très-mignones ; diverses espèces de chardons usuels ou inutiles, et d'autres plantes dont l'énumération finirait infailliblement par lasser la patience de nos lecteurs ; enfin , en quelques endroits de la côte, l'aconit à fleur bleue ou napel à feuilles larges, dont la racine surtout, poison très-dangereux dans le midi du royaume, ne cause pas un effet aussi mauvais dans notre Bretagne, même entre les mains des vieillards et des enfans, quoiqu'il ne soit pourtant pas de la prudence de s'y fier. C'est une variété de l'*aconitum-lycoctonum-luteum* (ou tue-loup) de M. Haller.

Température enfin de la contrée, et longévité de ses habitans. —Situé sur la fin du huitième climat, tout le littoral depuis Granville jusqu'au cap Fréhel, a, dans son plus grand jour d'été, la présence du soleil pendant seize heures quelques minutes. — Le commencement du crépuscule y arrive, lorsque les étoiles de la sixième grandeur disparaissent le matin, et y finit quand elles commencent à paraître sur le soir ; la lumière de l'astre, dont l'air est pénétré, étant la seule cause qui dérobe leur éclat à nos yeux.

Cet air y est en général serein, mais souvent venteux, et sujet à quelques tempêtes dans la mauvaise saison. — L'annonce de ces bourrasques se fait communément du côté de l'ouest et du nord : cependant il y a chez nous un proverbe qui dit que *quand sud-oüest le doux s'en mêle, c'est le pire de tous.* — Alors d'épais nuages dérobent au spectateur la vue du ciel, et se précipitent avec une rapidité étonnante (*). L'eau de la mer, devenue d'une couleur verdâtre, est si fort agitée, qu'elle soulève des lames monstrueuses,

(*) On a calculé que, dans certaines de ces tempêtes (notamment en celle du samedi de Pâques 1606, la plus affreuse qu'on eût ressentie de mémoire d'homme, et qui ne nous fut pas particulière), le vent parcourut jusqu'à 63 pieds par seconde, c'est-à-dire 17 à 18 lieues par heure : ce qui devait nécessairement amener, et amena en effet des dégâts bien funestes, puisqu'il est d'expérience qu'un vent qui s'avance seulement de 32 pieds par seconde, suffit pour déraciner des arbres.

et blanchies de l'écume formée par le brisement multiplié des vagues. Chaque flot mugit effroyablement, et ouvre un abîme au
nautonnier que l'ouragan a surpris. Enfin le tourbillon, pareil à
ceux qui s'échappent des antiques volcans de l'*Amérique* dans les
plus terribles convulsions de la nature, casse, brise, bouleverse,
emporte tout ce qui lui fait résistance ; et pour comble d'horreur,
des averses de grêle ou de pluie, ou d'épouvantables détonations de
tonnerre, viennent quelquefois doubler l'étonnement et la crainte.
— Ces excessives marées aériennes, si je peux m'exprimer ainsi,
durent souvent plusieurs jours : et la sérénité, selon l'essence des
fluides, ne vient que par degrés réconcilier les élémens confondus ;
de même qu'une pendule en mouvement ne s'arrête au centre d'os-
cillation, qu'après que ses vibrations ont toujours été en diminuant
jusqu'à l'entier repos.

Le même air y est aussi moins froid que sur le terrain. — Il y
neige moins : la glace s'y fond plus vite : il y tonne peu : les tremblemens y sont assez rares : la récolte s'y fait plus tôt : et, en 1704,
M. le comte de Pontbriand vérifia, dans son château situé en la
commune de Saint-Briac, qu'il tomba en totalité, cette année-là,
dans nos environs, 284 lignes de pluie, ce qui est un peu plus de
23 pouces ; tandis que, l'année suivante, il n'en tomba que 260
lignes. (*Mém. de l'Acad. des Sciences*, année 1706, pag. 12, édit.
in-12 d'Amsterdam.)

Enfin, cet air (à l'exception de Dol et de ses alentours) y est,
régulièrement parlant, si sain, que les bornes de la vie sont, à Saint-
Malo en particulier, beaucoup plus reculées qu'ailleurs, à moins
qu'on n'y apporte de dehors le germe des maladies de poitrine ; et
qu'on y trouve fréquemment plusieurs personnes qui vont au-delà
de 80 ans. — Il est, au reste, une remarque à faire sur cet article ;
c'est que les os, les cartilages, les muscles, et toutes les autres
parties qui composent la charpente humaine, étant plus molles
chez les femmes que chez les hommes, il leur faut plus de temps
pour arriver, chez les premières, à cette solidité qui cause la mort ;

10.

d'où il s'ensuit que le sexe y a comparativement une vieillesse plus longue. C'est du moins ce qui résulte du tableau suivant, dressé seulement pour six années.

Population de Saint-Malo, 9,838 ames, comme nous l'avons vu ci-dessus, page 18.

MORTALITÉ GÉNÉRALE.		DÉCÈS AU-DELA DE 80 ANS.	
En 1820. . . 272 individus. . .	{ Hommes. . . . 4	Femmes. . . . 22 }	Ensemble. 26
En 1821. . . 262	{ Hommes. . . . 3	Femmes. . . . 14 }	 17
En 1822. . . 248	{ Hommes. . . . 4	Femmes. . . . 10 }	 14
En 1823. . . 266	{ Hommes. . . . 4	Femmes. . . . 11 }	 15
En 1824. . . 300	{ Hommes. . . . 3	Femmes. . . . 14 }	 17
En 1825. . . 215	{ Hommes. . . . 6	Femmes. . . . 10 }	 16
TOTAL. . . 1563			105

Sur lesquels deux sont morts à 99 ans, et un très-grand nombre ont approché de 80.

SECOND SUPPLÉMENT

A NOTRE TRAVAIL.

Lux maris, navigantium salus.

Plusieurs marins fort instruits, après avoir eux-mêmes honoré de leur approbation notre ouvrage, et surtout la carte hydrographique à grand point, depuis l'ouvert du cap Fréhel jusqu'au port de Cancale, que nous avons dressée pour y faire suite, nous ont paru regretter beaucoup que nous n'ayons pas donné autant de développemens à la partie nautique de toute la côte occidentale de Normandie. — Mais ces messieurs ne savaient pas sans doute que notre plan primitif n'embrassait nullement cette lisière dans toute son étendue; et que d'ailleurs il existe déjà de quoi les satisfaire sur cet objet, dans l'excellent mémoire de M. Lacouldre-la-Brétonnière, imprimé pour la seconde fois, en 1804, par le dépôt général de la marine, pour servir d'instruction à la navigation depuis Calais jusqu'au point où nous nous sommes arrêtés.

Quoi qu'il en soit, comme ces renseignemens qui leur manquent, pourraient leur être très-utiles en certaines circonstances, nous nous déterminons à copier ici, presque mot à mot, tout ce que l'écrit sus-mentionné contient d'essentiel; en leur faisant toutefois remarquer avec l'auteur (pag. 66) que cette narration, aussi bien que la nôtre, ne doit pas dispenser les bâtimens qui se trouvent dans ces parages, de se pourvoir de pilotes-pratiques, en approchant des ports où ils veulent aborder; et qu'elle ne doit servir à régler leur manœuvre, que quand les occasions ne leur permettent pas de se procurer le secours de ces hommes précieux.

Cap de la Hague.—« Près du cap de la Hague, dit donc cet habile
» capitaine de vaisseau (pag. 47), on trouve 30, 40 et 45 brasses
» d'eau, à moins d'une lieue de distance. — Le rocher le plus au
» large se nomme la Foraine et en est dans l'O. à plus d'un tiers de
» lieue. Il découvre dans les grandes marées; et la marque qu'on
» prend pour l'éviter, est de découvrir le nez de Flamanville: on
» est alors en dehors de tout danger. — Le jusant et le flot forment
» alternativement un ras de marée sur ce cap, où les courans sont
» très-violens. Il convient de s'en approcher d'autant moins, que
» le vent est plus faible; afin de n'être pas entraîné malgré soi
» dans le Ras-Blanchard, qui est l'espace compris entre le cap de
» la Hague et l'île d'Aurigny. — Ce canal a moins de 3 lieues de
» largeur : et l'on y trouve 30 à 40 brasses, sans mouillage. —
» Près de la Foraine, et des rochers au-dessous de ce cap, on
» trouve 15 à 18 brasses d'eau : et la mer y est pleine à 11 heures
» 30 minutes. — Le courant du flot porte au N.; après quoi au
» N.-E. à l'ouvert du ras, et ensuite à l'E. à mesure qu'on avance
» vers le N. : mais ce courant y est violent dans les grandes marées,
» et sa direction varie à toutes les heures. — Près de l'île d'Aurigny
» est un banc nommé les Brinchetais, dont l'extrémité s'étend
» jusqu'à une demi-lieue dans le canal du Ras-Blanchard, et dont
» il faut se défier en louvoyant. — Il n'y a aucun danger dans le
» ras; et les courans y portent dans le N. ou dans le S. : mais
» lorsqu'on est obligé de louvoyer, il faut, autant qu'il est pos-
» sible, se tenir à mi-canal, et ne pas approcher la terre de chaque
» côté plus près d'une demi-lieue. — Les observations astrono-
» miques faites sur le cap de la Hague, au corps de garde de la
» Pointe-Saint-Germain, placent son extrémité par la latitude

» de 46° 43' 33". On ne trouve au contraire que 49° 43' 20", en
» rapportant ce point aux villages de Saint-Germain même et
» d'Auderville, qui en sont les plus voisins. La différence de 13"
» qui est entre ces deux résultats, doit être attribuée plutôt à une
» légère erreur sur la position des clochers de Saint-Germain et
» d'Auderville, qu'aux observations faites sur ledit cap, parce que
» ces deux clochers n'ont pu être placés par Cassini sur les cartes
» de France, qu'au moyen de triangles secondaires, n'étant vi-
» sibles d'aucun des sommets des angles des grands triangles, etc.

» La côte tourne au S. après le cap de la Hague. — Cette côte
» est escarpée, et de rocher, jusqu'au nez de Jobourg, qui est un
» gros cap rond et très-élevé, lequel n'en est éloigné que d'une
» lieue et demie environ. »

Anse de Vauville. — « Au S. de ce dernier cap ou nez, est la grande
» anse de Vauville, ouverte à l'O., et s'étendant du N. au S. dans
» l'espace d'environ 3 lieues, c'est-à-dire, jusqu'auprès du nez ou
» cap de Flamanville. Son enfoncement est de près d'une lieue de
» profondeur. La mer y monte de 30 à 35 pieds, suivant la force
» et la direction des vents. Elle découvre une plage de sable de 6
» à 7 encablures, au-delà de laquelle on trouve un banc de ro-
» cher parallèle à la côte ; ensuite un banc d'huîtres ; après quoi
» un fond de sable ; et enfin un fond de rocher à une lieue de la
» côte. On est alors dans le courant du Ras-Blanchard ; et on
» trouve 25 à 30 brasses d'eau, mais sans mouillage, attendu la
» nature du fond et la violence du courant. — On trouve 5 et 6
» brasses à moins de 6 encablures de la côte, et 10 ou 12 à une
» demi-lieue au large. — A deux tiers de lieue environ au S. du
» nez de Jobourg, on voit de gros rochers nommés les Trépieds,
» qui découvrent à toutes les marées. On trouve 10 à 12 brasses
» auprès d'eux vers l'O., et 8 ou 9 du côté de la terre. — Lors-
» qu'un bâtiment est obligé de louvoyer dans le Ras-Blanchard,
» en allant au N. ou au S., il doit combiner ses bordées de ma-
» nière à courir la bordée du large lorsqu'il est à deux tiers de

» lieue dans le S. du nez de Jobourg, afin d'éviter les Trépieds,
» pour lesquels il n'y a point de marques très-certaines lorsqu'ils
» sont couverts. — On aperçoit le village de Siouville à l'extré-
» mité méridionale des sables et de la grève de l'anse de Vauville. »

Havre de Diélette.—« Depuis Siouville jusqu'au cap Flamanville,
» la côte est de rocher; et les terres sont très-élevées.— Entre ces
» deux points est le petit havre de Diélette, qui ne peut recevoir
» que de très-petits bâtimens, et est mauvais à tous égards. Il y
» monte cependant 15 à 16 pieds d'eau dans les grandes marées :
» mais la jetée, derrière laquelle les bâtimens sont à l'abri, est
» éloignée de moins d'une encâblure des rochers de la côte, sur
» laquelle la mer brise avec une telle force, lorsque le vent souffle
» du large, qu'il n'y aurait pas alors de sûreté d'en tenter l'entrée,
» même pour les petits bâtimens. — Lorsqu'on y est surpris par
» les vents du large, il devient nécessaire de porter aussitôt les
» grélins à terre, pour ne pas être brisé contre la jetée, sur la-
» quelle le ressac de la mer porterait les bâtimens, et leur ferait
» courir des risques, s'ils ne prenaient pas cette précaution. —
» De ce havre au cap Flamanville, la côte se prolonge vers le
» S.-O. l'espace de près d'une lieue. Elle est de rocher, comme
» nous l'avons dit; les terres en sont hautes; et le fond est ac-
» core (*). On trouve 7 et 8 brasses à peu de distance de terre;
» 20 et 25 à une demi-lieue au large; 30 et 32 à une lieue. »

Cap de Flamanville.—« Après avoir doublé le cap Flamanville du
» côté du S., la côte se prolonge vers l'E.-S., et devient plus basse.
» — On aperçoit alors le sable et les dunes de l'anse de Rosel, qui

(*) Une côte accore est celle dont le fond augmente notablement dès
qu'on s'en éloigne, et dont l'élévation assez considérable, et presque perpen-
diculaire au-dessus de l'eau, la rend d'un accès très-difficile pour celui qui
voudrait y monter. Il est par conséquent presque impossible de s'y sauver
en cas de naufrage, d'autant plus que les vagues y brisent d'ordinaire avec
violence, et que les courans y sont forts.

» a une grande lieue d'ouverture, et finit au cap de ce nom, le-
» quel est assez élevé, et a au bas une pointe de rocher qui ne s'é-
» tend pas loin au large. — Cette anse est saine, et sans aucun
» banc ni rocher, excepté celui nommé Belluche ou Belleruche,
» qui est au N.-O., mais si près de terre, qu'il touche à la laisse
» de mer basse.

» Les vents du S.-O. au N.-O. rendent en général la mer très-
» mauvaise, et l'échouage dangereux, sur toute cette côte.

» Au S. du cap de Rosel, la côte est encore de sable et de dunes,
» qui se prolongent l'espace de 3 lieues dans la direction N. et S.
» jusqu'au havre de Carteret. — La mer y découvre une plage de
» 5 à 6 encablures de largeur, dans laquelle plusieurs bancs de ro-
» cher s'avancent vers l'O.; mais il y reste 5 et 6 brasses d'eau,
» et ils ne sont pas dangereux.

» Le banc de Sartainville est celui qui s'avance le plus vers l'O.,
» et qui est le plus élevé. Il n'y reste que 4 à 5 brasses de mer basse.
» — Ce banc est de sable; et le bout du S. s'étend jusqu'au S.-O.
» du cap de Rosel.

» A une demi-lieue plus au S., on trouve un banc de rocher
» nommé la Pointe de Ry ou du Rit, qui se prolonge à une
» demi-lieue au large dans la même direction que le précédent.—
» Il n'y reste que 15 pieds d'eau: mais il est très-accore du côté
» du N., où l'on trouve 10 brasses d'eau, quoiqu'il tienne à la
» laisse de mer basse.

» Au S. de ce banc, le fond baisse insensiblement jusqu'au cap
» de Carteret, tout près duquel on trouve 4 à 5 brasses de mer
» basse. — On en trouve 7 et 8 à une demi-lieue, et 15 à 20 plus
» au large.

» On peut ranger de près toute cette partie des côtes, où il con-
» vient d'observer que les marées se font toujours sentir près de
» terre deux heures et demie plus tôt qu'à une et deux lieues au
» large.

» En général, au commencement du flot, le courant fait le
» tour des anses de la côte; et il est indispensable d'avoir égard

» aux marées, sans le secours desquelles on ne peut jamais avan-
» cer, lorsqu'on n'a pas un temps très-favorable. »

Cap ou nez de Carteret. — « Le cap ou nez de Carteret est gros
» et élevé. — Sa forme est arrondie ; et les terres s'abaissent à
» chacun de ses côtés. —On voit sur le bord de la côte des dunes
» de sable, que les gens du pays appellent *mielles*. — La plage est
» aussi de sable, et découvre d'une demi-lieue environ dans les
» grandes marées. Elle est parsemée de quelques plateaux de
» rocher.

» La mer monte de 18 à 20 pieds dans le havre de Carteret,
» lors des nouvelles et pleines lunes ; mais il est ouvert aux vents
» d'O. et de S.-O., qui y rendent la mer fort grosse. — Un banc
» de sable en rétrécit l'entrée vers le S., lorsque la mer est à moi-
» tié baissée ; et les eaux qui couvrent plus d'une lieue carrée de
» surface, à terre de ce banc, occasionnent un courant très-violent
» à l'entrée de ce havre, lorsque la mer baisse. — La mer a beau-
» coup gagné depuis quelque temps sur cette partie des côtes : et ce
» havre est si exposé aux vents du large, qu'il n'est accessible que
» pour des bateaux. »

Banc des Grunes. — « A une lieue et demie à l'O. du cap Carteret,
» on trouve le banc des Grunes, qui s'étend l'espace de trois à quatre
» encâblures du N. au S., et environ deux de l'E. à l'O. —Le bout
» N. est de rocher, et assèche quelquefois dans les grandes marées ;
» et le fond s'abaisse de quinze à vingt pieds aux environs du banc.
» — La marque qu'on prend pour le trouver, sont le moulin de
» Reinier par le bout du petit fort de Carteret, nommé Ennemont,
» et les clochers de Saint-Pierre-les-Montiers et Notre-Dame-
» d'Alonne, par une coupure qu'on voit dans les dunes, et qu'on
» nomme Loc.

» Du Cap-Carteret au havre de Portbail, la côte gît à peu
» près S.-E. et N.-O.—Elle est de sable, et les dunes sont basses. »

Portbail. — « L'entrée du havre de Portbail est resserrée entre
» deux bancs de sable, en dedans desquels la mer couvre une
» grande surface de terrain où l'échouage est commode et sans
» risque pour les bateaux.— Ce havre paraît préférable à celui de
» Carteret. »

Banc Fêlé. —« A une lieue et demie environ, à l'O. du havre de
» Portbail, on trouve le banc Fêlé, qui est un rocher plat couvert
» de sable et de gravier. — Sa direction est du S.-E. au N.-O. , et
» sa longueur est d'une demi-lieue au moins. Sa largeur est de six
» encablures, ou plus ; et le sable qu'on y trouve est piqué de rouge.
» Il ne découvre jamais : mais il y reste au plus cinq pieds d'eau
» dans les marées de nouvelle et pleine lune. Le fond s'abaisse de
» quinze pieds aux côtés et aux environs de ce banc. — Les cou-
» rans sont très-violens dans toute cette partie de la côte, lors des
» grandes marées. Ils portent au N. deux heures avant la pleine
» mer , et au S.-E. avant qu'elle soit tout-à-fait basse.—Les mar-
» ques du bout N.-O. du banc Fêlé, qu'on nomme aussi le Gros-
» Banc, sont les clochers de Saint-Pierre-les-Montiers, et de N.-
» D. d'Alonne, par le petit fort d'Ennemont, cité ci-dessus, et
» Saint-Germain-sur-Ey, ouvert par la grosse dune qu'on voit au
» N. du cap Carteret.—Entre le havre de Portbail et le banc Fêlé,
» on trouvait autrefois des bancs dits de Portbail, que les courans
» en ont fait disparaître.
» Le chenal de la déroute est entre le cap Carteret et le banc
» Fêlé, et non entre ce banc et les rochers nommés d'Écréhou. »

Rochers d'Écréhou et bancs de l'Écrévière.—« A trois lieues et demie
» de l'ouest du havre de Portbail, on voit une chaîne d'îlots et de
» rochers nommés Écréhou ou Écrého. — Ils sont fort accores ,
» et s'étendent une grande lieue du N. au S. — On trouve sept à
» huit brasses de mer à les toucher. — Il y a plusieurs chenaux en-
» tre eux ; mais on ne peut risquer d'y passer, sans les bien con-
» naître.

» Le plus au S. de ces rochers, est nommé l'Écrévière, au S.
» duquel on trouve encore une chaîne de petits bancs qui suivent
» la même direction, et sont appelés bancs de l'Écrevière.

» A la pointe N. des Écréhoux, on trouve une autre chaîne de
» rochers qui se prolongent vers l'O. N.-O. l'espace d'environ
» une lieue, et se nomment les Dillouilles ou Dirouilles.— Ils ne
» sont pas aussi élevés, ni aussi nombreux que les Écréhoux :
» mais ils rendent le passage difficile et dangereux entre eux et l'île
» de Jersey.

» Du havre de Portbail à celui de Saint-Germain-sur-Ey, la
» côte s'étend du N. au S. l'espace d'environ trois lieues. — On
» trouve à moitié chemin le petit havre de Surville, qui n'est
» autre chose qu'un ruisseau dans lequel la mer entre, et qu'on
» passe à gué quand elle est basse. — Cette côte n'offre à la vue
» que des dunes de sable peu élevées, au-dessous desquelles la mer
» découvre une plage de deux tiers de lieue de largeur environ, au
» S. du havre de Surville. — Cette plage est semée de quelques
» plateaux de rocher. — La côte babord, en entrant à Saint-Ger-
» main-sur-Ey, est marquée par de gros rochers nommés les Mor-
» tes-Femmes. Ils sont élevés, et ont plusieurs têtes qui avancent
» dans le chenal : c'est pourquoi il faut donner du tour à la pointe
» de babord en entrant, jusqu'à ce qu'on découvre entièrement le
» cours de la rivière. »

La Déroute. — « L'espace compris entre cette partie des côtes et
» l'île de Jersey, est ce qu'on appelle proprement le chenal de la
» Déroute. — La passe la plus fréquentée est à l'endroit où la mer
» a le moins de profondeur, puisqu'il n'y reste que quinze à vingt
» pieds d'eau de mer basse. Les grands bâtimens ne doivent s'y
» hasarder qu'à l'aide de la marée montante, qui y apporte depuis
» 9 jusqu'à 12 brasses, suivant la force du vent et l'âge de la lune;
» mais les courans y sont si violens, qu'on ne doit y naviguer
» qu'avec beaucoup de précaution.

» Les trois endroits où ce chenal est le plus étroit, sont, 1° en-

» tre le cap Carteret et le banc des Grunes ; 2° entre le havre de
» Portbail et le banc Fêlé ; 3° entre le rocher de Senequet, et
» celui qu'on nomme le Bœuf. — Sa longueur est de 5 à 6 lieues ;
» et sa largeur varie depuis une lieue, jusqu'à une lieue et demie
» au plus. »

Suite de la côte. — « Du havre de Saint-Germain-sur-Ey à celui
» de Pirou, la côte est toujours basse, et ne montre que des dunes
» de sable. — Elle s'étend l'espace d'une lieue environ du N. au S.,
» et continue ainsi jusqu'au havre d'Anneville ou de Geffosse, qui
» n'en est qu'à trois quarts de lieue.

» Ces derniers havres assèchent à toutes les marées ; et ne don-
» nent asile qu'à quelques bateaux de pêche. — La plage découvre
» plus d'une demi-lieue dans les grandes marées ; et le fond est
» très-plat sur toute cette côte. — Il n'y reste que 12 à 15 pieds
» jusqu'à 2 lieues au large : mais la mer y monte de 10 à 12 bras-
» ses en plusieurs endroits.

» Le rocher de Pirou est un plateau de roches plates, qui est
» à un grand tiers de lieue de la côte, et touche à la laisse de mer
» basse. — Il est renommé par l'extrême grosseur des huîtres
» qu'on y pêche.

» Depuis le havre de son nom, jusqu'à celui de Blainville qu'on
» trouve à environ deux lieues plus au S., la côte est toujours
» plate ; et la mer y découvre une plage de deux tiers de lieue de
» largeur, sur laquelle on voit plusieurs plateaux de rocher, dont
» les plus considérables sont le petit et le grand Senequet.

» Ces rochers Senequet, et celui appelé le Bœuf, marquent
» l'extrémité méridionale du canal proprement dit la Déroute.

» On trouve 4 et 5 brasses tout auprès du Bœuf, et des moin-
» dres rochers dont il est entouré, lesquels s'appellent les Bœufe-
» tins, et qui s'étendent près d'une demi-lieue du N.-E. au S.-O.

» La mer est pleine à 7 heures 45' dans le canal ; et la direc-
» tion du courant y est du N. au S.

» Il est vraisemblable que la violence du courant qu'on trouve

» dans le canal de la Déroute, y a creusé le fond de près de 10 pieds,
» puisque toutes les anciennes cartes ne marquent que 7 à 8 pieds
» d'eau dans les endroits où l'on trouve aujourd'hui 3 et 4 brasses.

 » La marque ordinaire dont on se sert pour éviter tous les bancs,
» lorsqu'on passe dans le canal proprement dit *la Déroute*, est de
» conserver le cap de Carolles ou de Champeaux un peu ouvert
» avec le roc de Granville. »

Le Bœuf. — « Plusieurs relèvemens ont été faits sur le rocher
» nommé *le Bœuf*, le 19 septembre 1777, jour des plus grandes
» marées, et au moment de la basse mer; on a aussi pris plusieurs
» angles à terre entre les points les plus remarquables, pour en
» déterminer la position. Ce rocher était alors à 25 pieds au-des-
» sus du niveau de la mer. — Les petits rochers qui l'environnent
» ont aussi été relevés.—Le Bœuf est à 1 lieue et demie ou 2 lieues
» dans l'O., un peu vers le N. de celui de Senequet. — Lorsque la
» mer baisse, et qu'on louvoye dans ce chenal, il ne faut pas ap-
» procher le Bœuf plus près qu'un tiers de lieue, parce qu'il y a
» dans le N.-E. plusieurs petits rochers qui s'avancent à 5 ou 6
» encablures dans le chenal.

 » Le fond est en général très-plat depuis le havre de Carteret
» jusqu'à Granville, et jusqu'à l'enfoncement qui forme la baie
» Saint-Michel; et nous avons déjà dit ci-dessus combien les ma-
» rées sont fortes sur toute cette partie des côtes jusqu'à Saint-
» Malo. — La mer ne monte que de 20 à 25 pieds, dans les mor-
» tes-eaux; et les courans se font beaucoup moins sentir alors que
» dans les nouvelles et pleines lunes. »

Blainville et Regneville. — « Le rocher le Bœuf découvre ordinai-
» rement deux heures après la pleine mer.—A environ trois heures
» dans l'E.-S.-E. de ce rocher, on trouve le petit port de Blainville;
» et à une lieue et demie au S. de ce dernier, celui de Regneville.
» — Celui-ci est l'endroit où les plus grands bateaux de la côte
» se retirent. La mer y découvre une plage de plus d'une demi-

» lieue de largeur, et dont les sables sont mouvans en plusieurs
» points. La marée entre dans la rivière de ce nom et en sort avec
» violence, en formant un chenal peu profond au travers de la
» grève.

» De là, jusqu'au roc de Granville, la côte continue de se pro-
» longer vers le S., et est toujours de sable. — On remarque
» cependant quelques plateaux de rocher par intervalles près de
» la laisse de la basse mer, surtout vers l'entrée du havre de Lin-
» greville. et quelques pêcheries.

» La mer est pleine à six heures les jours de nouvelle et pleine
» lune, ainsi que dans le havre de Granville, dont on parlera ci-
» après. »

Banc de la Cathue. —« Le banc de la Cathue est à environ 2 lieues
» dans l'O. du petit havre de Lingreville, et à 3 lieues au N.-N.-O.
» du roc de Granville.—Sa direction est du S.-S.-E. au N.-N.-O.;
» et sa longueur, au moins d'une demi-lieue. — Il ne reste que de
» 10 à 15 pieds d'eau sur le milieu de ce banc, qui ne s'élève pas
» plus de 10 pieds au-dessus du fond ordinaire.—Trois petites têtes
» de rocher se montrent sur le bout N., et aux basses mers d'é-
» quinoxe seulement : le reste du banc est couvert de sable fin. »

Banc de la Crabière. — « Le banc de la Crabière ne s'élève point
» au-dessus du fond ordinaire; et on ne le distingue que par une
» couche de gros sable et de corail, sur laquelle on pêche des
» huîtres. »

Le Pignon et le Founet. — « Les deux rochers nommés *le Pignon*
» et *le Founet*, gissent S.-E. et N.-O., l'un par rapport à l'autre ;
» et sont éloignés de 6 encablures au plus. On les trouve à 2 lieues
» environ au N.-O. du roc de Granville. — Ils découvrent de 4 à
» 6 pieds dans les grandes marées; et il reste alors 15 à 20 pieds
» d'eau autour d'eux, à la portée du pistolet. — Le Pignon n'a
» point de marques très-reconnaissables; mais celles du Founet

» sont le rocher nommé *les Foraines,* pris par le haut de celui
» nommé *la Conchée,* qui fait partie des îles de Chausey, et le roc
» de Granville ouvert d'une voile avec la pointe d'État. »

Les Foraines. — « Ce rocher des Foraines est le plus à l'E. des
» îles de Chausey. — Il est à environ 2 lieues et demie dans
» l'O.-N.-O. du roc de Granville. — On passe entre Granville et
» les Foraines, pour aller chercher le canal de la Déroute. — Le
» milieu de la passe est embarrassé par une suite de petits bancs
» séparés les uns des autres, et nommés *les Martins.* Ils se prolon-
» gent du S.-S.-E. au N.-N.-O. l'espace d'une lieue et demie en-
» viron. — Il y reste quelquefois moins de 10 pieds d'eau, quoi-
» qu'ils ne s'élèvent pas à plus de 5 pieds au-dessus du fond ordi-
» naire de la mer. — Les Foraines découvrent de plus de 3o pieds
» dans les grandes marées ; et on trouve 7 à 8 brasses d'eau à les
» toucher. — Il y a aussi un banc d'huîtres qui se prolonge à 5 ou
» 6 encablures vers le S.-S.-O. La marque du bout S. de ce banc
» est le clocher de Saint-Pair pris par le bout du roc ; et le ro-
» cher nommé *la Cauve,* pris par le bout des Foraines. »

Iles de Chausey. — « Les îles de Chausey forment un archipel
» de plus de 3 lieues d'étendue de l'E. à l'O., et d'un peu moins
» de 2 lieues du N. au S. — On en compte 35 sur lesquelles on
» voit de la verdure ; mais parmi lesquelles sont d'autres rochers
» en plus grand nombre. — Elles sont à l'O.-Q.-N.-O. un peu
» vers le N. du roc de Granville, à 2 lieues et demie de distance
» environ. — Les plus considérables sont la Grande-Ile, l'Ile-
» Longue et les trois Huguenaux. — Entre la Grande-Ile et l'Ile-
» Longue, est un chenal de 3 à 4 encablures de largeur au plus ; et
» dans lequel il reste 10 pieds de mer basse dans les grandes ma-
» rées. Lorsqu'on y entre, il faut ranger la Grande-Ile de très-
» près, pour éviter le rocher nommé *les Épiettes ;* cependant avec
» l'attention de donner un peu de tour au rocher appelé *le Ton-*
» *neau de vin,* qui est à la pointe de l'île, pour en passer à la dis-

» stance de deux tiers d'encablure. On trouve 6, 7 et 8 brasses de
» mer haute à l'entrée du chenal : mais en dedans de la pointe, il
» est traversé par une barre qui ne découvre que dans les grandes
» marées, et sur laquelle la mer monte de 6 à 7 brasses. — Les
» marées traversent ces îles du N. au S., et y forment un courant
» rapide. — La mer y est pleine à six heures quinze minutes dans
» les jours de nouvelle et pleine lune. — La rade de Chausey est
» au S.-S.-E. de la Pointe de la Tour ; et l'on y mouille par 10 et
» 11 brasses de mer basse, depuis une demi-lieue jusqu'à une lieue
» vers le S.-E., sur un fond curé et sur des huîtrières. — Ces îles
» servent de retraite, pendant la guerre, aux chaloupes de Jersey
» et de Guernesey, et leur donnent les facilités d'inquiéter et de
» gêner le commerce et la communication de Granville à Saint-
» Malo. »

Rocher Videcoq. — « Au S.-E.-Q.-E. de la grande île de Chau-
» sey, et à moitié distance à peu près de ces îles au roc de Gran-
» ville, on trouve le rocher nommé *Videcoq*, qui ne découvre que
» deux ou trois fois dans l'année. — Il reste alors 15 à 20 pieds
» d'eau près de cet écueil. — La marée s'y fait sentir avec force,
» et indique toujours sa position, surtout dans les vives-eaux. —
» Sa grosseur est celle d'un tonneau ; et il n'y a point de marques
» très-distinctes pour le retrouver lorsqu'il est sous l'eau. »

Le banc Haguet. — « Le banc Haguet est à peu près à moitié
» chemin entre les îles de Chausey et le roc de Granville ; et se
» prolonge environ 3 lieues du N.-O.-Q.-N. au S.-E.-Q.-S.—Le
» bout N.-O. se courbe un peu vers le N., et n'est pas éloigné du
» rocher les Foraines, dont on a fait mention ci-dessus. — On
» trouve aussi, près de l'extrémité N.-O. du banc Haguet, deux
» ou trois petits bancs qui sont peu élevés au-dessus du fond. Ils
» forment des sillons assez réguliers entre chacun d'eux, et sont à
» une et deux encablures les uns des autres. — Le banc Haguet
» est fort étroit ; et la mer y brise très-haut, lorsqu'il fait mauvais

» temps.— Il est de gros sable roux, et ne s'élève que de 10 pieds
» au-dessus du fond ordinaire. — Il découvre souvent en plusieurs
» endroits dans l'O.-S.-O. du roc de Granville. »

Roc et havre de Granville. — « Le havre de Granville est à l'abri
» du vent du N., et est couvert par la pointe nommée *le Roc* ou *le*
» *Roquet*, qui s'avance dans la mer à 4 encablures environ vers l'O.
» — Ce havre assèche à toutes les marées ; et la mer y monte de
» 18 à 22 pieds, quoiqu'elle n'y entre à peu près qu'à moitié flot.
» L'établissement du port est entre six heures et six heures trente
» minutes, les jours de la nouvelle et pleine lune. Une ancienne
» jetée en pierres sèches y met les bâtimens à l'abri de la mer de
» l'O. ; et forme l'entrée du port avec le môle neuf, bâti depuis
» pour mettre les embarcations à l'abri des vents et de la mer du
» S.-O. — Cet ouvrage a rendu sans doute le port plus tranquille,
» et l'échouage plus doux : mais en même temps il a rendu le cou-
» rant beaucoup plus fort dans la passe, qu'il ne l'était aupara-
» vant. »

Suite de la côte. — « Depuis Granville jusqu'au cap Carolles ou
» de Champeaux, la côte forme un peu d'enfoncement ; et la mer
» y découvre une plage de plus d'une demi – lieue de largeur dans
» les vives-eaux, plage sur laquelle on remarque plusieurs plateaux
» de rocher.
» La force des courants suit en général celle des marées, qui par-
» courent d'abord les anses, et forment ensuite des ras et des re-
» tours de marées à toutes les pointes. — Le courant varie d'ail-
» leurs à toutes les heures, et suivant le degré d'élévation des eaux.
» — Dans plusieurs endroits, il fait le tour du compas parmi les
» îles, les bancs, et les rochers ; et il indique presque toujours ces
» derniers par le remous qu'il y forme.
» Cependant la direction des marées est en général de l'O-N.-O.
» à l'E.-S.-E., dans la baie de Granville, et depuis cette baie jus-
» qu'au cap Fréhel.

» Les vents du large avancent d'une demi-heure le moment de la
» pleine mer ; et lorsqu'elle passe des mortes-eaux aux vives-eaux,
» elle retarde de deux heures le premier jour seulement ; après
» quoi elle reprend sa marche ordinaire, et ne retarde que de
» quarante-cinq minutes.

» Les bancs de la baie de Granville sont tous de sable.—Quel-
» ques-uns ne s'élèvent qu'à 2 ou 3 pieds au-dessus du fond ordi-
» naire. — D'autres s'élèvent jusqu'à 10 pieds, avec la forme
» du toit d'une maison, et sur une largeur de 8 à 10 toises au plus.
» —Leurs directions se rapprochent toutes du N.-O.

» La baie de Granville est peu profonde. — La mer y brise sur
» tous les bancs, lorsqu'elle est basse ; et dans les grandes marées
» surtout. — Elle tombe toujours avec le vent, et aussitôt que le
» mauvais temps cesse. — Le bruit qu'elle fait à la côte annonce
» ordinairement la brume, et les vents du S.-E. au S.-O.

» Les marées font le tour de cette baie, et y entrent par la pointe
» de Cancale, où est la plus grande profondeur. — Le courant du
» flot porte d'abord au S.-E. ; puis à l'E. ; ensuite au N.-E. ; et
» enfin au N., dans la même direction que dans le chenal de la
» Déroute. »

Banc de Tombeléne. — « Le premier banc qu'on trouve en sor-
» tant du havre de Granville est celui qu'on nomme *banc de Tom-*
» *beléne.* — Il gît à peu près N.-N.-O. et S.-S.-E. ; et prend son
» nom du rocher de Tombeléne, qui est voisin du mont Saint-
» Michel. — Les marques qui indiquent le gissement de ce banc,
» sont le rocher de Tombeléne pris par le cap de Champeaux.—
» La baie de Tombeléne ne s'élève que de 4 pieds au-dessus du
» fond qu'on trouve entre lui et le roc de Granville ; mais en al-
» lant plus à l'O., il s'élève de 6 à 7 pieds. — Le banc prend son
» origine dans les grèves qui sont au-dessous du cap de Cham-
» peaux ; et se termine dans l'O., un peu vers le S. du roc de
» Granville, à moins d'un tiers de lieue de distance. Sa largeur
» n'excède pas le quart d'une encablure.

Les Banquereaux. — « A l'O.-S.-O. du roc de Granville, et
» dans l'espace compris entre le banc de Tombeléne et le banc
» Haguet, on trouve sept petits bancs très-voisins les uns des au-
» tres, ayant tous la même direction du S.-E. au N.-O., et for-
» mant un sillon entre chacun d'eux. — Ils s'alongent à mesure
» qu'ils approchent du banc Haguet, auquel le plus à l'O. d'eux se
» réunit, et ont trois quarts de lieue de longueur. — Ils s'élèvent
» de 5 pieds au-dessus du fond ordinaire ; et la mer y brise très-
» haut lorsqu'elle est basse, et que les vents soufflent du large. —
» Elle brise également sur les bancs du Haguet et de Tombe-
» léne. »

Banc de la Ronde-Haie. — « Le milieu du banc de la Ronde-
» Haie est au S.-O.-Q.-S. du roc de Granville, à environ 2 lieues.
» — Il s'étend du S.-E. au N.-O. l'espace d'une demi-lieue, en se
» courbant en forme de marteau à son extrémité vers l'E. — Il a
» fort peu de largeur en cet endroit ; mais il y est plus élevé que
» sur le reste, qui se fait à peine apercevoir en remontant vers
» l'E.-S.-E., où il s'aplatit. »

Banc de la Dent. — « Le banc de la Dent est au S.-S.-E. de ce-
» lui de la Ronde-Haie, et se reconnaît à ce que la sonde n'y
» rapporte que des écailles d'huîtres et d'autres coquilles brisées.
» — Il s'étend d'un peu moins d'une lieue de l'E.-S.-E. à
» l'O.-N.-O., et ne brise que dans l'espace d'une encablure, et
» seulement lorsque la mer est basse. — Il s'aplatit vers les extré-
» mités, et ne diffère du fond ordinaire que par les coquillages
» brisés qu'on y trouve.
» Les pratiques du pays ne connaissent point d'autres bancs
» dans la baie de Granville ; mais seulement des bandes de fonds
» différens, sur lesquels ils draguent des huîtres ou d'autres co-
» quillages. »

Pointe du groin de Cancale. — « La mer est pleine à six heures

» quinze minutes à la pointe de Cancale, qui est à moins de
» 5 lieues dans le S.-O.-Q.-O. du roc de Granville. »

Ile des Landes. — « A près de deux encablures au N.-E. de cette
» pointe est l'île des Landes, entre laquelle et la terre il y a un
» courant très-rapide, qui forme un ras de marée. — Ce canal
» n'est guère praticable que par les bateaux ; car il n'y reste que
» 15 pieds d'eau de basse mer. — Il faut ranger l'île des Landes
» de préférence, le milieu à peu près du passage étant occupé par
» un rocher (nommé le *Moulinet*) qui découvre à mi-marée. »

Herpin. — « Au N.-N.-E. de ladite pointe de Cancale ou du
» Groin, et à un quart de lieue de distance, est le gros rocher
» nommé *Herpin*. — Il ne couvre jamais, et la marée passe avec
» une égale vitesse à chacun de ses côtés. — Le passage est quel-
» quefois dangereux entre ce rocher et l'île des Landes. La mer y
» brise, et y est ordinairement mauvaise. Les retours de vent y
» sont fréquens et à craindre, attendu le peu de largeur du chenal,
» qui n'a que 3 encablures. »

La Pierre ou *Grande-Pierre*. — « La Pierre ou Grande-Pierre,
» à un grand quart de lieue vers l'E.-N.-E. de Herpin, couvre à
» toutes les marées, et est fort dangereuse. — On trouve 8 et 10
» brasses de mer basse entre Herpin et elle ; mais le courant y est
» violent et la mer très-élevée. — La mer monte environ 15 pieds
» au-dessus de ce roc dans les grandes marées ; et lorsqu'elle est
» basse, le rocher est d'environ 30 pieds au-dessus de l'eau. »

Les Filles et Fillettes. — « Les Filles et Fillettes sont à 4 enca-
» blures environ dans l'E.-N.-E. du rocher de la Grande-Pierre.
» — Quelques têtes seulement s'en découvrent dans les vives-
» eaux. — La marée les indique toujours ; et alors le courant y est
» très-fort.
» On voit, d'après ce qu'on vient de dire, que l'île des Landes,

» Herpin, la Grande-Pierre et les Filles et Fillettes forment une
» chaîne de rochers qui se prolongent à près de 1700 toises dans
» le N.-N.-E. de la pointe de Cancale, et auprès de laquelle on
» trouve 8, 10 et 12 brasses d'eau.

» Le courant est si violent sur toute cette partie en général,
» qu'on lui donne le nom de *Ras de marée de Herpin.* — Celui de
» flot et celui de jusant portent en particulier avec violence sur la
» Grande-Pierre et sur les Fillettes : c'est pourquoi il est à pro-
» pos de s'en garantir, et de donner beaucoup de tour au rocher
» Herpin. »

Baie de Cancale. — « Entre ces divers rocs et les deux îlots
» nommés *les Rimains*, qui sont en dedans de la baie de Can-
» cale, le fond est dur et un peu mauvais. — Il y a aussi un
» banc de corail, sur lequel il reste 7 à 8 brasses d'eau ; mais il
» n'est à craindre pour aucun bâtiment.

» Cette baie est plus profonde que celle de Granville. — Elle
» offre un mouillage à l'abri des vents de S.-O. aux bâtimens
» qui ne peuvent entrer en celle-ci pendant la morte-eau. — Ce
» mouillage est très-bon, et sur un fond de vase, depuis un tiers
» de lieue jusqu'à une lieue de distance des deux Rimains préci-
» tés. — La marque du meilleur point de ce mouillage est l'é-
» glise de Cancale prise par le Gros-Rimain, depuis une demi-
» lieue jusqu'à trois quarts de lieue dans le S.-E. pour les grands
» bâtimens. Les plus petits peuvent s'approcher de terre jusqu'à ce
» qu'ils mettent le premier corps-de-garde par le Gros-Rimain. Le
» fond est de 4, 5, 6 et 7 brasses de mer basse, à mesure qu'on s'é-
» loigne de la terre vers le S.-E. »

Coup-d'œil sur la baie du mont Saint-Michel. — « Il nous a paru
» suffisant de déterminer la position du mont Saint-Michel, du
» rocher de Tombeléne, du mont Dol et des principaux points de
» la baie de Saint-Michel. — Les grèves y sont quelquefois dange-
» reuses, par le mouvement des sables ; et les flots y découvrent,

» dans l'enfoncement, une plage de plusieurs lieues. — Elle est
» ouverte aux vents de N.-O., qui y rendent la mer grosse. — La
» marée y monte avec une telle rapidité, que l'accès de la côte
» n'est praticable que pour des bateaux très-plats, et qui pren-
» nent à cet effet l'heure convenable.

    » L'uniformité de ces grèves, où la vue se perd, est interrompue
» par l'aspect imposant du mont Saint - Michel et du rocher de
» Tombeléne , distants l'un de l'autre d'environ deux tiers de
» lieue. — Le premier s'élève à environ 400 pieds au - dessus du
» niveau de la mer, et peut être mis au nombre des choses re-
» marquables qu'on rencontre dans la nature.

    » Les terres adjacentes à ces grèves du côté de la Bretagne sont
» basses, et forment des marais qui s'étendent jusqu'à Dol. —
» Celles qui sont les plus élevées sur la côte de Normandie, sont
» celles d'Avranches, et celle du cap de Champeaux, qui est à
» près de 3 lieues du mont.

    » Enfin le Couësnon, la Guintre, l'Ardrée, etc., viennent
» tomber dans cette baie, et y forment différens sillons ou cours
» qui varient souvent et les rendent dangereuses. Ainsi la carte n'en
» peut donner qu'une idée générale. » . . . .

Conclusion de tout l'ouvrage. — Mais que fais-je, en perdant à
énumérer ici les bagatelles d'un point à peine visible de notre globe
atôme , les heures si précieuses et si courtes de mon pèlerinage terrestre ?... Vains néants, qu'avez-vous qui mérite de fixer même un
seul moment l'attention d'une ame immortelle ; et qui ne ressemble
au faux éclat du lampyre rampant au sein des ténèbres sur la
bruyère?... L'animal phosphorique y reluit faiblement, parce que
tout est sombre autour de lui ; mais dès que le soleil vient éclairer
l'horizon, que se trouve-t-il à la place de l'objet qui paraissait brillant? Un vil insecte!!!... Oublions donc, mon cœur, le séjour des
vers, du changement, de la misère et de la mort, pour nous occuper
plus utilement du monde des esprits où nous entrerons bientôt; de ce
monde où tout est fixe, stable, réel, et où nos hautes destinées nous

appellent à chanter éternellement avec les vrais vivans les louanges
de l'Être ineffable, de cet Être des êtres qui demeure toujours le
même, et dont les années ne s'écouleront jamais... *In partes vade
sæculi sancti, cum vivis dentibus confessionem Deo, qui semper idem
ipse est, et cujus anni non deficient. (Eccli.,* 17, v. 25; et *Psal.* 101,
v. 28.)

TABLE DES MATIÈRES.

A.

C.

F.

G.

H.

I.

J.

L.

M.

Mouillée (la). Rocher à la mer, 4.
Moulins à eau jusqu'à Dinan, 44.
Mourier (le). Rocher à la mer, 16.
Moutons des grèves et de Dol, 21.

N.

Nanteuil, 56
Néril (banc du), en Rance. Voyez Suliac (Saint-).
Nerput. Rocher à la mer, 2, 4.
Nez (le), entre Saint-Servan et Saint-Malo, 12, 104, 113.
Nielles. Voyez Mielles.
Normand riverain du Couësnon. — Son caractère, 18.
Normands (banc et passe des), 15, etc.

O.

Oreille de mer, 137.
Ouine (faire la sainte). Ce que c'est, 49.

P.

Pair (Saint-). Paroisse sur la mer, proche Granville, 57, 60.
Paramé. Paroisse près de Saint-Malo, 4, 5, 12, 17.
Paroisses diverses des grèves, abîmées depuis l'an 709, 102, 103.
Pas-au-Bœuf. État du sol depuis ce lieu jusqu'à Château-Richeux, etc.,
    20, 106.
Passage de Saint-Malo à Saint-Servan, 17, 118.
Passage de Dinard et de Jouvante. Voyez ces mots.
Passes ou entrées du port de Saint-Malo, 5, 9, 14, 15, 111.
Pastenague ou Raie à baïonnette, 138.
Patate, 144.
Pêcheries dormantes sur la grève, depuis Cancale jusqu'au-delà de Chérueix.
    —Il y en a quelques autres sur la côte de Normandie, au-delà de Gran-
    ville, 106.
Pêches mobiles et autres, 25.
Phare du cap Fréhel. Voyez Fréhel.
Pierre (la) ou la Grande-Pierre. Rocher proche Cancale, 2, 165.
Père (port Saint-). Voyez Solidor.

Q.

R.

S.

T.

U. V. W.

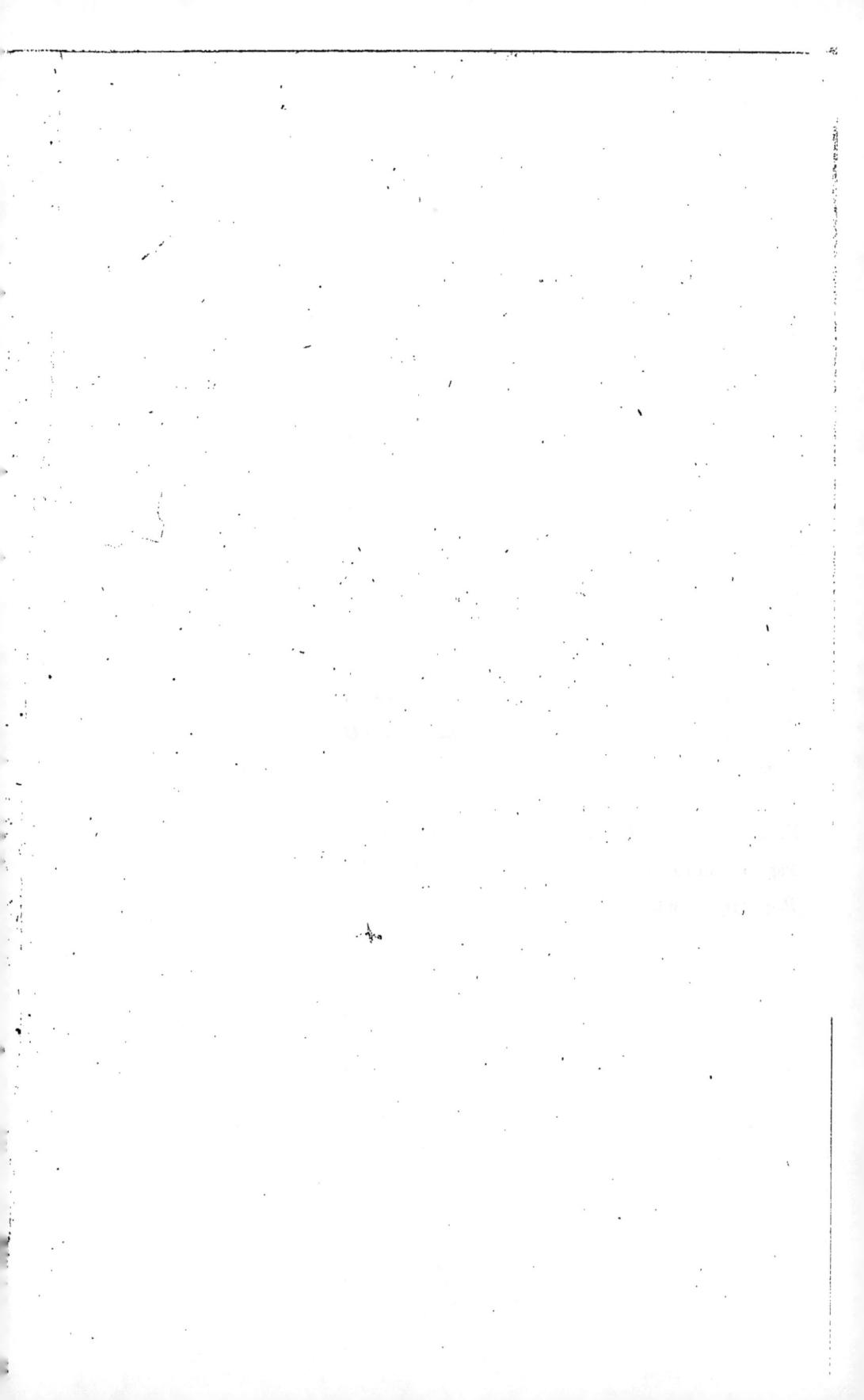

ERRATA.

Page 14, ligne 17, *ils font nécessité*; lisez *ils sont nécessités*.

Page 20, ligne 16, *ses*; lisez *ces*.

Page 26, ligne 13, *poison*; lisez *poisson*.

Page 48, ligne 24, *langues*; lisez *langue*.

Page 54, ligne 5, *couches*; lisez *souches*.

Même page, ligne 10, *Curiosolités*; lisez *Curiosolites*.

Page 67, avant-dernière ligne, *d'Orléans*; lisez *d'Orliens*.

Page 72, note, *genista* ou *spartum spinosum*; lisez *genista spartum* ou *spinosum*.

Page 76, ligne 22, *Calomban*; lisez *Colomban*.

Page 77, au bas, *qu'y ont faites depuis par plusieurs*; effacez *par*.

Page 119, note 65, *Piscis*; lisez *Piscib*.

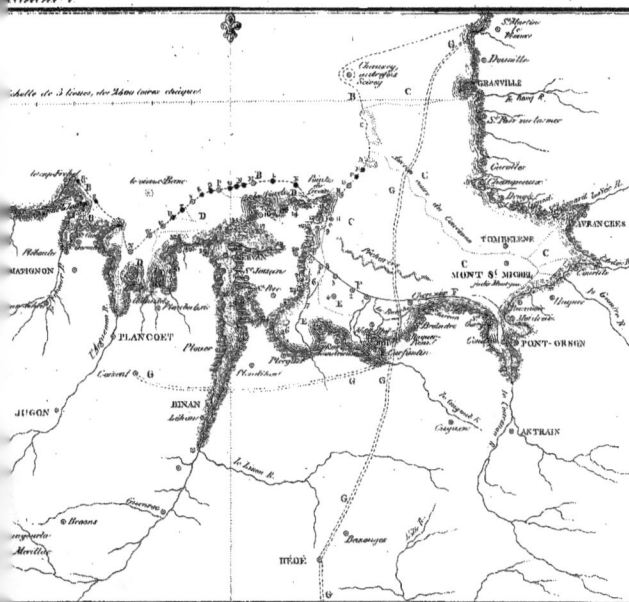

PLAN CHOROGRAPHIQUE

de l'envahissement opéré par la Mer, en l'année de j.c. 709, sur toute cette
partie ombrée; pour servir à la Description détaillée de cette Région,
publiée en 1829 par Mr. l'Abbé Manet.

Échelle de 3 lieues, des Rhedones chevigres

Échelle de 5 lieues, des Rhedones chevigres

GRANVILLE

St. Pair sur mer

TOMBELENE

AVRANCHES

MONT St. MICHEL

PONT-ORSON

ST. MALO

MALOUINE

PLANCOET

DINAN

JUGON

LAKTRAIN

IRDÉ

Lith. de Engelmann.

né par l'Auteur.

Principauté de ANGLETERRE

Galles

Entrée de la plupart des Saints Bretons, et de St. Malo en particulier

Canal de Bristol

Devon-Shire   Dorset-Shire   Sussex   Kent

Plymouth   Cap Lézard

Îles sur Longues

Entrée de la Manche

Fond de 29 à 40 Brasses

Fond de 39 à 80 Brasses

Fond de 59 à 80 Brasses

Fond d'une Br. à la Brasse

Î. d'Ouessant

Bretagne

Bge du Rath

FRANCE

Normandie

Mt St. Michel

Î. de Jersey   St. Malo

Suffolk
Orfordness
la Tamise

Mer d'Allemagne

Zélande   Hollande   Zuiderzée
Île de Texel

Calais   Ostende   Dunkerque
Boulogne   Pays bas

Artois
Picardie
Tréport   Amiens   la Somme

St. Valery
St. Lazare
Rouen
la Seine

Fond de 39 à 80 Brasses

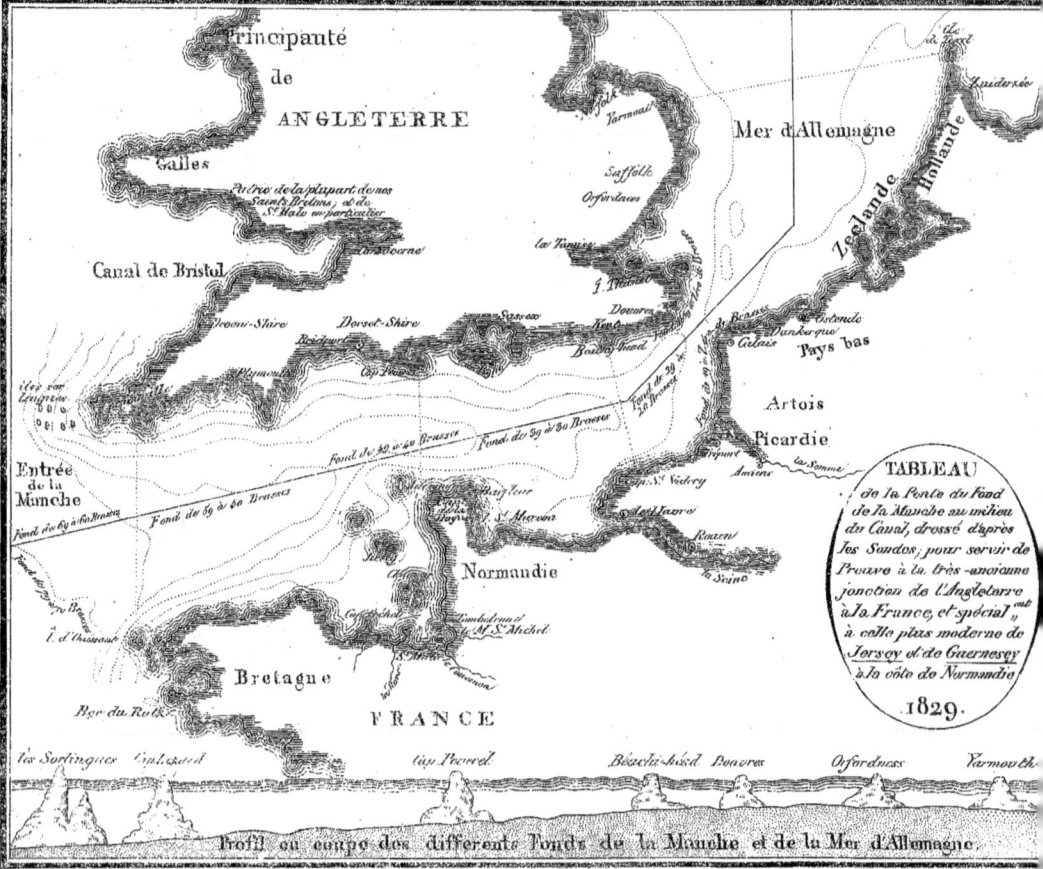

TABLEAU
de la Pente du Fond
de la Manche au milieu
du Canal, dressé d'après
les Sondes, pour servir de
Preuve à la très-ancienne
jonction de l'Angleterre
à la France, et spécialᵗ
à celle plus moderne de
Jersey et de Guernesey
à la côte de Normandie

1829.

les Sortingues   Lizard   Cap Portel   Bézela-héad   Douvres   Orfordness   Yarmouth

Profil ou coupe des différents Fonds de la Manche et de la Mer d'Allemagne

Dessiné par Mr. F. C. J. B. Mosch, prêtre.   Lith. d. Engelmann.

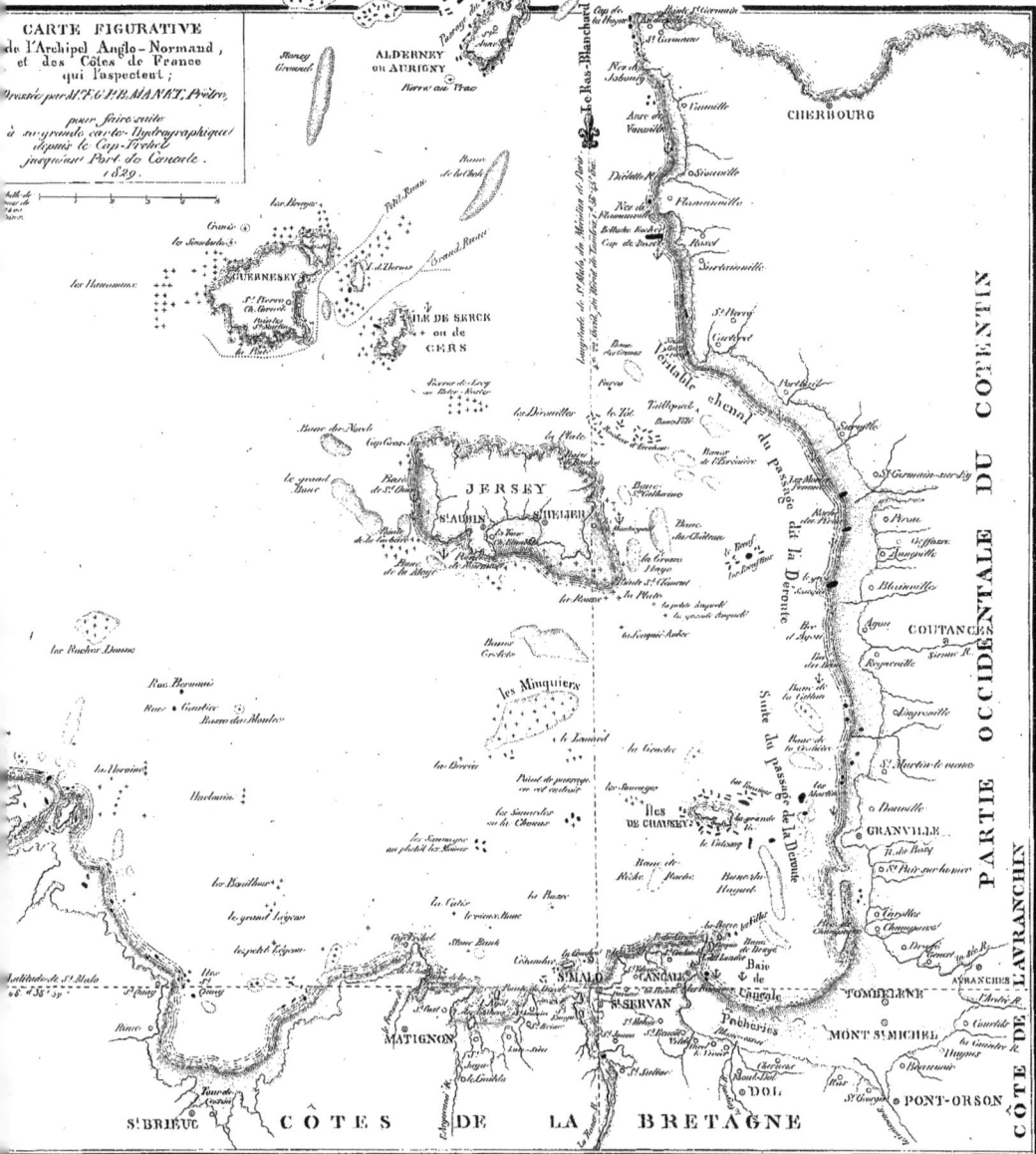

CARTE FIGURATIVE
de l'Archipel Anglo-Normand,
et des Côtes de France
qui l'aspectent ;
Dressée par M. F.G.P.B. MANET, Prêtre,

pour faire suite
à sa grande carte Hydrographique
depuis le Cap-Fréhel
jusqu'au Port de Cancale.
1829.

les Casquets

Stoney
Ground

ALDERNEY
ou AURIGNY

Barre au Trac

Cap de ...
Pointe Ste Germain
St Germain

Nez de
Jobourg

Vauville
Anse de
Vauville

CHERBOURG

Banc
de la Schôle

Petit Rutté

Grand Rutté

Diélette R.
Flamanville
Nez de
Flamanville

les Hannois

les Boeufs

d'Therme

GUERNESEY
St Pierre
Ch. Grouille
Pointe
d'Plèveu

ILE DE SERCK
ou de
CERS

Belleche Rocher
Cap de Faste
Rosel
Sortinville

St Pierre
Carteret

Portbail

Pierre-de-Lecq
ou Baby-Marlés

longitude de St Malo, du Méridien de Paris

le grand
Banc
de St Ouen

Banc des Marels

Cap Gros

la Plate

le Têt

les Déroulles

St Germain-sur-Sy

Seyville

JERSEY

St AUBIN   St HELIER
la Tour
d'Etack

Banc
Ste Catherine

Banc
du Château

Véritable chenal du passage de la Deroute

Péron
Geffosses
Anqueville

Banc
de la Corbale

la Grosse
Hage

Plate St Clement

Breil
le Sénéquet

Blainville

Agon   COUTANCES
Regneville   Sienne R.

Banc
Crétète

les Minquiers

le Luzard

la Greatte

Banc
d'Agon

Banc
des Boeufs

Banc de
la Catheu

Seine du passage de la Deroute

Angoville
Banc de
la Gutteur

St Martin-le-vieux
les
Martins

Denville

les Rochers Douvres

Roc Bernoui
Roc Gautier
Basse du Moulou

la Horaine

Harbouin

le Derris
les Sauvages
les Sauvages
ou la Chaure
les Sauvages
au petit les Roues

Point de passage
en cet endroit

Ilots
DE CHAUSEY

la grande
Deroute
le Colombg

GRANVILLE
R. de Brég
St Pair-sur-honeur

Carolles
Champeaux

les Baudhur
le grand Léjean
les petit Léjean

la Côte
le vieux Banc

le Bazar

Banc de
Noche

Roche

Banc-la
Haquet

la Pierre de Filbe
les Fourniers

Denas

latitude de St Malo
45° 38' 59"

Iles
St Thing
Tany

Stone Bank

Côtembu

St Malo   CANCALE   Baie
de
Cancale

St Paul
St Nio

St SERVAN

TOMBELENE   AVRANCHES

Fance

St Aaron
Sogne
le Guildo

St Briac
St Lunaire
St Cast

St Servant
St Méloir
la Maison-
Rouge
la Rocht

Pêcheries

MONT ST MICHEL

Gouille
la Guintre
Hugnes
Beauvoir

MATIGNON

St Suliac

St Péron
Vildée

Chatelier
Roul-Theé

DOL

PONT-ORSON

Taurde
Crétinet

St BRIEUC   CÔTES   DE   LA   BRETAGNE

St Guegan   PONT-ORSON

PARTIE OCCIDENTALE DU COTENTIN

CÔTE DE LAVRANCHIN

Dessiné par M. F.G.P.B. Manet, Prêtre.

Lith. de Enghenaen.

www.ingramcontent.com/pod-product-compliance
Lightning Source LLC
Chambersburg PA
CBHW070353090426
42733CB00009B/1395